Zu diesem Buch

Am 27. Januar 1945 erreicht die Rote Armee das deutsche Vernichtungszentrum «Auschwitz-Birkenau» und wird von etwa 7000 Überlebenden mit Jubel empfangen. Ihre Befreiung markiert eine historische Zäsur: das Ende jenes mörderischen Furors der antisemitischen deutschen Diktatur, dem im Verlaufe weniger Jahre Millionen von Juden zum Opfer gefallen waren. Zur Erinnerung an die Toten gehört auch die Antwort auf die Frage nach dem Warum ihres Sterbens. Und über diese Frage herrscht nach einem halben Jahrhundert der Forschung und mehr als vierzig verschiedenen Theorien immer noch weitgehende Ratlosigkeit. Der Auschwitz-Forschung mangelt es dabei weder an Faktenwissen noch an einer angemessenen Einschätzung der zentralen Bedingungen, die erfüllt sein mußten, um die Judenvernichtung überhaupt durchführen zu können: Judenhaß, Gehorsamsbereitschaft, Herrenmentalität oder bürokratischer Organisationsfanatismus der Deutschen sind gut erforschte Aspekte, die aber allesamt keine hinreichende Erklärung für die mit teuflischer Konsequenz betriebene Endlösung bieten. Am wenigsten nämlich wird Hitlers eigenes Motiv verstanden. Bis heute. Es gilt als die entscheidende Unbekannte in der Erklärung von Auschwitz.

Dieser Band will die Erklärungslücke nicht nur dokumentieren, sondern schließen. Gunnar Heinsohn ruft die wichtigsten Etappen und «Daten» der nationalsozialistischen Vernichtungspolitik in Erinnerung, liefert anschließend – erstmals – einen handbuchartigen, kritischen Überblick über die 42 bekannteren Theorien zu Auschwitz und deren «Vertreter» und entwickelt schließlich eine eigene Theorie: Er vertritt die Auffassung, daß der Mord an den Juden der Versuch gewesen ist, die jüdische Ethik – also das geistig-moralische Fundament des Abendlandes – zu beseitigen. Hitler wollte das gesamte Judentum vernichten, weil er hoffte, daß sich mit dem Verschwinden der Juden aus Fleisch und Blut auch das Gesetz der Lebensheiligkeit (das fünfte Gebot) sowie die Liebes- und Gerechtigkeitsgebote verlieren würden. Er wollte das Recht auf Töten wiederherstellen und so den Deutschen durch die Befreiung von Gewissens- und Gesetzeskonflikten einen strategischen Vorteil für das Erobern und Ausmorden von Lebensraum verschaffen.

Der Erklärungsansatz von Gunnar Heinsohn entzieht der Debatte um die Bedeutung von Auschwitz ihren ideologischen Schleier; er schärft darüber hinaus den Blick auf aktuelle Diskussionen und Fundamentalismen.

Prof. Dr. (phil.) Dr. (rer. pol.), geb. 1943, Historiker, Ökonom und Soziologie an der Universität Bremen und Leiter des Raphael-Lemkin-Instituts für Xenophobie- und Genozidforschung.

Gunnar Heinsohn

Warum Auschwitz?

Hitlers Plan und die Ratlosigkeit der Nachwelt

rororo

Rowohlt

rororo aktuell
Herausgegeben von
Rüdiger Dammann und Frank Strickstrock

Originalausgabe
Veröffentlicht im Rowohlt Taschenbuch Verlag GmbH,
Reinbek bei Hamburg, Januar 1995

Umschlaggestaltung Büro Hamburg – Jürgen Kaffer/
Peter Wippermann (Foto: Jürgen Ritter, Ullstein)
Satz Aldus (Linotronic 500)
Gesamtherstellung Clausen & Bosse, Leck
Printed in Germany
1490-ISBN 3 499 13626 0

Inhalt

Diese Studie ist dem Gedenken an *Raphael Lemkin* (1900–1959) gewidmet, der vor fünfzig Jahren das Wort «Genozid» (1944) als Begriff des Völkerrechts prägte und dafür sorgte, daß die von den Vereinten Nationen vertretene Menschheit am 10. Dezember 1948 ihre «Konvention über die Verhütung und Bestrafung des Völkermords» verabschiedete.

Ebenfalls vor fünfzig Jahren – am 25. November 1944 – befiehlt Himmler im Angesicht des sowjetischen Vormarsches die Demontage der Gaskammern von Auschwitz-Birkenau. Das Töten kommt aber erst neun Wochen später zum Stillstand, als die Rote Armee am 27. Januar 1945 das deutsche Vernichtungszentrum erreicht und von etwa 7000 Überlebenden mit Jubel empfangen wird. Zur Erinnerung an die Toten gehört auch die Antwort auf die Frage nach dem Warum ihres Sterbens.

Vorwort

Warum Auschwitz? will nicht nur Hitlers entscheidendes Motiv für die Ermordung der Juden aufdecken, sondern auch die bisher in der Wissenschaft vorgebrachten Gründe für sein Tun zusammentragen. Weil ein solcher Überblick noch nicht vorliegt, ist das Kapitel III dieses Buches zu einem kleinen *Lexikon der Auschwitztheorien* herangewachsen. Wer nun nicht so sehr die Auseinandersetzung mit einer weiteren Erklärung sucht, aber gerne einmal in Kürze den Stand der Debatte kennenlernen möchte, kann sich durchaus mit den Seiten 35 bis 128 begnügen und für das schnellere Auffinden ihn interessierender Sichtweisen das im Anhang aufgeführte Theorienverzeichnis (S. 212–214) heranziehen.

Wer aber schon wahrgenommen hat, daß der im Kürzel «Auschwitz» gefaßte Zivilisationsbruch immer noch undurchschaut ist, mag den Theorienteil erst einmal überschlagen und sich gleich auf die Einleitung sowie die Kapitel II, IV und V konzentrieren.

Das Wer, Wie, Wo, Wann und Wieviel der Ermordung der Juden durch die antisemitische deutsche Diktatur wird hier weitgehend vorausgesetzt. Auf ein ganz knappes Kapitel (II) zu den Ereignissen zwischen 1939 und 1945 ist dennoch nicht verzichtet worden. Es ist so gehalten, wie man es sich für Lehrbücher vielleicht wünscht, dort jedoch nicht findet. Auch die Bibliographie ist mit Absicht so angelegt, daß die Suche nach Werken der Fachforschung über die Fakten des Grauens nicht vergeblich bleibt.

Gunnar Heinsohn — *Bremen, im November 1994*

I. Einleitung:
Der unerklärte Völkermord

Angst vor Kritik an einem vor zwanzig Jahren erschienenen Buch hat die Arbeit auf den Weg gebracht, die mit *Warum Auschwitz?* zu einem vorläufigen Abschluß kommt. In der *Theorie des Familienrechts* war zu lesen, wie das Verbot der Kindestötung in die europäische Gesetzgebung Eingang gefunden hatte (Heinsohn / Knieper 1974): Im Jahre 318 hatte Kaiser Konstantin das seit dem 1. Jahrhundert im Römischen Imperium bekannte und umraunte jüdische Verbot der Kindestötung zum Gesetz des Abendlandes gemacht. Ich fürchtete nun Vorhaltungen der Rezensenten, weil in besagtem Buch über die Herkunft des Rechts auf Leben bei den Juden absolut nichts zu finden war. Damals glaubte ich fest an die Existenz einer befriedigenden Antwort auf diese Frage und lastete meine Unkenntnis ausschließlich mangelnder Recherche an.

Da ich nun vom Sommer 1976 bis zum Frühjahr 1978 in Israel weilte, um die Wirtschaftsstruktur der Kibbuzgenossenschaften zu studieren (Heinsohn 1982b), plante ich die Abfassung einer Fußnote zur Entstehung des Kindestötungsverbotes, die den Kritikern in einer zweiten Auflage der *Theorie des Familienrechts* schon die gebührende Antwort liefern würde. Der Inhalt dieser Anmerkung sollte auf bequeme Weise durch Interviews mit den besten Spezialisten für hebräische Geschichte an den Universitäten von Haifa bis Beerscheba gewonnen werden. Diese Expertenbefragung lieferte jedoch ein überraschendes Ergebnis. Niemand hatte eine Antwort auf die Frage nach dem Zustandekommen des immerhin höchsten der Menschenrechte. Meist argumentierten die Gelehrten zirkulär: Weil im Judentum das Leben heilig ist, werden Juden für die Kindestötung bestraft. Aber der Ursprung dieser Heiligkeit verschloß sich standhaft seiner Offenlegung. Lediglich David Flusser steuerte eine abweichende Formulierung bei. Auf die Frage, warum die Juden das Verbot der Kindestötung kodifiziert hatten, stellte er dem deutschen Besucher die Gegenfrage, ob er denn dieses Verbot wieder aufheben wolle. Nach offensichtlich glaubwürdiger Versicherung, daß dem nicht so sei, konnte er dann aber auch nicht weiterhelfen.

Ich habe mich dann selbst an die Arbeit gemacht. Die Warnung, ohne Kenntnisse des Hebräischen lieber die Finger von dem Thema zu lassen, schlug ich in den Wind. Wenn herausragende Wissenschaftler mit brillanten Hebräischkenntnissen seit mehr als zweitausend Jahren nichts herausbekommen hatten, dann konnte der Schlüssel zur Erklärung des Infantizidverbots nicht im Hebräischen liegen.

Ich wählte die Methode der parallelen Rätselkumulation.* Sie besagt, daß ein Einzelrätsel leichter zu lösen ist, wenn man es mit benachbarten Rätseln gleichzeitig angeht und für alle gemeinsame Gründe sucht. Ebenfalls unerklärt am Judentum war nun die Einzigkeit, Allmächtigkeit und Unsichtbarkeit der Gottheit. Das Monotheismusrätsel war mithin genauso groß wie das des Verbotes der Kindestötung. Dasselbe galt für die Sabbatverbote: kein Schlachten, kein Feuermachen, kein Kochen, keine Entfernung außer Sichtweite der Siedlung. Als ebenso unbegreiflich galt der 8. Tag der Sohnesbeschneidung.

Der kombinierte Zugang zu allen vier Rätseln brachte binnen vierzehn Tagen eine Lösung. Durch mein nächtliches Wandeln während dieser beiden Wochen wurden die Freunde *Ruth Lahav, Tony Rigg* und *Dori Derdickman*, die mich als beinahe Fremden umstandslos in ihre Wohnung ließen, ebenso lange um ihren Schlaf gebracht. Sie haben mir das jedoch erst Jahre später verraten. Das Ergebnis der Arbeit vom Oktober 1976 ist auf Einladung des Soziologen Erik Cohen am 31. Mai an der *Hebräischen Universität* vorgetragen worden. Das strikte jüdische Verbot der Kindestötung erwies sich als Resultat der Überwindung des Menschenopfers, das nun nicht einmal mehr unter dem Deckmantel Gebur-

* Diese Lösungsmethode mit Hilfe der Rätselvermehrung wird bisher nur vereinzelt angewendet, erweist ihre Brauchbarkeit aber sehr schnell. So verliert das Rätsel der Entstehung der Exogamie- und Inzestregeln seine Undurchdringlichkeit, wenn man es mit dem Rätsel des Beieinanderlebens von Neandertaler und Jetztmensch sowie mit dem Rätsel der mysteriösen «Lehmstockwerke» in der Hominidenentwicklung verbindet (Heinsohn 1991). Das Rätsel der großen Blutopferkulte und der Entstehung des Priesterfeudalismus am Beginn der menschlichen Hochkultur in der Bronzezeit wird durchaus lösbar, wenn es mit dem Rätsel der ubiquitären Sintflut- und Kataklysmenberichte und mit dem Rätsel der Überflutungssedimente über archaischen Steinzeitdörfern kombiniert wird (Heinsohn 1992b). Das Rätsel der Geldentstehung verliert seine bisherige Unlösbarkeit, wenn es mit dem Rätsel der Eigentumsentstehung und dem Rätsel der Zinsentstehung gleichzeitig untersucht wird (Heinsohn 1984a; Heinsohn/Steiger i. V.). Das Rätsel der großen Hebammen-Hexenverfolgungen ab dem späten 15. Jahrhundert wird durchschaubar, wenn es mit dem Rätsel der Bekämpfung von Gynäkologie und Geburtenkontrolle ab dem späten 15. Jahrhundert und dem Rätsel des Beginns der europäischen Bevölkerungsexplosion ab dem späten 15. Jahrhundert gemeinsam analysiert wird (Heinsohn/Steiger 1989).

tenkontrolle als Kindesopfer fortgesetzt werden sollte (Heinsohn 1979; 1982a [1977]; vgl. zuletzt Heinsohn 1994a).

Inzwischen hatte sich die Arbeit ein Stück weit schon verselbständigt, denn deutsche Rezensenten hatten damals und auch später nicht die Erklärung des Kindestötungsverbots angemahnt. Um eine Rechtfertigung vor ihnen ging es nicht mehr.

Auf ähnlich zufällige Weise wie zum Ursprung des jüdischen Gesetzes bin ich zur Beschäftigung mit dem Antisemitismus gekommen. Um Freunde wiederzutreffen, habe ich im Jahre 1984 in der *Katholischen Akademie Schwerte* an einer Tagung über Antisemitismus in deutschsprachigen Ländern nach 1945 teilgenommen. Dabei versicherte ein Fachmann nach dem anderen, daß immer noch nicht verstanden werden könne, warum sich der Judenhaß eigentlich gegen Juden richte. Auf mich, der ich nicht professionell mit der Antisemitismusforschung zu tun hatte, wirkten diese Eingeständnisse erstaunlich. Wie sollte aufgearbeitet und – vor allem – in Zukunft verhindert werden, was nicht begriffen war? Wer will Schülern Vorwürfe machen, wenn selbst die Lehrer ihrer Lehrer verwirrt sind? Wie sollen die Einrichtungen der politischen Bildung zielgerichtet arbeiten, wenn selbst die Historiker mit händeringendem Bedauern passen müssen? Mit sträflicher Verspätung, aber dann doch relativ schnell, entstand deshalb ein erstes Manuskript. Die Frontstellung zwischen dem sohnesverschonenden Gott Abrahams und dem sohnesopfernden Gott des Neuen Testaments erwies sich dabei als der Kernkonflikt zwischen Judentum und Christentum. Monotheistische Opferkritik und die christliche Überzeugung, daß nur aus einem Menschenopfer Heil erwachsen könne, stehen bis heute gegeneinander. An der jüdischen Heilskepsis reiben sich aber nicht nur die Jesus-ist-für-mich-gestorben-Leute, sondern auch die großen weltlichen Tötungsbereitschaften für das Himmelreich auf Erden (Heinsohn 1984b).

Ein Jahr später verkündete sogar der Gründungsdirektor der ersten einschlägigen deutschen Forschungsstätte, des «Zentrums für Antisemitismusforschung der Technischen Universität Berlin», von dem man sich einiges erhofft hatte, daß schlichtweg nicht verstanden werden könne, warum die großen Verfolgungen des Abendlandes ihr «Element der Kontinuität» in der «Bestimmung des ‹Juden› als geeignetem Ziel der Aggression» gefunden haben (Strauss/Kampe 1985, 23). So war unvermeidlich, daß auch der sogenannte Historikerstreit des Jahres 1986 auf allen Seiten ganz ohne Erklärung des Antisemitismus ausgetragen werden mußte, obwohl um nicht weniger als die Einschätzung von Auschwitz gerungen wurde (vgl. Historikerstreit 1987). Das wirkte geradezu gespenstisch und verpflichtete nun jedermann, an der Schließung einer so bedenklichen Erklärungslücke mitzuwirken. Ich habe mich ebenfalls dieser Aufgabe nicht entzogen (Heinsohn 1987; 1988).

Gleichwohl, die Erklärung von Auschwitz ist nicht dasselbe wie die Erklärung der traditionellen Varianten von Antisemitismus. Das ist zwar häufig gespürt, aber kaum je zu einem zentralen Thema gemacht worden. Im März 1994 hatte sich erneut eine Debatte um die Bedeutung von Auschwitz entzündet, und abermals lieferte Ernst Nolte zahlreiche Steine des Anstoßes (Nolte 1993). Dabei wurde wiederum wenig um die Sache selbst, sondern ganz vordergründig um politische Positionen gerungen. Wut und Empörung, Schadenfreude und Verehrung bestimmten den Ton. Partei wurde ergriffen, und letztendlich stellte sich jede Seite schützend vor ihre Massenmörder. Fast schien es, als agierte die Linke noch verstockter als die Rechte. Die «antireaktionäre» oder «fortschrittliche» Position, von der auch ich herkomme, wird aber die 95 Millionen Menschen, die von marxistischen Regimen zu Tode geschunden wurden, auf Dauer nicht umgehen können (siehe unten Kapitel III, 8. Theorie). Mit der Beschönigung, daß hier lediglich der «gute Name des Marxismus» mißbraucht wurde, wird man nicht besser fahren als die Gegenseite, die «Deutschlands guten Namen» durch Auschwitz besudelt sieht und es dabei bewenden lassen will. Stalin war kein Stalinist und Mao kein Maoist. Beide waren nun einmal Marxisten. Der kokette Hinweis auf Marxens französisches Bonmot, daß er kein Marxist sei («Je ne suis pas Marxiste»), bringt diese Hekatomben von Leichen nicht aus der Welt. Hier wuchert längst eine linke Parallelbewegung zur rechten Auschwitzleugnung.

In Ernst Nolte trat immerhin jemand auf, dem nicht ohne Prüfung beizukommen ist. Jahrelang war man ihm hinterhergelaufen. Der alles verschleiernde Terminus «NS-Staat» für die antisemitische deutsche Diktatur ist von ihm salonfähig gemacht worden. Überdies bekämpfte er keine sicher verankerte und allenthalben verstandene Erklärung für die Ermordung der Juden, sondern platzte mitten in eine tiefe, wenn auch weitgehend uneingestandene Ratlosigkeit hinein. Bei dieser Besetzung eines durchaus noch nicht tief gepflügten Feldes ist seine eigene Ratlosigkeit nur selten Gegenstand der Auseinandersetzung geworden. Sie manifestiert sich vor allem in der Geschwindigkeit, mit der die Zahl seiner Auschwitzerklärungen anwächst (siehe unten Kapitel III, 35. bis 42. Theorie). Da konnte der Aufgabe nicht mehr gut ausgewichen werden, die bisher im Vordergrund stehende Polemik durch eine substantielle Kontroverse zu ersetzen. Ein Erlebnis auf dem Berliner Symposium «Erinnerung für die Zukunft II» (13. – 17. März 1994) hat mich in dieser Absicht weiter bestärkt. In der Arbeitsgruppe «Genocide / Völkermord» entwickelte sich eine schnell heftig werdende Diskussion über den Unterschied zwischen Auschwitz und anderen Megatötungen. Ein sehr besonnener Vertreter des «United States Holocaust Memorial Museum» aus Washington bat die Disputanten eindringlich um den sofortigen Abbruch ihrer Auseinandersetzung. Was bisher nicht gelungen sei, könne auch hier nicht gelöst werden, lautete sein entscheidender Einwand. Wenn aber nicht einmal eine Weltkonferenz über die Judenvernichtung und ihre historische Besonderheit als geeignetes Forum für die grundlegenden Fragen gelten durfte, mußte Hitlers Vorgehen nur um so rätselhafter erscheinen. Diesem Verzicht auf die Diskussion konnte ich nichts abgewinnen. *Warum Auschwitz?* will einen Anstoß für ihren Beginn geben und vertieft dafür Überlegungen, die ich in den vergangenen fünfzehn Jahren über Vergangenheit und Zukunft des Völkermords angestellt habe (Heinsohn 1979 ff).

Im nachfolgenden Text werden nur Befunde und Quellen herangezogen, die allgemein bekannt sind. Der Auschwitzforschung mangelt es nur peripher noch an Faktenwissen. In dem, was bisher zutage gefördert wurde, sollte die Erklärung – wenn es denn eine gibt – auch greifbar werden. Ebensowenig mangelt es an Einschätzungen der zentralen Bedingungen, die erfüllt werden mußten, um die Judenvernichtung überhaupt durchführen zu können. Judenhaß, gerade auch der Eliten, Gehorsamsbereitschaft, Herrenmentalität, Heilsversessenheit und bürokratischer Organisationsfanatismus der Deutschen sowie die durch Krieg gewonnene Macht über den Großteil der europäischen Juden umschreiben dabei die am besten erforschten Bereiche.

Am wenigsten wird Hitlers eigenes Motiv verstanden. Es gilt als die entscheidende Unbekannte in der Erklärung von Auschwitz. Die benannten Rahmenbedingungen können aber ohne dieses Motiv nicht zum Tragen kommen. Richtig ist allerdings auch, daß ohne diese Bedingungen das Motiv sich nicht so unerhört folgenschwer hätte auswirken können. Hier muß ein monokausaler Zugang scheitern. Das gilt aber längst als Gemeinplatz. Das Rätsel liegt mithin in der Absicht Hitlers. Sie gilt es in dieser Studie aufzudecken.

Um nun der Kritik von Anfang an eine möglichst deutliche Angriffsfläche zu bieten, nehme ich in dieser Vorrede meine Sicht zusammengefaßt vorweg. Ich vertrete die Auffassung, daß der Mord an den Juden aus Fleisch und Blut der Versuch gewesen ist, die Ethik des Judentums zu beseitigen, die ihren überwältigenden Kerngedanken in dem aus der Opferverwerfung resultierenden Recht auf Leben hat. Dieses Recht müssen mittlerweile alle Länder der Welt akzeptieren, die der Völkergemeinschaft der Vereinten Nationen angehören wollen und dafür die Menschenrechtsdeklaration und die Deklaration gegen Völkermord vom 9. und 10. Dezember 1948 zu unterzeichnen haben.

Hitler wollte letzten Endes das gesamte – also nicht nur das europäische – Judentum vernichtet sehen, weil er hoffte, daß mit dem Verschwinden der Juden auch die Thoragesetze des Lebensschutzes sowie der Liebes- und Gerechtigkeitsgebote aus der Welt wären. Die Judenbeseitigung sollte das Recht auf Töten wiederherstellen. Auschwitz war ein Völkermord für die Wiederherstellung des Rechtes auf Völkermord. Dieses tribale und antike Vertreibungs- und Ausrottungsrecht bewunderten Hitler und Himmler an asiatischen Kriegsherren wie Dschingis-Khan und Tamerlan sowie an den Jungtürken des Armeniergenozids. Diese Führer hatten «Millionen Frauen und Kinder in den Tod gejagt, bewußt und fröhlichen Herzens» (Hitler im August 1939; Akten 1956, 171). Die Hochachtung der deutschen Führer schließt auch einen Marxistenführer wie Stalin ein, den Hitler für die Ausrottung der jüdischen Intelligenz zwischen 1935 und 1939 ausdrücklich lobt. Sie erstreckt sich nicht zuletzt auf die Ausrottung der Ureinwohner Amerikas. Die Abwesenheit von Erbarmen, Mitleid, Nachsicht, Weichheit, oder ganz generell von Schwäche, bei den Genoziden für den Gewinn von Lebensraum erregt Hitlers allergrößte Begeisterung. Für das deutsche Volk betreibt er eine Erziehung zu gleicher Härte und Gewissenlosigkeit. Dafür macht er sich die Ideologie einer Herrenrasse zunutze, an die er in einem biologischen Sinn selbst nicht glaubt, obwohl er das, was man als allgemeine Ertüchtigung bezeichnen kann, schonungslos vorantreibt.

Mit der Ausschaltung der jüdischen Ethik wollte Hitler die «nordischen» Völker vom Gewissens- und Gesetzeskonflikt fürs Töten beim Erobern und Ausmorden von Lebensraum befreien, ihnen also einen entscheidenden strategischen Vorteil verschaffen. Solche Konflikte hatten die europäischen Lebensraumsucher in Afrika, Amerika, Asien und Australien immer wieder in Schach gehalten. Immerhin hatten ihre christlichen Kirchen das «Du sollst nicht morden» aus dem Gesetz des Moses für sich ebenfalls anerkannt.

Daß die Lebensraumpolitik und die Judenvernichtung die beiden Zentralelemente der Hitlerdiktatur gewesen sind, ist selbstredend kein Geheimnis mehr. Seit Fritz Fischers *Griff nach der Weltmacht* aus dem Jahre 1961 ist die Kontinuität der ostwärts gerichteten Expansionspolitik vom Kaiserreich zum «Dritten Reich» unstrittig. Seit Karl Dietrich Brachers *Die deutsche Diktatur* und Eberhard Jäckels *Hitlers Weltanschauung* aus dem Jahre 1969 ist das Wissen um ein ununterbrochenes Nebeneinander der beiden Hauptziele Lebensraumgewinn und Judenbeseitigung in Hitlers Denken zum Allgemeingut geworden (Graml 1993). Ich füge diesem Befund lediglich die Behauptung hinzu, daß aus dem ersten Ziel (Ausmordung fremder Gebiete für Lebensraumgewinnung) das zweite Ziel abzuleiten ist (Beseitigung des jüdischen Gesetzes von der Lebensheiligkeit durch Ausrottung der Juden, aber genauso von Christen, die dieses Gesetz verteidigten). Die durchweg vertretene Ansicht, daß die beiden Ziele unverbunden nebeneinanderstanden, ja, daß die militärische Eroberung durch die Abzweigung von Ressourcen für die Judenausrottung gefährlich behindert wurde, kann nicht geteilt werden. Im Gegenteil: Die Judenausrottung sollte schon für die aktuelle und mehr noch für alle zukünftigen Eroberungen von einem schlechten «Gewissen» beim Ausrotten befreien. Sie ist die Bedingung und nicht etwa eine Beeinträchtigung für die genozidale Eroberungs- und Vormachtspolitik.

Schon früh greift Hitler das Gewissen als «jüdische Erfindung» an. Mit der Judenbeseitigung will er das von ihm immer wieder beschworene Recht auf genozidale Entvölkerung fremder Territorien auch für den abendländischen Kulturkreis wiederherstellen. Dafür muß er ausdrücklich hinter die epochale Modernisierung der jüdischen Ethik zurückgehen. Hitler ist sich jedoch genau bewußt, daß selbst in Deutschland der Sturz des mosaischen Rechts auf Leben nicht ohne weiteres gelingen würde. Deshalb soll eine abgestufte und keineswegs allgemein-öffentliche Einweihung in das Recht auf Töten möglichen Einwänden Rechnung tragen. Sein SS-Totenkopforden lernt das neue Gesetz zuerst und schult sich dafür in abgeschotteten Ausbildungsstätten – einschließlich solcher für ärztliche Tötungsspezialisten. Vor allem dieses «Schwarze Korps» besorgt denn auch die Ermordung des Volkes der Lebensheiligkeit. Seine Angehörigen gelten als hochaktive Krankheitserreger, die andere Völker immer von neuem mit dem Geist des Lebensschutzes «infizieren», weshalb auch ihre Ermordung im geheimen geschieht. Nach den Totenkopfmännern folgen die vielen Millionen Soldaten des deutschen Ostheeres. Bereits viel weniger heimlich üben sie das neue Gesetz durch die ausdrücklich von Strafverfolgung ausgenommene Ausrottung von Gefangenen und Zivilisten. Schließlich wird in der Hitlerjugend der gesamte deutsche Nachwuchs zur Rücksichtslosigkeit gegen fremdes Leben erzogen und so auf die neue Zeit vorbereitet, in der die Tafeln vom Sinai nicht mehr gelten werden, also das fünfte Gebot als die Tiefenstruktur der Menschenrechte zusammen mit den Juden aus Fleisch und Blut verschwunden sein wird.

Neben der Gewißheit über den Widerspruch zwischen Hitlers Kriegsanstrengungen und der Ermordung der Juden einigt die Forschung eine weitere Überzeugung: «Die Juden wurden in Hitlers Tagen *nicht* für ihren Glauben verfolgt» (Yahil 1991, 5 – meine Hervorhebung). Wenn aber Glaubenskern des Judentums die Lebensheiligkeit ist und Hitler eben diese Basalethik aus dem Abendland wieder entfernen wollte, dann hat gerade in «Hitlers Tagen» die Verfolgung der Juden wegen des jüdischen Glaubens ihren historischen Gipfelpunkt erreicht.

II. Abriß der Vernichtungspolitik der antisemitischen deutschen Diktatur zwischen 1939 und 1945

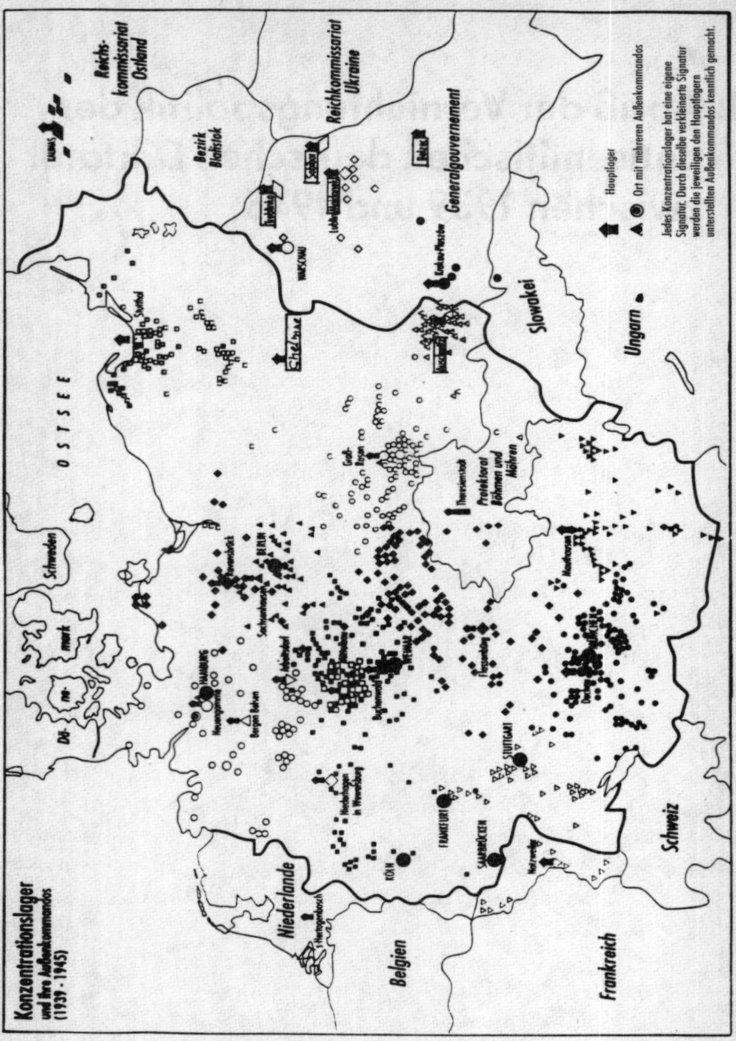

Die Konzentrationslager der antisemitischen deutschen Diktatur zwischen 1939 und 1945 (Gutman et al. 1993, II, 790 f; das in der Karte vergessene Chelmno wurde vom Autor nachgetragen; die Namen der sechs Vergasungslager sind umrahmt)

Bevor eine Antwort auf die Frage nach dem entscheidenden Grund für die Judenvernichtung durch die antisemitische deutsche Diktatur versucht wird, ist sie in ihren wichtigsten Etappen noch einmal in aller Kürze in Erinnerung zu rufen. Für die antijüdischen Maßnahmen der Ausschließung, Absonderung, Verarmung, Diffamierung und Mißhandlung von 1933 bis 1939 wird auf die Literatur verwiesen (siehe etwa Schleunes 1970; Adam 1979; Walk 1981; Thamer 1986; Benz 1993). Im dritten Kapitel werden dann die zweiundvierzig bekannteren Auschwitztheorien im Überblick vorgestellt.

Am 1. September 1939 – gleichzeitig mit dem Angriff auf Polen, der den 2. Weltkrieg auslöst – beginnt die «Aktion T 4», genannt nach der Berliner Tiergartenstraße 4 (Aly 1987), für die «Vernichtung lebensunwerten Lebens» zur Ermordung körperlich und geistig Behinderter (zum Begriff Binding/Hoche 1920). Sie geht auf einen von Adolf Hitler persönlich unterschriebenen Befehl zurück: «Reichsleiter Bouhler und Dr. med. Brandt sind unter Verantwortung beauftragt, die Befugnisse namentlich zu bestimmender Ärzte so zu erweitern, daß nach menschlichem Ermessen unheilbar Kranken bei kritischster Beurteilung ihres Krankheitszustandes der Gnadentod gewährt werden kann. gez.: Adolf Hitler» (Schmuhl 1992, 190).

Direkt aus Hitlers eigenem Parteibüro sorgen Philipp Bouhler, «Leiter der Kanzlei des Führers der NSDAP» (einer der führenden Kulturpolitiker der Partei), und vor allem sein wichtigster Mitarbeiter für Tötungstechniken, «Hauptamtsleiter» Viktor Brack, für die Durchführung der Vernichtung. Sie operiert u. a. mit Vergasungen durch Kohlenmonoxyd in beweglichen Lastkraftwagen und festen Kammern («Duschräumen»), in die das Gas aus Flaschen eingeleitet wird. Von den etwa 300 000 hospitalisierten Behinderten in etwa 600 Pflegeanstalten des deutschen Reiches werden bis Ende 1941 in Bernburg/Saale, Brandenburg, Grafeneck, Hadamar, Hartheim und Sonnenstein auf diese Weise 70 273 Menschen umgebracht (Klee 1991, 340; Schmuhl 1992, 213).

Die «Euthanasie» erregt spätestens seit dem 19. September 1940 (Protest der NSDAP Kreisfrauenschaftsleitung Rheydt) schriftlich dokumentierte Unruhe im Volk (Klee 1992, 221–233). Das «Du sollst nicht morden» schlägt Hitler schon sehr früh entgegen. Zwar nicht öffentlich, aber

Die Vergasungsanstalten der deutschen Psychiatrie zwischen September 1939 und August 1941 (nach Gilbert 1982, 51)

doch immer wieder an die Reichsbehörden werden Proteste «in großer Zahl von seiten kirchlicher Würdenträger erhoben» (Schmuhl 1992, 211). Selbst Himmler, der «Reichsführer der SS», verlangt von Brack am 19. Dezember 1940 die Schließung von Grafeneck (Schmuhl 1992, 213). «Als ein Zug, in dem sich Hitler aufhielt, im Sommer 1941 im Bahnhof von Hof dadurch aufgehalten wurde, daß Geisteskranke in Eisenbahnwaggons getrieben wurden, soll eine entrüstete Menschenmenge sogar in Hohnrufe auf den ‹Führer› ausgebrochen sein» (Schmuhl 1992, 209).

Zeitgleich mit der «Euthanasie» beginnt durch Einsatzgruppen aus Totenkopfverbänden der SS, Truppenteilen der Polizei (ORPO) sowie durch volksdeutsche paramilitärische Einheiten die systematische Ausrottung der polnischen – auch nichtjüdischen – Bildungsschichten, des Offizierskorps und der höheren katholischen Geistlichkeit (Lukas 1986; Klee/Dreßen 1989, 11–19). «Intelligenz: Die ist ein absiebbares und abhebbares Element. Ich [Generalgouverneur Hans Frank am 2. März 1940] werde nicht davor zurückschrecken, die Spitzen sicherzustellen und das geistige Element abzutöten» (Jacobmeyer 1989, 27). Dabei sind ungefähr «16000 polnische und jüdische Zivilisten und Kriegsgefangene [...] bei mehr als 700 Massenexekutionen ermordet worden» (Gutman et al., II, 1122). Bis «1944 wurden insgesamt mehrere zehntausend Angehörige der polnischen ‹Intelligenz› getötet» (Jacobmeyer 1989, 27; vgl. Madajczyk 1993, 430). Gegenüber Martin Bormann äußert sich Hitler am 2. Oktober 1940: «Für die Polen dürfe es nur *einen* Herren geben, und das sei der Deutsche; [...] daher seien alle Vertreter der polnischen Intelligenz umzubringen. Das klinge hart, aber es sei nun einmal das Lebensgesetz» (Krausnick 1993, 27; vgl. insgesamt Broszat 1961).

Ebenfalls mit Beginn des Krieges im September 1939 werden in den eroberten Räumen Polens (Generalgouvernement) Ghettos für die Einschließung der Juden errichtet. Sie werden zu ummauerten (z. B. Warschau ab November 1940 und Lublin ab April 1941) und überfüllten Großgefängnissen: «Juden, die den ihnen zugewiesenen Wohnbezirk unbefugt verlassen, werden mit dem Tode bestraft» (Pätzold/Schwarz 1992, 81).

Bereits am 24. Januar 1939 hatte Hermann Göring («Vorsitzender des Reichsverteidigungsrates») Reinhard Heydrich (Chef des Sicherheitsdienstes [SD] und Beauftragter für die «Endlösung der Judenfrage») den Befehl erteilt, «die Judenfrage [...] einer den Zeitverhältnissen entsprechend möglichst günstigen Lösung» durch erzwungene Auswanderung zuzuführen (Fleming 1987, 55). Später sollte in den Ghettos auf die angeblich ins Auge gefaßte, aber praktisch nur als langwierige Austilgungsaktion durchführbare Verschleppung auf die französische Inselkolonie Madagaskar gewartet werden (Yahil 1974). Für eine solche Maßnahme stand nicht einmal die notwendige Überseetransportkapazität zur Verfügung, was ihre Scheinhaftigkeit unterstreicht. Nach der Eroberung Frankreichs war sie am 3. Juli 1940 vom deutschen Außenministerium vorgeschlagen worden: «Diese Regelung vermeidet, daß die Juden sich etwa in Palästina einen eigenen Vatikanstaat gründen und damit den symbolischen Wert, den Jerusalem für den christlichen und mohammedanischen Teil der Welt hat, für ihre Ziele einspannen können. Außerdem bleiben die Juden als Faustpfand in deutscher Hand für ein zukünftiges Wohlverhalten ihrer Rassegenossen in Amerika» (Longerich/Pohl 1990, 58).

Durch Hungersnöte und gezielte Nichtbekämpfung von Seuchen (Hansen 1993) finden in den Ghettos bis Kriegsende etwa 800000 Juden den Tod (Hilberg 1993a, 1299; vgl. auch Scheffler 1985).

Am 20. Mai 1941 ergeht Eichmanns Rundschreiben mit Görings Befehl über das Auswanderungsverbot der Juden aus Belgien und Frankreich. In diesem Schreiben ist auch von der bevorstehenden «Endlösung der Judenfrage» die Rede, die «zweifellos kommen werde» (Kershaw 1994, 185).

Am 31. Juli 1941 beauftragt Hermann Göring Reinhard Heydrich, «in Bälde einen Gesamtentwurf über die organisatorischen, sachlichen und materiellen Vorausmaßnahmen zur Durchführung der angestrebten Endlösung der Judenfrage vorzulegen» (Pätzold/Schwarz 1992, 79).

Am 3. August 1941 macht der katholische Bischof Clemens August Graf von Galen aus Münster den Protest gegen den Bruch des ursprünglich jüdischen und dann auch christlichen Gesetzes der Lebensheiligkeit (2. *Mose* 20: 13; 5. *Mose* 5: 17) und der Liebesgebote (3. *Mose* 19: 18/33–34) durch die «Vernichtung lebensunwerten Lebens» mit einer Predigt öffentlich: «Nie, unter keinen Umständen darf der Mensch außerhalb des Krieges und der gerechten Notwehr einen Unschuldigen töten. / Wehe den Menschen, wehe unserem deutschen Volke, wenn das hl. Gottesgebot: ‹Du sollst nicht töten›, das der Herr unter Donner und Blitz auf Sinai verkündet hat, das Gott, unser Schöpfer, von Anfang an in das Gewissen der Menschen geschrieben hat, nicht nur übertreten wird, sondern wenn diese Übertretung sogar geduldet und ungestraft ausgeübt wird» (Portmann 1961, 357/361). Hitler beugt sich – so scheint es – zum letzten Mal vor dieser ihm so verhaßten Ethik des Judentums.

Am 24. August 1941 wird die Ausrottung von nichtjüdischen Behinderten durch Vergasung mit Kohlenmonoxyd in beweglichen Lastkraftwagen und immobilen Kammern weitgehend eingestellt: «Seit dieser Zeit sind Desinfektionen [Vergasungen] nur in ganz geringem Umfange vorgenommen worden. Dies wird auch weiterhin in sehr beschränktem Umfang der Fall sein» (Schmuhl 1992, 210). Die verbliebenen jüdischen Behinderten werden nach Osten deportiert und bis 1942 alle getötet (Schmuhl 1992, 216).

Von den über 200000 verbliebenen nichtjüdischen Psychiatriepatienten werden in der «wilden Euthanasie» vorrangig durch Gift und Nahrungsentzug zwischen November 1941 und 11. Dezember 1944 weitere

30000 getötet. Überdies werden später im Osten (Klee/Dreßen 1989, 83–99) etwa 20000 sowjetische und polnische Patienten ermordet (Schmuhl 1992, 364). Zusätzlich werden etwa 400000 Menschen – in der Mehrzahl Behinderte und Süchtige – zwischen 1934 und 1945 zwangssterilisiert (Bock 1986, 230–246; Proctor 1988, 95–117).

Die Vergasungsanlagen der deutschen Psychiatrie in Bernburg/Saale, Hartheim und Sonnenstein werden seit April/August 1941 kaum noch für Behinderte, dafür jedoch für die Ermordung erkrankter KZ-Häftlinge eingesetzt, wobei etwa 20000 Menschen den Tod finden (Schmuhl 1992, 363). Dabei werden seit Ende August 1941 erstmals auch Juden vergast, die keineswegs als Behinderte, sondern als nicht mehr Arbeitsfähige eingestuft sind.

Parallel zu den Häftlingsvergasungen im Reich beginnt am 25. Juni 1941 und – noch massiver – ab August 1941 die Massenausrottung der Juden im Osten durch Erschießungskommandos von Einsatzgruppen der SS und der Polizei, die im Schutz und unter aktiver Beihilfe der Wehrmacht tätig werden (siehe ausführlich Krausnick 1985b; Wilhelm 1991; Friedrich 1993). Ihnen sind bis zum Frühjahr 1942 im deutsch kontrollierten Osten etwa «553000 jüdische Menschen zum Opfer gefallen» (Benz 1991, 17). Im Einflußbereich von Hitlers rumänischen Verbündeten (Transnistrien) werden zusätzlich «über 150000» Juden erschossen (Hilberg 1993, 1294).

Kommunistische Kommissare der Roten Armee werden beim Vormarsch der deutschen Truppen bereits seit dem 22. Juni (Befehl vom 6. Juni 1941) «ohne völkerrechtliche Rücksichtnahme» (Müller et al. 1991, 145) getötet (Jacobsen 1979). Alle Sowjetsoldaten jüdischer Herkunft werden auf Befehl Heydrichs vom 17. Juli 1941 unabhängig vom Dienstrang getötet. Dabei kommen 85000 Juden zu Tode (Gutman et al. 1993, II, 815).

Eine systematische Totalausrottung der «Juden beiderlei Geschlechts und aller Altersklassen» (Streim 1985, 114) beginnt – auf mündlichen Befehl Hitlers an Himmler – im August 1941 (Hilberg 1992, 17). Am 1. August 1941 wird den dafür eingesetzten Verbänden per Funkspruch mitgeteilt: «Dem Führer sollen von hier aus laufend Berichte über die Arbeit der Einsatzgruppen vorgelegt werden» (Streim 1985, 114). Es spricht allerdings viel dafür, daß Heydrich am 17. Juni 1941 «bei seinem Zusammentreffen mit den künftigen Kommandeuren der Einsatzgruppen und Einsatzkommandos in Preetz bereits die Erschießung aller Juden befohlen hat» (Nolte 1993, 288), weil er in einem Fernschreiben vom 29. Juni 1941 auf eben dieses Treffen verweist (Jäckel 1985, 16). Unstrittig ist, «daß schon am 25. Juni [1941] Massenerschießungen von Juden in Litauen stattfanden [Krausnick 1985 b, 179 ff] und daß bereits wenig später eine groteske Unproportionalität zutage tritt, indem etwa berichtet wird, an bestimmten Plätzen seien 70 Kommunisten und 10000 Juden erschossen worden» (Nolte 1993, 288).

Zwischen 1933 und 1945 kommen im deutsch beherrschten Europa weitere 600000 Juden durch Erschießungen und andere Maßnahmen zu Tode, die nicht von den Einsatzgruppen durchgeführt werden (Hilberg 1993 a, 1299).

Seit dem 1. September 1941 müssen alle Juden im deutschen Machtbereich den gelben Stern tragen. Ab dem 19. September gilt diese Bestimmung auch für das Protektorat Böhmen und Mähren.

Zwei Tage später, am 3. September 1941, beginnen in Auschwitz erste Experimente mit der Menschenvergasung an 650 russischen Kriegsgefangenen durch das Gas «Zyklon B» der «Deutschen Gesellschaft für Schädlingsbekämpfung» aus Frankfurt am Main (Piper 1994 b, 157 f). Diese IG-Farben-Firma liefert insgesamt 23000 kg des Giftes an die SS (Friedrich 1984, 103; zu den Plänen für die technische Weiterentwicklung von mobiler Vergasung und hocheffektiver Veraschung vgl. Giordano 1991, 280 f. Im März 1942 beginnen die Vergasungen im eigentlichen Vernichtungslager Auschwitz-Birkenau (Czech 1989; Gutman/Berenbaum 1994; Gideon 1994).

Am 4. Oktober 1941 findet in Heydrichs Reichssicherheitshauptamt (RSHA) zu Berlin eine Konferenz «bezüglich Lösung der Judenfrage» (Krausnick 1985 a, 84) im Reichsgebiet statt, die Hitler – wie Heydrich seinen Mitarbeitern anvertraut – bis Ende 1941 abgeschlossen sehen möchte (Hilberg 1985 a, 226). Seit dem Euthanasiebefehl vom 1. September 1939 und dem am 6. Juni 1941 an die Truppe gegangenen «Kommissarbefehl» vom 13. Mai 1941 (Hesse 1993, 32 f) gibt es von Hitler für die von ihm angeordneten Megatötungen keine Unterschriften mehr. Mündliche Anordnungen werden von direkt Untergebenen in die Tat umgesetzt (zur Politik nur noch mündlicher Befehle vgl. Fleming 1987, 68 ff, und Adam 1985, 87).

Am 10. Oktober ergeht das Auswanderungsverbot für Juden. Von nun an soll niemand mehr der Vernichtung entkommen. In Deutschland werden von dieser Maßnahme knapp 164000 Juden überrascht.

Ab September 1941 werden Vergasungswagen aus der «Vernichtung lebensunwerten Lebens» als mobile Tötungsmaschinen für die Judenausrottung im Osten eingesetzt (Beer 1987), da es «nicht möglich erschien, auch die Menschen in den großen Ghettos von Warschau und Lemberg im Wege der Erschießung zu töten» (Longerich / Pohl 1990, 359).

Bereits am 25. Oktober 1941 war in einem Gutachten für Alfred Rosenberg – als Minister für die besetzten Ostgebiete – dieses Tötungsverfahren ins Auge gefaßt worden: «Nach Sachlage bestehen keine Bedenken, wenn diejenigen Juden, die nicht arbeitsfähig sind, mit den Brackschen Hilfsmitteln beseitigt werden» (Krausnick 1985 a, 84). Dieser – nach Heydrichs Vornamen – als «Aktion Reinhard» bezeichnete Prozeß beginnt praktisch im November 1941 mit den Bauarbeiten in Belzec. Die im Rahmen dieser Aktion am 17. März 1942 beginnende Vergasung der Juden in Belzec (ab April 1942 in Sobibor und ab August 1942 in Treblinka) wird – wie schon diejenigen der «Euthanasie» – direkt vom jetzigen SS-Oberführer Brack aus der «Kanzlei des Führers der NSDAP», d. h. unmittelbar aus einem Büro Hitlers überwacht (Hilberg 1985 b, 130). Brack gibt auch Hitlers Anweisungen an Himmler weiter (Longerich / Pohl 1990, 371 f), dem er früher einmal als Chauffeur gedient hatte (Wistrich 1983, 30).

Am 10. Dezember 1941 ruft der deutsche Protestantismus ein letztes Mal in offizieller Einmütigkeit («Konferenz der Kirchenführer») das vom Christentum ebenfalls angenommene jüdische Gesetz der Lebensheiligkeit und der Liebesgebote bei der Reichsführung in Erinnerung. Direkt angesprochen werden die «Maßnahmen zur Beseitigung der Geisteskranken und die sich steigernde Härte in der Behandlung der Nichtarier» (Klee 1989, 148).

Am 20. Januar 1942 wird auf der «Wannsee-Konferenz» in Berlin die Endkoordination der Reichsführung für die – mit Totalitätsanspruch seit August 1941 betriebene – Ausrottung der Juden Europas vorgenommen (ausführlich Pätzold / Schwarz 1992). «Im Zuge der praktischen Durchführung der Endlösung wird Europa von Westen nach Osten durchkämmt», um «zusammen über 11 000 000» Juden in die Hand zu bekommen (Longerich / Pohl 1990, 87 / 86). Hitlers Kanzleibeauftragter für die Vergasungen, Viktor Brack, geht am 23. Juni 1942 von noch verbliebenen «ca. 10 Millionen europäischer Juden aus» (Longerich / Pohl 1990, 371).

Im März 1942 wird die systematische Tötung von Juden auch durch fest installierte Gaskammern in sechs Vernichtungslagern vorgenommen (Arad 1987). Insgesamt 92 Spezialisten der Euthanasievergasungen fungieren dabei nicht nur als wichtigste Berater für den Gaskammerausbau, sondern teilweise sogar direkt als Lagerkommandanten (Schmuhl 1992, 247–260). Etliche Vergasungszuständige unterstehen direkt der «Kanzlei des Führers der NSDAP». Dieses Amt Hitlers «war eine zentrale Schaltstelle des Massenmords im ‹Dritten Reich›» (Gutman et al. 1993, II, 735).

Vorrangig durch Gas werden in Kulmhof/Chelmno etwa 150000, in Belzec etwa 550000, in Sobibor etwa 200000, in Treblinka etwa 750000 bis 1200000, in Auschwitz-Birkenau etwa 1000000 (Piper 1994b, 176) und in Majdanek etwa 50000 Juden ermordet. Unter den 65000 Toten im weißrussischen Erschießungslager Maly Trostenez bei Minsk sind «ungefähr 39000 Juden» (Gutman et al. 1993, II, 922). Weitere knapp 300000 Juden werden über die «Vernichtung durch Arbeit» in den übrigen zwanzig Konzentrationslagern der SS und ihren 165 Nebenlagern (Stand April 1944) zu Tode gebracht (Hilberg 1985a, 239/338/225; in dieser Zahl sind die etwa zwanzigtausend Lager nicht mitgezählt, in denen «10–12 Millionen» Zwangsarbeiter inhaftiert waren [Weinmann et al. 1990, CXXXVII]).

Die Vergasungen kommen zum Stillstand, als Himmler im Angesicht der näherrückenden Roten Armee einen Einstellungsbefehl für Auschwitz gibt. Am 1. Dezember 1944 werden daraufhin «die Krematorien und Gaskammern in Auschwitz-Birkenau» abgebaut und gesprengt (Weinmann et al. 1990, CXXXI). Gleichwohl wird bis zum Eintreffen der sowjetischen Truppen am 27. Januar 1945 in Auschwitz weiter durch Verhungern, Erfrieren, Erschießen, medizinische Experimente und Vernichtung durch Arbeit getötet. Erst «um ein Uhr morgens am 27. [Januar] sprengte die SS das letzte Krematorium» (Hilberg 1993a, 1051). Ermordet werden auch viele der Häftlinge, die aus Auschwitz in westlicher gelegene Konzentrationslager verbracht werden, soweit sie nicht gleich auf diesen «Todesmärschen» ihr Ende finden (Strzelecka 1994, 410f).

Bereits bis August 1943 sind (gerechnet ab 1933) vor allem durch Erschießen, Vergasen, Zwangsarbeit sowie Hunger- und Seuchentod per Ghettoisierung etwa vier Millionen Juden ermordet. 2,7 Millionen davon – mehr als die Hälfte aller jüdischen Opfer der deutschen Diktatur – kommen allein im Jahre 1942 um (Hilberg 1993a, 1300).

Am 12. und 19. September 1943 ergeht das Hirtenwort der katholischen Bischöfe Deutschlands über das nicht nur jüdische, sondern auch christliche Gesetz der Zehn Gebote (2. *Mose* 20: 2–17; 5. *Mose* 5: 6–18). In diesem Aufruf zum Schutz des Lebens werden die Juden nur indirekt und überdies an letzter Stelle genannt. Zum fünften Gebot («Du sollst nicht morden» – 2. *Mose* 20: 13; 5. *Mose* 5: 17) heißt es dabei: «Tötung ist in sich schlecht, auch wenn sie angeblich im Interesse des Gemeinwohls verübt wurde: an schuld- und wehrlosen Geistesschwachen und -kranken, an unheilbar Siechen und tödlich Verletzten, an erblich Belasteten und lebensuntüchtigen Neugeborenen, an unschuldigen Geiseln und entwaffneten Kriegs- oder Strafgefangenen, an Menschen fremder Rassen und Abstammung» (Klee 1989, 156 f). Diese Ermahnung bewirkt nichts, obwohl es sich bei den «tödlich Verletzten» auch um deutsche Soldaten (Beinamputierte u. a.) handelt, die mit Giftinjektionen von Krankenschwestern und Ärzten entweder in Heimatlazaretten (Klee 1991, 446) oder direkt an der Front umgebracht werden (Lifton 1993, 169 f).

Das Töten geht ohne Rücksicht auf die Vorhaltung des jüdischen Gesetzes weiter. Dabei werden seit dem 22. Juni 1941 (Beginn des «Rußlandfeldzugs») außerdem etwa 3,3 Millionen bzw. 57,5 Prozent der sowjetischen Kriegsgefangenen durch Seuchen, Hunger, Erschießungen etc. getötet (Gutman et al. 1993, II, 817; Klee/Dreßen 1989, 137–164).

Bis zum Kriegsende am 8. Mai 1945 ergibt sich als Gesamtbilanz der jüdischen Opfer durch die antisemitische deutsche Diktatur «ein Minimum von 5,29 Millionen und ein Maximum von über sechs Millionen» (Benz 1991, 17). Die noch vor 1991 fertiggestellte *Enzyklopädie des Holocaust* schätzt ein Minimum von 5596000 und ein Maximum von 5860000 jüdischen Opfern (Gutman et al. 1993, III, 1757). Raoul Hilberg spricht als Minimum von «insgesamt 5100000» Ermordeten (Hilberg 1993, 1299). Unter den Opfern befanden sich über eine Million Kinder (Dwork 1994). Der «Leiter des Judenreferats» der Gestapo selbst, Adolf Eichmann, hatte bereits Ende 1944 mitgeteilt, «in den verschiedenen Vernichtungslagern seien etwa vier Millionen Juden getötet worden, während weitere zwei Millionen auf andere Weise den Tod fanden» (Nürnberger Prozesse 1947–49, Bd. 31, S. 85 f; vgl. auch Piper 1994a, 70 ff).

Zusammen mit den Juden werden auch zwischen 5000 und 15000 Homosexuelle (Grau 1992; 1993) in die KZs verschleppt, von denen etwa

60 Prozent umkommen (Lautmann / Grischkat / Schmidt 1977, 350). Zugleich wird «etwa eine halbe Million europäischer Zigeuner» ausgerottet (Tyrnauer 1990, 366f; Wippermann 1986, 52; Peukert 1982 [250f] nennt 219000 ermordete Zigeuner; vgl. insgesamt Zimmermann 1989). Zu Mithäftlingen werden überdies *Zeugen Jehovas*, die «Antibolschewismus, Kirchenfeindlichkeit und Antisemitismus» der Nazis im Grundsatz teilten, aber Hitlergruß und Wehrdienst verweigerten (Gutman et al. 1993, III, 1629; Kater 1969; King 1990; zu den nichtjüdischen Opfern vgl. insgesamt Berenbaum 1990).

III. Die Ratlosigkeit der Nachwelt: Zweiundvierzig bekanntere Theorien zu Auschwitz

«Aber die heikelste und die fast völlig ausgesparte Frage lautet, ob auch dem nationalsozialistischen ‹Antisemitismus› in diesem Sinne ein ‹rationaler Kern› zuzuschreiben sei oder ob sich die Wissenschaft für immer mit Kennzeichnungen wie ‹infernalischer Judenhaß› [Hillgruber 1985, 222] zu begnügen habe. Es wäre nur eine andere Formulierung, wenn man behaupten würde, Hitler habe die Juden als ‹Sündenböcke› ausgesucht, aber er habe ebensogut und mit ebensoviel Irrationalität die Zigeuner oder die Raucher wählen können» (Nolte 1993, 373).

Als der 1923 geborene Ernst Nolte in seinem 70. Lebensjahr die Frage nach dem «rationalen Kern» des Holocaust stellt, hat er allein – wenn ich richtig zähle – bereits acht verschiedene Auschwitztheorien zur Diskussion gestellt (siehe unten 35. bis 42. Theorie). Mit diesem Weltrekord steht er nicht nur einzigartig dar, sondern unterstreicht vor allem die allgemeine Ratlosigkeit, ja Konfusion gegenüber der schwersten Frage in der neuzeitlichen Geschichte. Lediglich zu den großen – und ebenfalls sehr gut dokumentierbaren – europäischen Hexenverfolgungen zwischen dem 15. und 17. Jahrhundert gibt es in der herrschenden Lehre mit etwa fünfundzwanzig verschiedenen Erklärungen eine vergleichbare Fülle von Theorien und damit eine kaum minder große Verwirrung (vgl. Heinsohn / Steiger 1989, 437f; Heinsohn / Steiger 1990, 67).

In dieser Arbeit wird die Berechtigung von Noltes Frage ungeschmälert anerkannt. Gleichwohl ist der von ihm hervorgerufene Eindruck irreführend, daß man sie unterdrücke. Sie muß als eine der am häufigsten gestellten Fragen überhaupt gelten. Bereits bis zum Jahre 1985 wurden allein über Auschwitz zehntausend Veröffentlichungen gezählt (Laska 1985, XVII). Mittlerweile dürfte sich diese Zahl mindestens verdoppelt haben. Dennoch hat Nolte selbst auf ganz linker Gegenposition mit seiner Klage über ein angebliches Frageverbot Gehör gefunden. Dort wettert man gegen die «festgeschriebene Auffassung, der Holocaust stehe prinzipiell außerhalb einer wie auch immer historisch-methodisch gefaßten Untersuchungsperspektive» (Roth 1991, 131).

Ungeachtet der in dieser Sicht steckenden Übertreibung kann die Anerkennung der Frage nach den Gründen für Auschwitz nicht als selbstverständlich gelten. Einige der Ansichten, die es zur Judenvernichtung gibt, halten sich regelrecht etwas darauf zugute, auf diese Frage ausdrücklich und für immer zu verzichten. Da jedoch weder Noltes acht eigene Antworten noch die übrigen hier referierten vierunddreißig Holocausttheorien überzeugen können, müssen sie wenigstens in einer Kurzfassung vor Augen geführt werden. Auf diesem Wege mag die Differenz zu der hier entwickelten Position deutlicher werden. Selbstverständlich haben nicht alle Theorien den gleichen Rang. Etliche der aufgelisteten Sichtweisen versuchen weniger eine Erklärung als eine genaue Rekonstruktion der Vorgänge. Die theologischen Auschwitzdeutungen mögen zwar mehr Anhänger haben als die sogenannten wissenschaftlichen Theorien, arbeiten aber meist nicht mit historischen Quellen, sondern mit Vorstellungen über die Wege Gottes oder auch die Wirkungen einer vorübergehenden oder endgültigen Nichtexistenz eines Gottes. Da jedoch alle Antworten auf die Frage nach Auschwitz durch weitgehende Ratlosigkeit gekennzeichnet sind, erscheint es unangemessen, zwischen den Erklärungsverlegenheiten auch noch eine Rangordnung aufzustellen.

Um eine historische Vergleichung und Einordnung von Auschwitz bemühen sich vor allem einige Rabbiner, die vergleichende Völkermordforschung, ein Teil der Holocaustforschung (Bauer 1978; Katz 1994) und der Historiker Ernst Nolte. Letzterer hat mit dieser Absicht auch deshalb so viel Erregung hervorgerufen, weil die anderen – und oft früheren – Autoren kaum gelesen werden. Dabei sind es gerade Rabbiner, die am entschiedensten auf die Historisierung von Auschwitz gedrängt haben (etwa Hutner 1993 [1977] und Berkovits 1973; 1993). Sie sind es, die Begriffe wie Holocaust und Shoah als enthistorisierende zurückweisen. Laut persönlicher Mitteilung an den Verfasser hat Elie Wiesel im Jahre 1958 den Begriff «Holocaust» (wörtlich Ganzbrandopfer) für Auschwitz geprägt und seitdem nicht viel Freude über ihn empfunden, weil er längst für alles und jedes Ausnahmeleid von Menschen und sogar Tieren verwendet wird und damit das jüdische Schicksal wieder einmal einebnet. Schriftlich nachweisbar ist der Begriff «Holocaust» aber wohl erst in der französischen Erstausgabe von Elie Wiesels Novelle *Die Nacht* aus dem Jahre 1959. Der Begriff «Shoah» (wörtlich Naturkatastrophe) wird vor allem von der weltlichen Auschwitzforschung in Israel (insbesondere Jad VaShem) verwendet. Die Bezeichnung «Naturkatastrophe» soll den absoluten Ausnahmecharakter des jüdischen Leidens zwischen 1941 und

1945 kennzeichnen, es also wie einen Naturvorgang aus dem üblichen Geschichtsverlauf herausnehmen. Es versteht sich von selbst, daß mit einer solchen Kennzeichnung der historischen Erklärung und Einordnung von Auschwitz widerstanden werden soll.

Bei etlichen rabbinischen Autoren hingegen heißt Auschwitz *«Der Dritte Churban»* (Cohn-Sherbok 1989, 28 ff). Die Namensgebung Shoah erscheint ihnen als der «Irrtum der Gründe von Jad VaShem» (Hutner 1993, 41). *Churban* «bedeutet Zerstörung und bezieht sich auf die Weltgeschichte. Das Wort *churban* wurde früher nur im Zusammenhang mit der Zerstörung des Tempels Salomons und des Tempels des Herodes gebraucht» (Maybaum 1993, 9). Auch der erste und der zweite *Churban* hat die Beseitigung des Judentums zum Ziel gehabt. Nach dem ersten wurden die Überlebenden in Vorderasien verstreut und konfrontierten die Menschen mit dem Monotheismus des unsichtbaren und allmächtigen Gottes. Nach dem zweiten Churban wurden sie im römischen Imperium verstreut und bezauberten oder erzürnten die übrigen Völker mit dem opferfreien Gesetzesglauben der Synagoge. Nach dem dritten Churban von Auschwitz wurden sie auf der ganzen Welt zerstreut und könnten – so glauben manche Rabbiner – wiederum der Menschheit etwas – womöglich noch Verborgenes – bringen. Jedesmal ist jüdische Geschichte auf grauenhafte – auch für die Rabbiner unbegreifliche – Weise mit der Weltgeschichte verschränkt worden. Die «Verfolgung der Juden durch die Völker» sehen sie als das «Grundmuster der jüdischen Geschichte» (Hutner 1993, 29), das seine Prägekraft behalten wird, solange das Judentum lebt. Deshalb dürfe Auschwitz nicht herausgehoben, als einzigartig oder vorbildlos hingestellt werden. Denn für die etwa 5000 (Litvinoff 1988, 57) lebendig in ihren Synagogen verbrannten Juden Westeuropas aus der Kreuzzugszeit des 11./12. Jahrhunderts und die 250000 Ermordeten aus den Pestjahren 1348–1350 könne es kein Trost sein, «daß sie Auschwitz nicht erlebt hatten» (Berkovits 1993, 48; siehe auch unten Kapitel V). Wenn man zwischen den drei Begriffen wählen müßte, fiele die Entscheidung für «Churban» wohl am leichtesten (s. bereits Bayfield 1981).

Selbstverständlich hat die Auflistung von exakt 42 Theorien etwas Willkürliches. Vor allem die psychologischen Auschwitzdeutungen zerfallen in so viele – sich zugleich heftig befehdende – Schulen, daß ihre Zusammenfassung zu bloß zwei Theorien (30. und 31.) als ungebührliche Verkürzung empfunden werden könnte. Schon um solchen Bedenken zuvorzukommen, konzentriere ich mich ausdrücklich auf die «bekannteren» Theorien. Gleichwohl steckt darin ein Stück akademischer Überheblichkeit. Ginge es nämlich um bloßen Bekanntheitsgrad, dann könnten in dieser Arbeit nicht behandelte Ansichten zu Auschwitz mit vielen der aufgeführten leicht konkurrieren. Daß Hitler die Reinkarnation des ägyptischen Horus-Gottes gewesen sei (*Hitler and the Age of Horus*), dürfte Esoteriker durchaus faszinieren. Erscheint diese Sicht aber so viel abwegiger als die des ehemaligen Bundeskanzlers Willy Brandt, für den Hitler «ein maßlos unterschätzter Teufel» war (Brandt 1989, 12)?

Unbehandelt bleibt hier auch der Glaube, daß Hitler über mediale Persönlichkeiten von einer Berliner Geheimgesellschaft namens «Vril» gesteuert wurde. Diese «Loge der Brüder vom Licht» habe im Dienste einer Überrasse gestanden, die im Innern der Erde auf ihre Stunde wartet (Pauwels/Bergier 1979, 304). Selbst solche Theorien entfernen sich keineswegs vollständig von der nazizeitlichen Vorstellungswelt. Sie haben gelegentlich sogar den Vorteil, mit der auffälligen – aus der Mythologie schöpfenden (Doucet 1979) – Ikonographie, Redeweise und Choreographie der deutschen Diktatur einen Stoff anzuschauen, der ansonsten eher in den künstlerischen – insbesondere filmischen – Bearbeitungen der Hitlerzeit aufscheint.

Die esoterischen und magischen Theorien (dazu auch Kratz 1994) wirken nicht unbedingt irrealer als einige der unten behandelten theologischen Auschwitzerklärungen, nach denen Hitler ja ebenfalls Werkzeug und nicht aus eigenem Recht und Antrieb handelnder Politiker gewesen sei. Gleichwohl war für diese Studie eine Grenze zu ziehen. Das soll nicht hindern, bei anderer Gelegenheit auch einmal diese Gedankengebäude kritisch zu durchleuchten. Insbesondere die vielfältigen Geheimgesellschaften à la «Thule», «Ostara» und «Artamanen», aber ebenso «Skull and Bones» in den USA etc. erhalten in der Forschung recht wenig Aufmerksamkeit. Das gilt übrigens für die ganze Heidentumsbesessenheit der Naziführung (siehe bereits Ravenscroft 1988).

Neben ausdrücklich als Auschwitztheorie deklarierten Überlegungen gibt es auch indirekte Theorien, die durch Interpolation erschlossen werden müssen. Sie würden die Liste schier endlos machen und werden hier nicht weiter berücksichtigt. Ein Beispiel möge genügen. Der katholische Theologe Eugen Drewermann greift – in höchster Erregung – das Judentum dafür an, daß es bei der Aufstellung seiner strengen Regeln zum

Schutz des menschlichen Lebens nicht auch gleich noch für Natur- und Tierschutz gesorgt habe (Drewermann 1991, 189). Nur aus diesem «Erbe der Bibel», aus ihrer «spezifisch semitischen, jüdischen Geistesart» habe dann das Christentum seinen «außerordentlich gewalttätigen und rücksichtslosen Charakter» und seine «innere Unfähigkeit zum Frieden» angenommen (Drewermann 1991, 184 f). Da Hitler bekanntlich ein großer Tier- und Hundefreund war und nach dem Selbstmord seiner geliebten Nichte Geli Raubal (18. 9. 1931) kein Fleisch mehr aß (Toland 1977, 352; s. a. 31. Theorie unten), könnte man mit dem populären Priester auf die Konstruktion verfallen, daß Hitler die Juden für ihre fehlende Hundeliebe bzw. aufgrund «der rohen Aggressivität des Alten Testamentes» (Drewermann 1991, 197) ermorden ließ.

1. Theorie: Leugnung von Auschwitz

Da eine Erklärung von Auschwitz überflüssig wäre, wenn die Vernichtungslager nicht existiert hätten, sollte die Leugnung der Judenvernichtung am Anfang behandelt werden. Ihre akademisch bekanntesten Varianten stammen von französischen Denkern der Linken (Paul Rassinier [1978; 1989] und Robert Faurisson [1980]), denen es vor allem um den Kampf gegen die Juden Israels und für die Sache der arabischen Nation geht, sowie von einem britischen Philogermanen und Hitlerbewunderer (Irving 1977). Die ausdrückliche Widerlegung dieses sogenannten radikalen Revisionismus ist aufgrund seiner Faktenunterschlagung, seiner evidenten Einseitigkeit sowie seiner antizionistischen und antisemitischen Ausrichtung lange Zeit nicht für nötig gehalten worden. Inzwischen aber hat seine fanatisch-begeisterte Aufnahme bei Judenhassern aller Couleur ausführliche Auseinandersetzungen bewirkt (siehe etwa Broszat 1977; Cargas 1993; Bastian 1994; Lipstadt 1993; Piper 1994 b; Pressac 1994; Pressac/Van Pelt 1994; Vidal-Naquet 1993).

Unter den Deutschen hat das Bestreiten von Auschwitz bisher nur wenige Anhänger gefunden. Im Mai 1994 leugneten lediglich drei Prozent den Massenmord an den Juden. Selbst von den Anhängern der Neonazipartei der «Republikaner» bekannten sich 86 Prozent zu Auschwitz (Juhnke/Wiedemann 1994, III). Zugleich begrüßten 64 Prozent der Deutschen einmütig und weitere 18 Prozent mit Abstrichen die Niederlage Hitlerdeutschlands im Jahre 1945. Immerhin 37 Prozent der heute über 60jährigen gaben zu, von der Judenvernichtung bereits während der Nazizeit gewußt zu haben. Ihnen gegenüber standen 56 Prozent mit der Behauptung, sie hätten nichts gewußt, also von den anderen 37 Prozent auch nichts erfahren (Juhnke / Wiedemann 1994, II).

Ernst Nolte, der oft in die Nähe der professionellen Auschwitzleugner gerückt worden ist, hat sich ausführlich mit ihnen befaßt. Er schaut auf sie mit einer gewissen Schadenfreude für seine Gegner und zeigt auch ausgeprägte Befriedigung darüber, daß die beiden Franzosen und ihre Sympathisanten hier und dort ein genaueres Quellenstudium erzwungen hätten. Mehr als vielleicht irgend jemand sonst ist Nolte jedoch Theoretiker von Auschwitz und kann das organisierte Morden schon allein daher unmöglich leugnen. Die Revisionisten finden in ihm also einen harten Gegner: «Die These, es habe so etwas wie ausgedehnte Vernichtungsmaßnahmen gegen Juden, Zigeuner, Geisteskranke und Slawen überhaupt nicht gegeben, richtet sich auf ähnliche Weise selbst wie die Behauptung, Napoleon habe gar nicht existiert, und sie sollte als Eigentümlichkeit eines winzigen *lunatic fringe* unbeachtet bleiben» (Nolte 1993, 308).

Man hätte den Auschwitzleugnern ihre Arbeit vielleicht erschweren können, wenn das sowjetische Regime beizeiten die Akten publiziert hätte, über die es zum Betrieb der Gaskammern und Massenkrematorien von Auschwitz verfügte. Erst nach dem Zusammenbruch der marxistischen Regime ist hier mehr Flexibilität entwickelt worden, und es war ein ehemaliger Auschwitzleugner, der die Unterlagen mittlerweile publiziert hat (Pressac 1994; Pressac / Van Pelt 1994).

2. *Theorie:* Auschwitz als zwangsläufiges Zufallsprodukt («Funktionalisten»)

Da «es vom ‹wissenschaftlich anerkannten› Funktionalismus bis zum nicht-propagandistischen Teil des radikalen Revisionismus nur ein kleiner Schritt» sei (Nolte 1993, 309), folgt diese Sicht von Auschwitz hier an zweiter Stelle. Nicht weil sie ausdrücklich von Hitler befohlen wurde, sondern weil sie durch den herrschenden Antisemitismus angelegt, ja gewollt war und durch die Umstände von Diktatur, Krieg und Konzentrationslagern nach und nach auch von einer effektiven Bürokratie praktisch durchgeführt werden konnte, kam es zur Ermordung der Juden. Diese

Auffassung vertritt der sogenannte Funktionalismus (oder auch «Strukturalismus») in der Kontroverse um die Gründe für Auschwitz (vor allem Broszat 1977; Mommsen 1983 und 1994, aber auch Gordon 1984, 48f). Sie wird vor allem durch Hans Mommsen zugespitzt: «Ich bin der Auffassung, daß Hitler sich hinter dem in Gang befindlichen Vernichtungsprozeß gleichsam versteckte. Im Grunde verhielt er sich nicht anders als seine untergeordneten Funktionäre» (Mommsen 1985a, 66). Diese Position wird auf Nachfrage noch zugespitzt: «Ich würde auf die offene Frage von Herrn Hilberg, ob die Eskalation so weit vorangeschritten war, daß es ohne Hitler ging, antworten: ja. Nicht in dem Sinne, daß die Rolle Hitlers in der Gesamtgeschichte des Regimes nicht eine wichtige und zentrale Voraussetzung bildete, aber wohl in dem Sinne, daß der Diktator, der auch in der Innenpolitik des Regimes gleichsam durch den Hitler-Kult ersetzt wurde, selbst keine zentrale Rolle mehr spielen mußte» (Mommsen 1985b, 193).

Die Sorge, daß die Konzentration auf einen Befehl Hitlers, der sogar als mündlicher bestritten wird, die Verantwortung der vielen Täter und der antisemitischen Herrschaftsschicht des Deutschen Reiches schmälern könnte, treibt die Funktionalisten um. Sie halten sich für umfassendere Gegner der antisemitischen Diktatur als die Sucher nach einem Führerbefehl. Das mutet auf den ersten Blick nobel an, kann aber schon von der erzieherischen Absicht her nicht überzeugen. Auch in der Analyse der Mongolenstürme des 13. und 14. Jahrhunderts wird ja keineswegs behauptet, daß sich im Gefolge Dschingis-Khans nur anmutige Reiter befunden hätten. Im Ergebnis jedoch wird mit der Rede von der Judenvernichtung als einer nicht geplanten «kumulativen Radikalisierung» eine Durchdringung von Hitlers Zielsetzung gar nicht mehr versucht, und die einschlägigen Quellen werden im Endeffekt geleugnet. Daß die wissenschaftliche Analyse an Stringenz verliert, wenn mit – wie auch immer nachvollziehbaren – «fortschrittlichen» Interessen an die Geschichte herangegangen wird, bestätigt sich an den Funktionalisten einmal mehr.

Dabei ist funktionalistisches Denken bei der Analyse der antisemitischen deutschen Diktatur nun keineswegs an sich fehl am Platze. Beispielsweise erweist sich die Weltdimension des Krieges als Ergebnis eines Prozesses, hinter dem selbstredend kein «Weltkriegsbefehl» Hitlers steht (vgl. Syring 1994, 274). Auch bei der Zigeunervernichtung darf mit guten Gründen davon gesprochen werden, daß es sie wohl nicht oder nicht in dem Ausmaß gegeben hätte, wenn nicht die Anlagen zur Judenvernichtung vorhanden gewesen wären. Da «radikalisierte» (Nolte 1993, 286) in der Tat die bloße Existenz von Auschwitz die Austilgung der Zigeuner, die im Sommer 1944 aus dem Zigeunerlager in die Gaskammern gebracht wurden.

Die Funktionalisten lassen sich noch einmal in Makro- und Mikroschulen unterteilen. Die Makroposition schaut mehr auf die rivalisierenden «Großen» des Reiches und eine angeblich verselbständigte Bürokratie, die sich dann im Wechselspiel in die Vernichtungsmaßnahmen treiben. Die aus der Institutionssoziologie kommende Mikrotheorie schaut eher auf die Dynamik des Konzentrationslagers in einem totalitären Staat. Diese besondere Institution treibe fast unaufhaltsam von einer bloß terroristischen Einsperrung der Menschen auf ihre Ausrottung zu und interessiere sich dabei im Grunde nicht dafür, was für Menschen – Juden oder andere – in ihrer Gewalt sind (siehe etwa Sofsky 1993). Diese Position hat sich nicht davon verunsichern lassen, daß die Nazis, die gewiß in allen 185 Haupt- und Nebenlagern auch töteten, dennoch sieben ausschließliche Vernichtungslager errichteten. Selbst die außerhalb von Lagern und noch *vor* den Vergasungen erfolgenden Massenerschießungen von mehr als 550 000 Juden hat den Glauben an die Judenvernichtung durch Lagerverselbständigung nicht erschüttern können.

Eine Ausweitung der Mikrotheorie zurück in die Gesellschaft wirkt dann nur konsequent. Wie die Ausrottung im KZ angelegt sei, wird dieses wiederum organisch der «modernen Gesellschaft» zugeordnet. Damit kommt der Funktionalismus dann an seinen logischen Endpunkt: «Ethisch und moralisch gesehen ist die Situation des modernen Menschen mit der des Häftlings in Auschwitz grundsätzlich vergleichbar. Er hat im Einklang mit den autoritär durchgesetzten Normen zu handeln oder muß die willkürlich angedrohten Folgen hinnehmen. / Das tägliche Leben ist zunehmend den Prinzipien unterworfen, die bereits in Auschwitz über Leben und Tod entschieden» (Kren/Rappoport 1980, 130/143).

Diese Denkrichtung verfügt mittlerweile auch über eine theologische Variante, die ganz im Denkduktus der Frankfurter Schule davon spricht, daß «der Mord an Millionen durch Verwaltung [...] das Umschlagen neuzeitlicher Rationalität in Barbarei» gewesen sei (Roentgen 1991, 104). Warum Auschwitz-Birkenau dann nicht im Herzen des technischen Fortschritts – also in Mittelengland oder dem Nordosten der USA –, sondern im Großdeutschen Reich gestanden hat, bleibt dabei unerfindlich.

Als geistiger Ziehvater der makro- und mikrofunktionalistischen Sicht kann Michel Foucault mit einer Arbeit aus dem Jahre 1976 in Anspruch genommen werden. Die «Endlösung» wird als quasiautomatische Endstufe eines bevölkerungspolitischen «Staatsrassismus» aus dem späten 18. Jahrhundert diagnostiziert, für deren Erreichen ein Hitler gänzlich überflüssig ist und nicht einmal seine Paladine benötigt werden: «Disziplinarmacht, Biomacht: beide durchdrangen und stützten die Nazi-Gesellschaft (die Erfassung des Biologischen, der Zeugung, der Vererbung, der Erfassung der Krankheit und auch der Unfälle). [...] Letztlich hat sogar jedermann das Recht über Leben und Tod seines Nachbarn inne. [...] Der Nazistaat hat das Feld eines Lebens, das er verbessert, schützt, garantiert und biologisch kultiviert, und zugleich das souveräne Recht, jedermann zu töten – nicht nur die Anderen, sondern auch die Seinen –, absolut zur Deckung gebracht. [...] Rassistischer Staat, mörderischer Staat, selbstmörderischer Staat: dies überlagert sich notwendig und mündet natürlich in die Endlösung (durch die man über die Juden alle anderen Rassen beseitigen wollte, deren Symbol und zugleich Manifestation die Juden waren)» (Foucault 1992, 57). Wir werden noch sehen (Kapitel IV und V), daß die rassismustheoretische Verleugnung des Jüdischseins der Juden, die nur Symbol, aber nicht eigentlich selbst gemeint seien, jenes Denkmuster umreißt, das wohl am wirkmächtigsten für die Rätselhaftigkeit von Auschwitz sorgt.

3. *Theorie:* Auschwitz als Himmlers Verschwörung

In der Mitte zwischen Funktionalisten und den in der fünften Theorie abzuhandelnden Intentionalisten steht eine Denkschule der fünfziger Jahre. Sie geht zwar vom Vorhandensein eines Ausrottungsbefehls gegen die Juden aus, spricht ihn aber Himmler als Chef der KZs zu, der selbst Hitler und dazu auch noch die gesamte Reichskanzlei getäuscht habe (Picker 1976, 17f; Sündermann 1959, 67f; vgl. ausführlich v. Münchhausen 1994, 36ff). Die Äußerungen Himmlers jedoch – wie unten zur 5. Theorie zu zeigen – machen unmißverständlich deutlich, daß er Befehlsempfänger ist. Überdies sind – etwa mit Viktor Brack – die Namen aus Hitlers Kanzlei bekannt, die Führerbefehle an Himmler weiterleiten.

Ungeachtet seines mörderischen Judenhasses hat Himmler übrigens noch im Mai 1940 vor der Ausrottung gezögert. In einer Denkschrift für Hitler hat er unterstrichen, daß er «die bolschewistische Methode der physischen Ausrottung eines Volkes aus innerer Überzeugung als ungermanisch und unmöglich ablehnt» (Jäckel 1992). Der eigentliche Urheber der Theorie von Auschwitz als einer Himmlerschen Geheimaktion dürfte Hermann Göring gewesen sein. Gegenüber Otto Stahmer – seinem Anwalt im Nürnberger Prozeß – erklärte er am 3. April 1946: «Diese allerstrengste Geheimhaltung hat erst die völlige Dunkelheit über diesen Vorgängen gesichert. Ich bezweifle indessen, daß Hitler von dem Umfange dieser Vernichtungen gewußt hat. Ich glaube eher, daß Himmler, als er angab, auf Befehl Hitlers zu handeln, Höß gegenüber bewußt gelogen hat» (Bross 1950, 157).

4. Theorie: Auschwitz als Vollendung des Kaiserreiches

Ohne eigene Untersuchung der Beschlußfassung zur Judenvernichtung im Jahre 1941 vertritt Fritz Fischer ausdrücklich gegen die Intentionalisten (5. Theorie) die Ansicht, daß Hitler kein Betriebsunfall war: «Mit der Judenfeindschaft und dem Krieg um ‹Lebensraum› erweist sich Hitler nicht als originell und als Kind einer breiten Strömung in der deutschen wie der österreichischen Gesellschaft vor dem Ersten Weltkrieg» (Fischer 1993, 174). Tatsächlich konnte bereits über das Kaiserreich im 1. Weltkrieg gesagt werden: «Die Juden wurden als solche zu Feinden des deutschen Volkes, und ihre ‹Entfernung› wurde geradezu, neben dem Großraumreich, ein zweites Kriegsziel. [...] Es war die alldeutsche Propaganda, die die antisemitische ‹Volksstimmung› während des Krieges erheblich intensiviert, die Juden vorweg schon als Schuldige an der Niederlage, als Sündenbock markiert hat. Auch wenn man vieles dem Krieg zuschreiben mochte und wie die meisten Juden auf eine Beruhigung in der Nachkriegszeit setzte, die Aussichten vor 1914 für ein gelingendes Zusammenleben von Deutschen und Juden, für eine Ein- und Zurückdämmung des Antisemitismus, die Hoffnungen liberaler Deutscher wie der Juden, waren in dieser Form zergangen. Die Auschwitzperspektive schiebt sich zwischen 1914 und 1918 wieder vor die Perspektive Eigenwirklichkeit» (Nipperdey 1993, 311).

So entschieden auf die Kombination von Lebensraum- und Judenausrottungspolitik noch zurückzukommen sein wird, so deutlich ist hier schon zu sagen, daß ein bloßes Nebeneinander dieser beiden Ziele, das fast durchweg als ein sich eigentlich behinderndes Gegeneinander abgehandelt wird, das Verstehen der Judenausrottung nicht befördert. Die «Auschwitzperspektive» von 1914 bis 1918 ist erst einmal und unstrittig nur eine Perspektive des Antisemitismus herkömmlich christlicher und davon sich emanzipierender weltlicher Provenienz.

5. *Theorie:* Auschwitz auf Hitlers persönlichen Befehl («Intentionalisten»)

Die Intentionalisten (vor allem identifiziert mit Browning 1985a u. 1992; Jäckel 1985; Friedländer 1985; Streim 1985; Graml 1986 u. 1994; Fleming 1987; Poliakov/Steinberg 1992) gehen – als ausdrückliche Gegner der Funktionalisten – für die Judenvernichtung von einem ausdrücklichen Befehl Hitlers an Himmler aus, der höchstwahrscheinlich mündlich gegeben wurde.

An einem solchen Befehl aus der Zeit zwischen Sommer 1940 (Sieg über Frankreich) und dem Herbst 1941 kann nun in der Tat kein Zweifel bestehen. «Während allgemein angenommen wird, es müsse irgendwann im Frühjahr oder erst im Herbst des Jahres 1941 gewesen sein, scheint doch vor allem der Zusammenhang mit der Lebensraumpolitik für den Sommer 1940 zu sprechen. Gestützt wird diese Annahme durch eine unscheinbare und meist übersehene Quelle. Nach dem Kriege berichtete Felix Kersten [1952, 201], Himmlers Masseur und Vertrauter, sein Patient habe ihm einmal folgendes gesagt: Unmittelbar nach dem Frankreichfeldzug sei er ins Führerhauptquartier gerufen worden, und dort habe ihm Hitler eröffnet, er, Himmler, werde die Ausrottung der europäischen Juden durchführen müssen» (Jäckel 1991, 73; vgl. bereits Krausnick 1979, 297).

Falls der Ausführungsbefehl im Sommer 1940 noch nicht ergangen war, so muß er spätestens ein Jahr darauf vorgelegen haben, da bereits im Juni 1941 die Massenerschießungen von jüdischen Männern, Frauen und Kindern im Gange sind. Entsprechend berichtet auch der Auschwitz-Kommandant Rudolf Höß über eine Begegnung mit Heinrich Himmler im Sommer 1941: «Entgegen seiner sonstigen Gepflogenheit eröffnete er mir ohne Beisein eines Adjutanten dem Sinne nach folgendes: Der

Führer hat die Endlösung der Judenfrage befohlen, wir – die SS – haben diesen Befehl durchzuführen. Die bestehenden Vernichtungsstellen im Osten sind nicht in der Lage, die beabsichtigten großen Aktionen durchzuführen. Ich habe daher Auschwitz dafür bestimmt...» (Höß 1979, 157; Longerich/Pohl 1990, 79).

Himmler selbst resümiert in einer Geheimrede am 4. Oktober 1943 die bis dahin erfolgten Vernichtungen: «Ich will hier vor Ihnen in aller Offenheit auch ein ganz schweres Kapitel erwähnen. [...] Ich meine jetzt die Judenevakuierung, die Ausrottung des jüdischen Volkes. [...] Dies durchgehalten zu haben und dabei – abgesehen von Ausnahmen menschlicher Schwächen – anständig geblieben zu sein, das hat uns hart gemacht. Das ist ein niemals geschriebenes und niemals zu schreibendes Ruhmesblatt unserer Geschichte» (Nürnberger Prozesse 1947–49, Bd. 29, 145 f). Am 6. Oktober 1943 spricht Himmler von der «Endlösung» ausdrücklich als einem erhaltenen Auftrag: «Für die Organisation [SS], die den Auftrag durchführen mußte, war es der schwerste, den wir bisher hatten» (Fleming 1987, 74). Schon am 28. Juli 1942 wies Himmler seinen Verbindungsmann Gottlob Berger zurecht, der noch einmal um die eindeutige Definition des Begriffs Jude für die Erschießungen durch die Einsatzgruppen bat: «Mit all diesen törichten Festlegungen binden wir uns ja selbst die Hände. Die besetzten Ostgebiete werden judenfrei gemacht. Die Durchführung dieses sehr schweren Befehls hat der Führer auf meine Schultern gelegt. Die Verantwortung kann mir ohnedies niemand abnehmen. Also verbiete [sic] ich mir alles mitreden» (Krausnick 1979, 308; vgl. auch die weiteren Stellen zu Hitlers direkter Kontrolle der Judenausrottung dortselbst 45–47 und Longerich/Pohl 1990, passim).

Die Intentionalisten – das muß betont werden – sind sich nur in der Existenz eines Hitlerbefehls für die Judenausrottung einig. Darüber, warum er sie so unerhört hartnäckig betrieb, gibt es höchst divergierende oder auch gar nicht weiter differenzierte Vorstellungen. Lediglich die Formel «infernalischer Judenhaß» (Hillgruber 1985, 222) für Hitlers Getriebensein könnte als Minimalkonsens dieser Richtung gefaßt werden. Über das Zentralmotiv dieses Hasses gibt es von schlichtem Desinteresse über das Eingeständnis seiner Rätselhaftigkeit bis hin zu seiner entschlossenen Deutung etliche Variationen, von denen letztere in den folgenden Auschwitztheorien zu Worte kommen werden.

6. *Theorie:* Ewige Unerklärbarkeit von Auschwitz

Nach den Positionen, daß Auschwitz nicht (1.), zufällig (2.), aufgrund von Himmlers Verschwörung (3.), als Vollendung des Kaiserreiches (4.) oder auf Hitlers Befehl (5.) stattgefunden habe, die nur sehr begrenzt als Holocausterklärungen gelten können, folgt vor den eigentlichen Theorien selbst die gewichtige Position der Unerklärbarkeit von Auschwitz.

Diese Ratlosigkeitsposition hat zahllose Anhänger und ist von einem israelisch-deutschen Historiker als «ein Niemandsland des Verstehens, ein schwarzer Kasten des Erklärens, ein historiographische Deutungsversuche aufsaugendes, ja, *außerhistorische* Bedeutung annehmendes Vakuum» stilisiert worden (Diner 1993b, 73). Den nachdenklichsten Ausdruck hat ihr Saul Friedländer verliehen. Er zitiert eine Aussage Isaac Deutschers (1968): «Für den Historiker, der die Massenvernichtung der Juden zu verstehen sucht, ist der absolut einmalige Charakter dieser Katastrophe das schwerwiegendste Hindernis. Es ist nicht lediglich eine Frage der Zeit und der historischen Perspektive. Ich bezweifle, daß man in tausend Jahren Hitler, Auschwitz, Majdanek und Treblinka besser verstehen wird, als wir es heute tun. Wird man dann eine bessere historische Perspektive besitzen? Es könnte sogar das Gegenteil der Fall sein, daß die Nachwelt alles noch viel weniger versteht als wir» (zit. n. Friedländer 1985, 18; vgl. fast identisch Levin 1973, XI f).

Die eigene Position formuliert Friedländer am Ende seiner stringenten Beweisführung für die Existenz eines Hitlerbefehls, die ihn in die vorderste Reihe der Intentionalisten (aus der 5. Theorie oben) stellt: «Wir haben bemerkt, daß die Erklärung, die sich auf den Verlauf der deutschen Geschichte stützt, viele Fragen unbeantwortet läßt, und daß Faschismus und Totalitarismus in Anbetracht der zentralen Bedeutung von Hitlers Judenhaß kaum angemessene Kategorien sind. Eine Betrachtungsweise, die den Nationalsozialismus als ‹politische Religion› auffaßt, könnte uns vielleicht einen besseren Zugriff auf einige der hier aufgeworfenen Fragen bieten, falls Untersuchungen in dieser Richtung weiterentwickelt werden. Die besondere Schwierigkeit, die ‹Endlösung› in den Rahmen einer umfassenden Deutung des Nationalsozialismus zu integrieren, hat in der Tat manche Historiker in die paradoxe Lage gebracht, daß sie zwar die absolut zentrale Bedeutung von Hitlers rassistischer Ideologie für das System des Nationalsozialismus betonen, dann aber mit einer Deutung der Hauptfragen des Nationalsozialismus fortfahren, ohne die antijüdische Politik in Betracht zu ziehen. All dies kann zu dem Schluß führen, daß die Vernichtung des europäischen Judentums vielleicht ein Problem darstellt, das historische Analyse und historisches Verstehen nicht zu lösen vermögen.

Allenfalls kann man von einem bis heute einzigartigen Auftauchen eines messianischen Glaubens und einer apokalyptischen Vision der Geschichte mitten im politischen, bürokratischen und technologischen System einer hochentwickelten Industriegesellschaft sprechen. Aber auch hierbei entsteht wieder ein falscher Eindruck – es gab keine Massenbewegung gegen die Juden, nicht einmal den Kreuzzug einer fanatischen Sekte. Die Bürokratie spielte die zentrale Rolle, eine Bürokratie, die der Vernichtung gleichgültig gegenüberstand, aber von einem Führer gelenkt wurde, der seinerseits von den stärksten Überzeugungen getrieben wurde.

Die Lähmung der Historiker resultiert aus der Gleichzeitigkeit und Verquickung völlig heterogener Phänomene: messianischer Fanatismus und bürokratische Strukturen, pathologische Handlungsantriebe und administrative Erlasse, archaische Denkweisen in einer hochentwickelten Industriegesellschaft.

Wir wissen im einzelnen, was geschah; wir kennen die Abfolge der Ereignisse; aber die Tiefendynamik des Phänomens entgleitet uns» (Friedländer 1985, 48 f; vgl. zur unveränderten Ratlosigkeit von Friedländer gegenüber Auschwitz auch Friedländer 1991, 35, und 1993, 49 f).

Nicht alle Forscher mögen Friedländers oder Jäckels (1991, 158) Überzeugung teilen, daß die Judenausrottung eine grundsätzlich unaufhellbare Tiefendynamik aufweise. Aber das größte bisher auf der Welt zum Holocaust vorgelegte Werk in drei dicken Folianten mit zusammen 1914 Seiten kommt zumindest für die letzten fünfzig Forschungsjahre zum selben Ergebnis: «Trotz der Erkenntnis der zentralen Bedeutung der Thematik gelang es bisher nicht, zu einer integrierenden Gesamtdarstellung der Verfolgung und Ermordung der europäischen Juden durch das NS-Regime zu kommen» (Gutman et al. 1993, I, 525 f).

Ganz ähnlich wie Jäckel argumentiert mittlerweile das anspruchsvollste *Lexikon des Judentums*, das nach 1945 in Deutschland erschienen ist. Es fügt allerdings die interessante Nuance hinzu, daß die Forschung bereits vor ihrem Beginn von ihrer Erfolglosigkeit überzeugt war: «Auch die inzwischen institutionalisierte wissenschaftliche Erforschung des Holocaust begann mit der Einsicht, daß eine Erklärung des Holocaust über das hinausgeht, was Wissenschaft leisten kann. Geschichts- und Sozialwissenschaften scheinen überfordert, den Holocaust in rational erfaßbaren Zusammenhängen darzustellen» (Jasper 1992, 201).

Selbst der erste Name unter allen Forschern über die Judenvernichtung, Raul Hilberg, widerspricht dieser Einschätzung nicht. In seiner wissenschaftlichen Selbstdarstellung berichtet er von Diskussionen mit Deutschen: «Fast nie formulierten sie das Problem direkt oder sprachen die Frage offen aus, doch einmal fragte ein junger Mensch in Berlin schlicht: ‹Weshalb haben wir das getan?›» (Hilberg 1994, 151) Eine Antwort wird ausdrücklich nicht gegeben. Um das zu unterstreichen, wird das knappe Buch über die Geschichte der Auschwitzforschung mit einer Aussage H. G. Adlers über den Autobiographen abgeschlossen: «‹Am Ende bleibt nichts als die Verzweiflung über alles und der Zweifel an allem, denn für Hilberg gibt es nur ein Erkennen, vielleicht auch noch ein Begreifen, aber bestimmt kein Verstehen›» (Hilberg 1994, 175)

Könnte es sein, daß die so hartnäckig und manchmal sogar missionarisch vorgetragenen Beteuerungen von einer wissenschaftlichen Unerklärbarkeit der Judenermordung auch dazu beitragen, daß ganz andere Positionen nach vorn drängen?

7. Theorie: Du sollst dir von Auschwitz keine Theorien machen

«Bald folgten Popularisierung und Ausschlachtung. Und dann im Laufe der Zeit begann die Entartung. Da der Gegenstand popularisiert wurde, hörte er auf sakrosankt zu sein und wurde seines Geheimnisses beraubt. Die Leute verloren ihre Ehrfurcht. Der Holocaust war nun sozusagen ‹frei für alle›, Neuland für die moderne Literatur. Jetzt konnte jedermann einsteigen. Romanschriftsteller bedienten sich seiner, und Wissenschaftler benutzten ihn, um irgendwelche Theorien zu beweisen. [...] Diese Haltung existiert bei jüdischen Intellektuellen genauso wie bei nichtjüdischen» (E. Wiesel 1975, 315; Übers. n. Bettelheim 1992, 109; vgl. ähnlich Wiesel 1978).

Wer die Unergründlichkeit von Auschwitz zum Gegenstand kühler

Analyse mache, entweihe eine heilige Einmaligkeit des Leidens. Die Historie soll aufschreiben und mit allen Mitteln erinnern, was geschah, aber nicht neugierig durchleuchten, was von den KZ-Insassen übrigblieb. Die Täter sollen dem Gesetz nicht entkommen, aber Opfer wie Überlebende sollen durch die Schamlosigkeit des Untersuchens nicht noch einmal beleidigt werden. Für ihren Schrecken kann es einen wie immer gearteten Trost niemals geben, aber sie können wenigstens vor der Zudringlichkeit der Nachgeborenen geschützt werden, die sich noch aus dem Schlimmsten ihre Karrieren schneidern: «Jede Form der Einordnung dieser Vernichtung unter dem Sammelbegriff sonstiger Verbrechen ist Blasphemie und Banalisierung, weil dadurch der Ernst der versuchten Auslöschung des Gottesvolkes verharmlost und verdrängt wird» (Pfisterer 1985, 174).

Diese Überzeugung zu Auschwitz hat zahllose Anhänger. Oft genug wird sie von Autoren vorgetragen, die im nächsten Satz dann doch mit der Analyse beginnen, sich dem ja auch erlösenden Erklärungsdrang mithin gar nicht entziehen können. Vielleicht existiert keine noblere Sicht von der Judenausrottung, und vielleicht läßt sich sogar die Bedingung rechtfertigen, daß eine Erklärung von Auschwitz, wenn sie denn möglich ist, dem Anspruch der Opfer auf Ehrerbietung gerecht werden muß. Dennoch ist durch die Bitte um Verzicht auf Deutungen, die doch alle nur unzureichend bleiben könnten, die Flut der Theorien nicht aufgehalten worden.

8. Theorie: Umstrittene Einzigartigkeit von Auschwitz oder Die Opfer von links und rechts

Obwohl es bei dieser Position weniger um eine Erklärung von als um eine Deklaration zu Auschwitz geht (Eckardt/Eckardt 1980; Feingold 1983; Berenbaum 1992; Katz 1994), hat sie womöglich die heftigsten Auseinandersetzungen überhaupt hervorgerufen. Gleichwohl blieben diese mehr im publizistischen und sozialphilosophischen Milieu angesiedelt als in der Fachforschung.

Nur unter Leugnung der Megatötungen marxistischer Regime hat man nämlich die Einzigartigkeit des Holocaust an die gewaltige Zahl von mehr als fünf Millionen jüdischen Opfern binden können. Nicht zuletzt die Blindheit gegenüber den Opfern des Kommunismus hat einen so produktiven Autor wie Jürgen Habermas sogar auf dem linken Flügel der Geschichtswissenschaft seine Reputation gekostet (Geiss 1988). Im «Historikerstreit» von 1986 griff er an: «Nolte ist nicht der betulich-konservative Erzähler, der sich mit dem ‹Identifikationsproblem› herumschlägt. Er löst Stürmers Dilemma zwischen Sinnstiftung und Wissenschaft durch forsche Dezision und wählt als Bezugspunkt seiner Darstellung den *Terror* des Pol-Pot-Regimes in Kambodscha. Von hier aus rekonstruiert er eine Vorgeschichte, die über den ‹Gulag›, die *Vertreibung* der Kulaken durch Stalin und die bolschewistische Revolution zurückreicht bis zu Babeuf» (Habermas 1987a, 69 – meine Hervorhebungen).

Die Gebildeteren unter Habermas' Opponenten haben sofort den Finger auf die Wunde gelegt: «Die eigene politische Tendenz [von Jürgen Habermas] wird mit der Wahrheit gleichgesetzt, und nebenbei wird dann aus der ‹Vernichtung› der Kulaken ihre ‹Vertreibung›» (Nipperdey 1987, 215). «Habermas wirft Andreas Hillgruber ein beschönigendes Vokabular vor, weil er in einem Buchtitel von der ‹Zerschlagung des Reiches› einerseits und vom ‹Ende› des europäischen Judentums andererseits spricht. Aber was er selber in schwerlich überbietbarer Verharmlosung ‹die Vertreibung der Kulaken durch Stalin› nennt, bedeutet in Wirklichkeit den Tod für Millionen. Kann man, sofern man es nicht aus den zugänglichen Quellen weiß, im Ernst annehmen, es habe dafür keine weitverzweigte Bürokratie mit Akten, Sichtvermerken und Schreibtischtätern gegeben?» (Fest 1987, 103; siehe ähnlich Lübbe 1992, 91)

Habermas' Reaktion brachte dann das eigentliche Fiasko: «Ich akzeptiere den Hinweis, daß nicht ‹Vertreibung›, sondern ‹Vernichtung› der Kulaken die zutreffende Beschreibung dieses barbarischen Vorgangs ist; denn Aufklärung ist ein Unternehmen auf Gegenseitigkeit» (Habermas 1987b, 254). Sein Ausschluß aus dem Historikerdiskurs ob dieser Äußerung muß als überzogen gelten. Man stelle sich aber folgende Aussage vor, um die Empörung zu verstehen: «Ich akzeptiere den Hinweis, daß nicht ‹Verschickung›, sondern ‹Vernichtung› der Juden die zutreffende Beschreibung dieses barbarischen Vorgangs ist.» Noch die konservativsten Historiker hätten einen gleichgesinnten Kollegen geschnitten, der zu Hitler argumentiert hätte wie Habermas zu Stalin, dessen Politik «auf Hekatomben von Menschenopfern gegründet» war (Koenen 1987, 51). Die Einlassungen des vielbeachteten Frankfurter Sozialphilosophen mußten einfach an die entsetzlichen Euphemismen christlicher Würdenträger angesichts der Indianerausrottung erinnern: «Nach Angaben des Marquis von Barinas waren zwischen Lima und Paita, wo mehr als zwei Millionen Indianer gelebt hatten, 1685 nur noch viertausend Familien vorhanden. Der Erzbischof Linan de Cisneros leugnete die Vernichtung der Indianer ab: ‹Was vorliegt, ist, daß sie sich *verstecken*›, sagte er, ‹um keine Steuern zu bezahlen, unter Mißbrauch der Freiheit, die sie genießen und die sie zur Zeit der Inkas nicht hatten›» (Galeano 1973, 50 – meine Hervorhebung).

Da ihm zum eher harmlosen Wörtchen «Terror» für das Walten der kambodschanischen Marxisten unter Pol Pot kein Einwand von konservativer Seite zuging, hat Habermas da auch gar nicht erst etwas «akzeptiert». Gleichwohl war damals (1986) schon seit einem Jahrzehnt bekannt, daß die Kommunisten zwischen 1975 und 1978 nicht etwa Terror, sondern für die Schaffung eines «neuen Volkes» an den «Feinden des Volkes» massiven Genozid praktizierten: «Sie vollzogen das größte politische Massentöten nach dem 2. Weltkrieg. Ein bis zwei Millionen Kambodschaner wurden von ihrer Regierung ermordet. Die Opfer wurden von Erschießungskommandos erschossen, zu Tode gefoltert, durch Überarbeitung zu Tode geschunden und zu Tode gehungert» (Chalk/Jonassohn 1990, 402; umfassend bereits Shawcross 1984).

Der zu Beginn noch so kraftvolle Initiator des Historikerstreits hat den Weg zu neuerlichem Nachdenken nicht mehr gefunden. Das «ist in einem Streitgespräch deutlich geworden, das Jürgen Habermas in Warschau mit Adam Michnik geführt hat (siehe *ZEIT* Nr. 51/93). Der Frankfurter Philosoph gesteht darin freimütig ein, daß er sich weder theoretisch noch politisch mit dem Stalinismus gründlich auseinandergesetzt hat» (Kraushaar 1994). Seine Anhänger aus der politischen Klasse haben sich kaum weniger hartnäckig in den Positionen von 1986 festgebissen (etwa Glotz 1994).

Es ist eher die linksliberale Seite, die wieder Tritt gefaßt hat: «Nicht die Anzahl der Toten macht die Einzigartigkeit des Ausrottungssystems aus, für das Auschwitz als Sammelbegriff steht. Auch nicht die Anzahl der Mörder und ihrer Komplizen» (Grosser 1990, 94).

Was aber sind nun die bisher errechneten Zahlen der Tötungen marxistischer Regime, die einen Alfred Grosser so nachdenklich gemacht haben? Er selbst bringt aus der Sorge, die Erinnerung an Auschwitz zu schmälern, die Kraft nicht auf, sie seinen Lesern mitzuteilen. Es ist ja gerade die Ratlosigkeit über Auschwitz, die seine Ausnahmestellung an Tötungstechniken und Zahlen festmachen will. Unkenntnis der Zahlen über Opfer der «Linken» findet sich übrigens auch bei den meisten Habermasopponenten, die sich in der Sache kaum informierter zeigen als der Frankfurter Evolutionssoziologe. Zu beginnen ist selbstredend mit den sogenannten Kulaken – ein Euphemismus à la «reiche Juden» für die zehn bis zwölf Millionen Opfer (Bullock 1991, 374f) –, da ihre Tötung durch eine künstlich erzeugte Hungersnot während des Winters 1932/33 Hitlers Erlangung der Macht direkt vorherging:

«Im Jahre 1932–1933 verhungerten mehrere Millionen Sowjetbürger, die meisten von ihnen Ukrainer, in einer Hungersnot, die von Stalin und seinen engsten Mitarbeitern organisiert wurde. In Kürze war es dieses, was geschah: Ende 1929 befahl Stalin in der gesamten Sowjetunion eine auf Biegen und Brechen angelegte Politik gewaltsamer Kollektivierung. Im Ergebnis ging die landwirtschaftliche Produktion dramatisch zurück. Im Frühjahr 1930 und noch einmal zu Beginn des Jahres 1932 befahl er zeitweilige Erleichterungen der Situation und erlaubte im Jahre 1932 sogar Lebensmittelhilfen für Bauern östlich der Wolga. Diesen Kurs hat er abrupt geändert, als ihn Warnungen über ein bevorstehendes Massenverhungern in der ukrainischen Republik und im Nordkaukasus erreichten. Diese Gebiete bildeten das Haupthindernis für die Zentralisierung der politischen und administrativen Macht in seiner Hand. Er befahl eine Kampagne von Getreiderequirierungen, deren Gewaltausmaß selbst in der Geschichte des Stalinismus ohne Parallele war. Alles, was eßbar war, wurde denen genommen, die es erzeugt hatten. Gleichzeitig wurde die bis dahin für die Ukraine erreichte relative Autonomie unterdrückt. Jeder Ausdruck einer ukrainischen kulturellen Besonderheit wurde als ‹bürgerlicher Nationalismus› verdammt. [...]

Dieses Geschehen wurde im März 1933 bekannt, als Gareth Jones, ein britischer Erforscher russischer Geschichte und früherer Privatassistent von David Lloyd George, von einer nicht genehmigten Reise durch die Ukraine zurückkehrte und darüber berichtete [Manchester Guardian, 30. März 1933]. [...]

Adam Tadwul [...] wurde im Juli 1933 mitgeteilt, [...] daß 8 bis 9 Millionen Menschen in der Ukraine und im Kaukasus durch den Hunger verendeten. Ein anderer Offizieller hatte ihm mitgeteilt, daß weitere ein oder zwei Millionen im Ural, im Wolgabecken und in Westsibirien umkamen» (Mace 1992, 113ff/128; vgl. bereits Mace 1984 u. 1988 sowie Conquest 1986; noch früher zu den Megatötungen der Sowjetunion referiert z. B. Conquest 1970 u. 1978).

Ebenfalls noch vor Hitlers ganz großem Morden liegen die «Säuberungen» der dreißiger Jahre (siehe bereits Conquest 1968). Olga Schatunowskaja, die in den sechziger Jahren unter Chruschtschow Vorsitzende der sowjetischen Rehabilitationskommission war, berichtet, daß allein in den sechseinhalb Jahren «vom 1. Januar 1935 bis zum 22. Juni 1941 19840000 Volksfeinde verhaftet wurden. Sieben Millionen von ihnen wurden im Gefängnis erschossen, während die Mehrheit der übrigen in Lagern umkam» (Conquest 1993, S. 27).

Detaillierte Nachrichten von GUS-Forschern über regelrechte Vernichtungslager der marxistischen Regime werden erst nach Gorbatschows *Perestroika* bekannt. Das Ende 1988 beschriebene *Kuropaty* könnte *pars pro toto* für die Massenmorde der Sowjetmarxisten stehen wie Auschwitz für die hitleristische Judenvernichtung durch die Deutschen. Im Jahre 1937 nahm Kuropaty seine Arbeit auf, also vier Jahre vor den SS-Einsatzgruppen zur Judenerschießung (Juni 1941), viereinhalb Jahre vor den Judenvernichtungen mit Gaswagen in Kulmhof/Chelmno (ab Dezember 1941) und fünf Jahre vor dem fabrikmäßig-systematischen Gaskammereinsatz (ab März 1942 in Belzec):

«Nicht weit von Minsk entfernt taucht jener furchtbare Ort auf – ungefähr 10–15 ha groß –, der seit jeher Brod oder Kuropaty heißt. Ein Ort der Massenhinrichtungen, ein Schlachthof, der von 1937 bis zum Beginn des Krieges 1941 [20. Juni 1941 deutscher Angriff auf die UdSSR] in Betrieb war. [...] Es gab noch weitere Schlachthöfe dieser Art im Umkreis der großen belorussischen Städte. Aufgrund von Augenzeugenberichten konnten allein in Minsk und Umgebung fünf Orte ausgemacht werden, die zu Stalins Zeiten zur Vernichtung von Männern und Frauen dienten. [...] Die Hinrichtungen fanden täglich nach dem Mittagessen, am Abend und die ganze Nacht hindurch statt. Die Todeskandidaten wurden in Planwagen transportiert, gruppenweise erschossen und dann in tiefe Gräben geworfen. Die Mörder trugen die Uniformen des NKWD. Nach der Hinrichtung einer Gruppe wurden die Leichen mit ein wenig Erde bedeckt, dann kam die nächste Gruppe an die Reihe, bis die Grube randvoll war. [...] Nach Messungen und verschiedenen Berechnungen läßt sich annäherungsweise eine Zahl für die in den von uns untersuchten Gräbern ursprünglich (d. h. vor den Exhumierungen in den vierziger Jahren) begrabenen Opfer angeben. Geht man von 200 Leichen je Grab aus und multipliziert diese Zahl mit den 510 gegenwärtig bekannten Grabstätten, dann kommt man auf 102000

Menschen. Die tatsächliche Anzahl der Opfer muß aber weit darüber liegen» (Grosser 1990, 91).

Insgesamt wurden «wahrscheinlich 61911000 Menschen – 54769000 davon eigene Staatsbürger – von der Kommunistischen Partei bzw. der Regierung der Sowjetunion ermordet» (Rummel 1990, 1). Die Gesinnungsgenossen der Sowjetunion im marxistischen China hatten weniger Zeit: «Seit 1949 haben die chinesischen Kommunisten zwischen 5999000 und 102671000 Menschen getötet. Eine vorsichtige Schätzung liegt bei 35236000. Wenn man die Zahl der Menschen addiert, die sie schon in früheren Jahren ermordet haben, dann töteten die Kommunisten etwa 38702000 Chinesen, Tibetaner und andere Minderheiten» (Rummel 1991, 9).

Als «Gesamternte» des staatlich erzeugten Todes in unserem Jahrhundert ergibt sich ein dramatischer Vorsprung der marxistischen Regime vor dem Rest der Welt. Seit 1900 wurden «unabhängig von Kriegen und anderen Konflikten wahrscheinlich 119400000 Menschen durch Regierungen ermordet – davon 95200000 durch marxistische Regierungen» (Rummel 1990, XI). Bevor hier einigermaßen endgültige Zahlen vorliegen, muß noch intensive Forschung geleistet werden. Obwohl sie in Rußland und seinen ehemaligen Satelliten momentan nicht verboten ist, scheint sie mit sehr wenig Leidenschaft betrieben zu werden. Insbesondere die Vernichtung durch Zwangsarbeit, Nahrungsentzug und Transporttorturen, die in Sibirien womöglich nie aufgehört hat, stellt ein bisher nur grob durchmessenes Gebiet dar.

Auch nach 1945 «haben kommunistische Einparteienregierungen 4,5mal so oft Völkermord verübt wie andere autoritäre Regime. Bei der Anwendung von Völkermord und staatsbetriebenen Massakern handelt es sich im Falle der früheren UdSSR um einen langlebigen Wiederholungstäter» (Fein 1993, 79/88). Allerdings ist nur das marxistische Nicaragua der Sandinisten dabei so weit gegangen, alle Juden außer Landes zu treiben, um Israel zu bestrafen. Mit ihrer Beihilfe zu den unmißverständlich auf Vernichtung zielenden Kriegen gegen Israels Juden hat die DDR in Nahost viel massiver interveniert, als die Nazis das gegen die Juden British-Palästinas jemals konnten. Die marxistische deutsche Diktatur ist hier ein direkter Erbe der hitlerschen (Herf 1994). Weitere genozidale Wiederholungstäter nach 1945 in Asien sind das marxistische China, Indonesien, Irak und

Pakistan, in Afrika Burundi und Uganda (Fein 1990, 84; Harff 1992, 32ff).

Wer Hitlers etwa 9,5 Millionen zivilen Opfern (ca. 5,2 Millionen Juden und ca. 4,3 Millionen Kriegsgefangene, Zwangsarbeiter, Behinderte, Zigeuner, Homosexuelle etc.) gegenüber den bisher geschätzten 95 Millionen der marxistischen Regime Einzigartigkeit über die schiere Zahl zuschreiben will, wird eher denen zuarbeiten, die den Holocaust zu einem historischen Ereignis zweiter Ordnung einebnen wollen. Das Verhältnis sieht für die Genozide der Linken sogar dann nicht viel «besser» aus, wenn man für die Opfer der deutschen Diktatur – allerdings nur «grob geschätzt» – sogar eine Obergrenze von «11 Millionen Menschen» annimmt (Weinmann et al. 1990, CXXXVII). Im Raum steht allerdings zusätzlich die bisher wohl nicht widerlegte Schätzung, daß auch 7,5 Millionen nichtjüdische ukrainische, weißrussische und polnische Zivilisten unter deutscher Besatzung zu Tode kamen (Wytwycky 1982; Craig 1986, 8). Ungefähr 7,5 Millionen Soldaten und Zivilisten verlieren die Deutschen selbst bei ihrem mörderischen Griff nach der Weltmacht. Vor allem jedoch muß eines immer bedacht werden: Marxistische Regime haben *vor* der Hitlerzeit, *in* der Hitlerzeit und *nach* der Hitlerzeit ununterbrochen Hekatomben von Menschen zu Tode geschunden. Die Bestandsaufnahme und Erinnerung dieses weitgehend verdrängten Geschehens sollte die Linke noch über viele Jahrzehnte beschäftigen.

Aber wo «bleibt das Spezifische» von Auschwitz? Ist es «die kalte Verwaltung des Grauens mit Hilfe eines bürokratischen Apparates, [...] die Technik der gleichsam industriellen Vernichtung, die die Praktizierung der Massenvergasung darstellte», wie Alfred Grosser annimmt (Grosser 1990, 95)? Die Spezialisten erwidern darauf sofort mit den ersten Gaskammern, in denen ab September 1939 mehr als 70000 psychiatrische Patienten ermordet wurden: «Die konzeptionelle Komplementarität, der institutionelle Konnex, die personelle Kontinuität und der Transfer der Tötungstechnologie stellten den Zusammenhang zwischen der ‹Vernichtung lebensunwerten Lebens› und den ersten Stationen des Holocaust her» (Schmuhl 1992, 365).

Daß «die Vernichtung der Juden – eine gigantische Kopie der Euthanasie» gewesen sei (Klee 1992, 278), steht für eine Sicht, die die Singularitätsposition zwar relativiert, aber im Kern auch von den Vertretern der Einzigartigkeit angenommen wird: «Während mit der Eugenik die Spur sich sozial und biologisch begründenden, medizinisch durchgeführten

Tötens von Menschen gelegt ist, weist erst die Verknüpfung von eugenischer *Praxis* – nicht von eugenischer Theorie – *und* Antisemitismus in Richtung Judenvernichtung» (Diner 1991, 69f). Hitlers 1925er Aussage im 2. Band von *Mein Kampf*, die anderthalb Jahrzehnte vor der Vergasung von Behinderten formuliert wurde und gleich auf Juden zielte, wird nicht als Einwand herangezogen: «Hätte man zu Kriegsbeginn [1914] und während des Krieges einmal zwölf- oder fünfzehntausend dieser hebräischen Volksverderber so unter Giftgas gehalten, wie Hunderttausende unserer allerbesten deutschen Arbeiter aus allen Schichten und Berufen es im Feld erdulden mußten, dann wäre das Millionenopfer der Front nicht vergeblich gewesen. Im Gegenteil, zwölftausend Schurken zur rechten Zeit beseitigt, hätte vielleicht einer Million ordentlicher, für die Zukunft wertvoller Deutscher das Leben gerettet» (Hitler 1930, 772).

Die konservative Gegenposition gibt der Singularitätsbegründung über die bürokratisch geführten Gaskammern eine ganz eigene Wendung. Gegen das qualvoll langsame Zwangsverhungern der mehr als zehn Millionen Menschen im sowjetischen Winter 1932/33, gegen das Zerhacken mit Spaten durch die Pol-Pot-Leute, gegen das Nackt-in-die-Wüste-Jagen der armenischen Frauen und Kinder durch Kurden und Türken im Jahre 1915 wird der SS-Sturmbannführer Höppner als «humanes» Beispiel ins Feld geführt. Der hatte am 16. Juli 1941 an Eichmann über die 300000 Juden des Warthegaus geschrieben: «Es besteht in diesem Winter die Gefahr, daß die Juden nicht mehr sämtlich ernährt werden können. Es ist ernsthaft zu erwägen, ob es nicht die humanste Lösung ist, die Juden, soweit sie nicht arbeitsfähig sind, durch irgendein schnell wirkendes Mittel zu erledigen. Auf jeden Fall wäre dies angenehmer, als sie verhungern zu lassen» (Longerich/Pohl 1990, 74).

Es ist denn auch Ernst Nolte, der sich dieses Zitat nicht entgehen läßt. Er dreht Alfred Grossers Begründung für die Singularität von Auschwitz gegenüber anderen Genoziden schlicht um. Die Ausrottung der Juden sei gerade «humaner» als andere Völkermorde gewesen und gewinne erst dadurch das «Singuläre» (Nolte 1993, 398). Keinen Geringeren als Hitler wählt er sich zum Kronzeugen dieser Sicht: «In seinem *Politischen Testament* schrieb Hitler nach der noch einmal wiederholten Behauptung, daß ‹das Judentum› die Kriegsschuld trage, er habe niemanden darüber im unklaren gelassen, daß diesmal ‹der eigentliche Schuldige, wenn auch durch humanere Mittel›, seine Schuld zu büßen haben werde. [...] Die

Aussage ist *auch* ein Beweis dafür, daß ein schmerzloser Tod intendiert war, und gerade darin zeigt sich etwas Präzedenzloses und vielleicht ein ‹absolutes Böses›» (Nolte 1993, 399).

Jenseits dieser Reflexion über das Böse ist sich Nolte mit einem Antipoden wie Grosser darin einig, daß nicht nur vom quantitativen, sondern auch vom moralischen Gesichtspunkt her die Tötungen für die Umsetzung des wissenschaftlichen Sozialismus durchtriebener wirken als die hitleristischen, denn der staatlich tötende Kommunismus «benutzte die Sprache universeller Gerechtigkeit und Gleichheit» (Grosser 1990, 95).

Ungeachtet aller Einwände gegen vorherrschende Singularitätsgründe für Auschwitz ist bei vielen Autoren dennoch das Gefühl vorhanden, daß etwas Unerhörtes passierte, als die Juden ermordet wurden. Als Hauptindiz gilt dabei das Umfassende des Tötungswillens, dem auch alle Kinder zum Opfer fallen sollten: «Die Einzigartigkeit der Stellung der Juden in der Welt der Nazis bestand darin, daß sie für eine *totale* Vernichtung ausgesondert wurden» (Bauer 1978, 31 – meine Hervorhebung).

Überlebende Tutsi aus dem Genozid in Ruanda (Dießenbacher 1994) würden der Sicht, daß sie nicht alle und einschließlich ihrer Kinder massakriert werden sollten, wohl widersprechen müssen. Speziell trainierte Hutumörder – keine deutschen Zwangscharakter, sondern mit viel Hautkontakt gestillte Jungen – die systematische Kindestötungen gestanden haben, sind bereits aktenkundig (Lehmann 1994, 105). Auf Befragung über die Zielgruppe ihrer Opfer erwiderten Hutus: «Die Frauen und Kinder auch. Das ist normal: Die Kinder der Komplizen sind Komplizen. Also haben wir sie getötet» (T. v. Münchhausen 1994). Allerdings geschahen diese Taten nach Auschwitz. Überdies kann von einem Programm zur weltweiten «Endlösung der Tutsifrage» keine Rede sein. Dennoch steht die ungemein sorgfältige Suche (etwa Katz 1994) nach Beweisstücken für eine ewige Einzigartigkeit von Auschwitz wohl vor allem für die Ratlosigkeit über das Warum. Solange dieses nicht beantwortet werden kann, bleibt die Sorge um die Verdrängung oder gar ein Vergessen von Auschwitz berechtigt. Aus dem Wettkampf zwischen neuen, objektiv unstrittigen Einzigartigkeitsmomenten von Auschwitz und den prompten Anschlußversuchen, eben solche Maßnahmen auch für andere Megatötungen nachzuweisen, kann die Antwort nach dem Warum von Auschwitz nicht hervorgehen. Der bisher unauffindbare Schlüssel für das Warum der beabsichtigten Totalvernichtung der Juden wird bei Hitler selbst gesucht. Er muß am Judentum etwas gesehen und bekämpft haben, das der übrigen Welt nicht ins Auge stach und dennoch erkennbar sein muß: «Das Hauptproblem bleibt deshalb, wie es dazu kam, daß der Judenhaß der Nazis in Regierungspraxis umgesetzt wurde, und welche Rolle genau Hitler bei diesem Prozeß spielte. [...] Ohne Hitlers fanatisches Bestreben, das Judentum zu zerstören, aus dem sich erst 1941 die physische Vernichtung der Juden Europas als realisierbares Ziel herauskristallisierte, wäre es aller Wahrscheinlichkeit nach nicht zum Holocaust gekommen» (Kershaw 1994, 151/192).

9. *Theorie:* Auschwitz als Völkermord mit langer Vorwarnzeit

Vor fünfzehn Jahren beginnt in Amerika die vergleichende Völkermordforschung auf breiter Ebene (Fein 1979a, 1979b; Tal 1979; Horowitz 1980; Kuper 1981; Charney 1982; Porter 1982). Ein weitschauender Forscher hatte sogar schon sieben Jahre früher einen komparativen Blick auf die im 20. Jahrhundert weltweit Ermordeten gelenkt (Elliot 1972; ähnlich Carlton 1994), und bereits 1975 unternahm ein armenischer Gelehrter eine erste vergleichende Typologisierung des Genozids bzw. Völkermords (Dadrian 1975).

Als unter deutschen Gelehrten im Jahre 1986 der bis heute unentschiedene Historikerstreit über die Singularität oder Vergleichbarkeit der deutschen Judenausrottung einsetzte (Historikerstreit 1987), hatte man hierzulande von der Völkermordforschung kaum Notiz genommen. Das hat sich auch danach nicht wirklich geändert. Die deutschen Professoren und Publizisten streiten sich ohne nähere Kenntnis der Fachliteratur und der in ihr vorherrschenden Kontroversen. Schon dieser Umstand deutet darauf hin, daß sie – jeder für sich – einer Not Ausdruck geben, nicht jedoch eine wirkliche Analyse anstreben können.

Insgesamt hat der Vergleich des Holocaust mit anderen Genoziden nur wenig Greifbares gebracht. Das liegt keineswegs daran, daß keine vergleichende Motivforschung getrieben würde. Es rührt wohl eher daher, daß auch der professionellen Genozidforschung Hitlers Kernmotiv dunkel geblieben ist. Erst daraus mag verständlich erscheinen, daß die weltweit führende Vertreterin der Völkermordkomparatistik, Helen Fein, die Besonderheit des Holocaust recht lapidar in der «Länge der Vorwarnzeit, in seinem übernationalen Ausmaß und in Hitlers Absichtserklärung über die Judenbeseitigung bereits zwei Jahrzehnte vor ihrer tatsächlichen Austilgung» sieht (Fein 1990, 55).

Dieses Ergebnis der Genozidkomparatistik ist selbstredend anfechtbar, da der osmanische Genozid an den Armeniern des Jahres 1915 mit etwa einer Million Opfer durch das große Armeniermassaker der Türken aus dem Jahre 1895 ebenfalls eine «Vorwarnung» in Gestalt von 100 000 bis 200 000 ermordeten Armeniern hatte (Carlton 1994, 85). Der 1920 scheiternde türkische Versuch, die Armenier außerhalb des osmanischen Weltreiches – also in Rußland – ebenfalls auszurotten, sorgt zudem für die «übernationale» Dimension. Die rassisch-religiöse Rechtfertigung der moslemischen Türken für die Beseitigung der christlich-indoeuropäischen Armenier ist als weitere Parallele zum Holocaust immer wieder herangezogen worden (vgl. insgesamt Hovannisian 1986).

10. Theorie: «Mitwirkung der Opfer» als unumstrittene Einzigartigkeit des Auschwitzgenozids

Obwohl Hannah Arendts Vorwurf (1964), daß ohne die *willige* Kooperation der altetablierten Judenräte mit der SS weniger Juden ermordet worden wären, durch Hinweis auf die Selbstmorde vieler Judenratsvorsitzender entschieden zurückgewiesen wurde (Trunk 1972; 1979), gilt im Gesamtspektrum der Forschung die Zuarbeit aus der Opfergruppe als die Besonderheit (Engel 1987), die Auschwitz von allen anderen Genoziden unterscheidet. Die Judenräte (dazu Hildesheimer 1994) besorgten «die gesamte für die Einteilung der Opfer erforderliche Verwaltungsarbeit; sie sorgten für die Lebensfähigkeit des Ghettos und seiner Einwohner bis zum Abtransport in die Gaskammern; sie nahmen den Bewachern die lästige Aufgabe ab, innerhalb des Ghettos für Ordnung zu sorgen; sie unterstützten die Organisation der einzelnen Deportationsphasen, indem sie die jeweils Betroffenen bestimmten und zu den Sammelplätzen bringen ließen, und sie mobilisierten Gelder für die Verschleppung» (Baumann 1992, 133).

«Daß der jüdischen Führungsschicht eine zentrale Aufgabe bei der Durchführung der ‹Endlösung› zugewiesen wurde, unterschied ihre Behandlung durch die Nationalsozialisten prinzipiell von jener der Eliten der überfallenen slawischen Völker, die zwar versklavt, aber nicht vernichtet werden sollten. Die polnische Bildungsschicht wurde vom ersten Tag der deutschen Besatzung an verfolgt und umgebracht, und zwar lange bevor die Vernichtung der polnischen Juden einsetzte. Die polnische Exilregierung und auch die Volksmeinung zog daraus anfänglich den falschen Schluß, die Juden würden von den Deutschen privilegiert behandelt» (Baumann 1992, 229).

Die Einsetzung der Führung eines Volkes für seine Ausrottung hatte es noch nie gegeben: «Der Genozid kennt die Mitwirkung der Opfer an der eigenen Vernichtung nicht, wie sie im Holocaust so auffällig in Erscheinung getreten ist. [...] Eine der wichtigsten Quellen des Widerstands, auf die sich der Genozid vielfach konzentriert und die es zu zerstören gilt, wenn die Anwendung von Terror und Gewalt ihren Zweck erfüllen soll, ist die Führungsschicht des bezwungenen Gegners» (Baumann 1992, 134).

«Hitler und seine Gefolgsleute sahen für die Juden keine Verwendung, nicht einmal als Sklaven. Die angestrebte Endlösung – ob als Auswanderung, Vertreibung oder Vernichtung – machte eine ‹Sonderbehandlung› für die jüdischen Führungsschichten überflüssig. Alle Juden sollten ausnahmslos dasselbe von den Nationalsozialisten ihrer Rasse zugedachte Schicksal teilen» (Baumann 1992, 134f).

«Der Holocaust hätte auch ohne diese wichtigen und weitreichenden Hilfeleistungen wahrscheinlich stattgefunden. Wir wären dann jedoch in der Lage, ihn historisch als weniger schreckenerregende Episode zu betrachten» (Baumann 1992, 133). Nichts hat die Nazipropaganda von der Blutrünstigkeit und Weltherrschaft der Juden deutlicher Lügen gestraft als die Zivilisiertheit und Zurückhaltung, mit der die meisten Ermordeten – darunter gut eine Million «bolschewistischer» Juden (Gutman et al. 1993, III, 1760), im Nazijargon also die «Herren» der Sowjetunion – auf ihr Ende warteten (vgl. auch Ehrenburg/Grossmann 1994). Wir werden danach zu fragen haben, ob nicht gerade – jenseits allen aktiven Widerstandes (dazu Lustiger 1994) – diese Sanftmut mit dem Grund verbunden ist, aus dem Hitler das Judentum vernichten wollte.

Auschwitz enthält ein weiteres Element von Einzigartigkeit, das in den Kontroversen fast immer übergangen wird. Es steht nämlich für den zweiten Akt einer Totalausrottung der Juden aus Mitteleuropa (vgl. Heinsohn 1988, 92). Der erste erfolgt im «Judenbrennen» des 14. Jahrhunderts, bei dem die Hälfte der 500000 europäischen Juden zu Tode kommt (Berkovits 1993, 48). Bereits in den Kreuzzügen des 11. und

12. Jahrhunderts hat dieses entsetzliche Geschehen einen kaum weniger umfassenden und eindeutig genozidalen Vorläufer:

«Die Pogromwelle der Jahre 1348–1350 war die umfassendste des Mittelalters, aber sie steht nicht allein da: Sie hat eine lange, über weite Teile Europas verstreute ‹Vorgeschichte›. Die Verfolgungen in der Mitte des 14. Jahrhunderts begannen in Südwesteuropa; ihr eigentlicher Schwerpunkt lag jedoch im Reich, wo die meisten Judengemeinden vorübergehend zerstört wurden. / Zeitgenössische Chronisten, die das Morden erwähnten, betonten den umfassenden Charakter der Pogrome, die drohten die Judenheit überhaupt auszurotten; von den größeren Städten blieben jedenfalls nur wenige verschont. / Die Pogromwelle der Jahre 1348–1350 hat [...] eine gewisse Sonderstellung durch ihre räumliche Verbreitung, durch die weitgehende Kombination behördlicher Verfolgungen und ‹volkstümlicher› Pogrome. Erstmals fanden weltliche ‹Begründungen› des Judenbrennens weite Verbreitung. [...] Gerade in diesem Punkt scheint die Pogrom-Propaganda der Mitte des 14. Jahrhunderts eine Art von unmittelbarem ‹Vorläufer› späterer Formen der Hetze zu sein: Die Dominanz einer weltlichen Verschwörung [der Brunnenvergiftung] ist in dieser Zeit erstmals historisch faßbar. Gemeinsam ist schließlich den alten und neuen Formen aktiver Judenfeindschaft, daß sie als *Schule der Grausamkeiten* dienten, ebenso wie sie sich nie bloß auf die Verfolgung von Juden beschränkten; immer waren (und sind) die Reihen der Opfer viel umfangreicher und reichen weiter; nie begrenzen sich größere Verfolgungsmaßnahmen nur auf Juden» (Graus 1987, 156/165/388 – meine Hervorhebung).

Noch etwas an den Judenausrottungen von 1348–52 und 1941–45 unterscheidet sie von den übrigen großen Massakern der neuzeitlichen Geschichte: die systematische Ausrottung auch der Neugeborenen und Kleinkinder. Türken und Kurden wurden 1915 von der osmanischen Führung in den meisten Fällen dazu angehalten, armenische Mädchen zu requirieren und Jungen unter sechs Jahren nicht zu töten. Zahllose armenische Kinder verloren dennoch ihr Leben. Aber von den jüdischen Kindern wollte Hitler nicht eines verschonen. In ihnen sah er den Keim zu einer neuerlichen «Verjudung» des Abendlandes. Und eben diese wollte er für alle Zeiten beenden.

11. Theorie: Auschwitz als Bevölkerungsverringerung für die Entfesselung der Produktivkräfte Osteuropas

In der hier vorzustellenden Sichtweise wird die Judenausrottung, bei der es vom Goldzähneausbrechen über die Zwangsarbeit bis zum Raub jüdischen Eigentums eine große Fülle wirtschaftlicher Nutzungen und barbarischer Probleme gab, auf den Kopf gestellt zu einem am Anfang stehenden Wirtschaftsplan, für dessen optimale Nutzung die Ausrottung der Juden einfach erforderlich geworden sei. Insbesondere die an Arbeitskräfteüberschuß leidende Landwirtschaft Ost- und Südosteuropas sollte durch Freimachung der städtischen Arbeitsplätze, die von Juden ausgefüllt wurden, ihre Arbeitsproduktivität erhöhen. Die Juden selbst waren dafür zu vernichten. Das jedenfalls vertritt die Forschungsrichtung von Götz Aly und Susanne Heim (1993), denen, wie vielen anderen, die antisemitische Diktatur als gewaltiges Modernisierungsverfahren erscheint (ein Überblick findet sich etwa bei Prinz/Zittelmann 1991).

Ursprünglich ist die These von der Beseitigung einer ökonomischen Überschußbevölkerung – im Jahre 1975 – auf die Massenausrottung des Winters 1932/33 durch die sowjetischen Marxisten angewandt worden (Rubenstein 1987, 86f). Damals (siehe oben 8. Theorie) wurden durch eine künstlich erzeugte Hungersnot bis zu zwölf Millionen Menschen in ganz wenigen Monaten umgebracht. Dadurch stieg die Pro-Kopf-Produktivität dramatisch an. Die von Mähdreschern ersetzbaren Menschen wurden mithin nicht arbeits-, sondern leblos. Solange dabei Menschen im Alter von über 45 Jahren ermordet wurden, die sich schon fortgepflanzt hatten, wurde nicht einmal in die sogenannte natürliche Bevölkerungsentwicklung eingegriffen. Von daher gehören Aly und Heim – ganz im Sinne Ernst Noltes (siehe unten 35. und 42. Theorie) – zu jener Denkrichtung, die in sowjetmarxistischer Wirtschaftspolitik das anspornende Beispiel und Vorbild für Hitler erkennt. Dieser habe also ganz wie Stalin den Genozid für die Entfesselung der Produktivkräfte eingesetzt, dabei jedoch – gewissermaßen dümmer als sein politökonomisch geschulter Kollege – den Überfluß nicht gleich an Ort und Stelle beseitigt, sondern erst einmal in ein aufwendiges Deportationssystem eingebracht.

Was ist richtig an der Aly/Heimschen Doktrin? Selbstredend hat die Beseitigung der Juden viele Talente und Politikberater zu Einfällen für die Optimierung eben dieses Vorhabens anregen müssen. Schließlich werden bei jeder großen Maßnahme Karrieren angestrebt, Institute und ganze Universitätsfachbereiche gegründet oder umgewidmet. Man lernt für die Hitlerzeit darüber sehr viel bei Götz Aly und Susanne Heim. In der Konsequenz sieht es bei diesen ungemein quellenfleißigen Autoren dann jedoch so aus, daß sich die wissenschaftliche und planerische Jungelite aus der fortschrittlichsten wirtschaftlichen Sachlogik heraus den Judenmord selbst dann ausgedacht haben mußte, wenn niemand sonst in dieser Richtung Einfälle vorgebracht hätte. Ja, die beiden sehen sogar einen an sich zögernden Hitler in den Klauen dieser «Vordenker», denn der muß seine «aggressive Ideologie» erst «mit der Aggressivität umfassender Sanierungs-, Entwicklungs- und Neuordnungspläne kreuzen» (Heim/Aly 1991, 169), um losschlagen zu können. Erst nach Ermunterung durch Deutschlands «planende Intelligenz» traut er sich im April 1943 dem ungarischen Reichsverweser Miklos Horthy, dem für eine eigenständige Wirtschaftspolitik anscheinend die Begabung mangelte, die Judenausrottung wenigstens ökonomisch schmackhaft zu machen: «Ungarn könne genauso wie die Slowakei die Juden in Konzentrationslagern unterbringen. Er würde damit seinen eigenen Landeskindern viele Möglichkeiten durch Freimachung der von den Juden gehaltenen Positionen eröffnen und den talentvollen Kindern des Volkes Laufbahnen verschaffen, die ihnen bisher von Juden verschlossen worden seien» (Heim/Aly 1991, 171; vgl. das Gesamtzitat bei Longerich/Pohl 1990, 321).

Daß Hitler jedes nur denkbare Argument gebrauchte, um gegen Juden Stimmung zu machen, ist den Verfechtern von Auschwitz als Maßnahme einer negativen Bevölkerungspolitik für eine Rationalisierung der Wirtschaft entgangen. Jedes nichtökonomische Argument der Naziführung wäre also für die Einschätzung der Judenausrottung auf dieselbe Weise zu gewichten. Einschlägiges Beispiel ist etwa die Antwort des Generalgouverneurs für Polen, Hans Frank, auf die Frage, ob alle Juden ohne Rücksicht auf Alter, Geschlecht und wirtschaftliche Erfordernisse liquidiert werden sollten: «In der Judenfrage dürfte inzwischen durch mündliche Besprechungen Klarheit geschaffen sein. Wirtschaftliche Belange sollen bei der Regelung des Problems grundsätzlich unberücksichtigt bleiben» (Kershaw 1994, 189).

Horthy selbst bleibt gegenüber der deutschen «Wirtschaftshilfe» skeptisch und läßt sich nicht davon abbringen, daß es «in Ungarn eine ganze Anzahl von getauften Juden gäbe, unter denen viele wertvolle Menschen seien» (Longerich/Pohl 1990, 321, was Götz/Aly 1991, 171, nicht zitieren). Horthy wußte ja, daß Juden keine Stellungen «verschlossen», sondern sich diese über Leistung – und auch gegen antisemitischen Widerstand – erarbeitet hatten. Bei der Vorstellung, viele Ärzte, Optiker, Professoren, Beamte etc. durch ungarische Bauern ersetzen zu müssen, konnte ihm auch ökonomisch nicht wohl sein. Das hat den ungarischen Juden – nach der deutschen Besetzung am 19. März 1944 – bekanntlich nicht geholfen. Ab dem 15. Mai 1944 wurden 437000 von ihnen innerhalb von nur sechs Wochen in Auschwitz-Birkenau vergast (Baron/Szenes 1994), obwohl Horthy ihre Deportation zu stoppen versuchte, weshalb er am 15. Oktober 1944 abgesetzt wurde.

Hitler hatte ähnlich wie zu Horthy bereits am 5. August 1923 über die deutschen Juden gesprochen: «Schmeißt die Juden raus, und ihr habt Platz für Hunderttausende deutscher Intelligenzler» (Jäckel/Kuhn 1980, 965). Im Jahre 1923 gab es die jungen «Vordenker der Vernichtung» noch nicht, von denen Hitler diese Idee ja haben sollte. Vor allem verfügte Deutschland bereits über die Modernisierung, die durch Judenbeseitigung angeblich erst hergestellt werden konnte, und es waren jüdische Fachkräfte, die an dieser Modernisierung herausragenden Anteil hatten.

Nicht einmal die Ermordung von Behinderten und sogenannten Asozialen durch die Deutschen hat gesamtwirtschaftlich nennenswerte Einsparungen erbracht. Wo sollte also Götz Alys und Susanne Heims zwingende ökonomische Logik herkommen, die gerade die Vernichtung derjenigen Menschen sinnvoll erscheinen ließ, denen nicht einmal ihre Verfolger überdurchschnittlichen Verstand absprachen? Am meisten Empörung mußte deshalb hervorrufen, daß die wirklich nicht mehr produktiven Juden doch erst durch die zwangsweise Ghettoisierung von den Deutschen zu einem «überflüssigen Volk» (Rubenstein/Roth 1987, 351) gemacht worden waren. Aly/Heims Aussage, «Völkermord war hier eine Form, die soziale Frage zu lösen», wird nun tatsächlich – und sicher unbeabsichtigt – für das vergangene Morden zu einer modernen ökonomistischen «Legitimationsstrategie» (Herbert 1991, 30/31), die sich dann auch noch selbstbewußt als Theorie ökonomischer Rationalität mißversteht (zur Kritik an Aly/Heim insgesamt vgl. Wendt 1992, 43–48, und Kaiser 1994, 15–22).

Mit dieser Zurückweisung des ökonomisch-rationalen Grundes für Auschwitz wird ein inniger Konnex zwischen der Judenausrottung und Hitlers Entvölkerungspolitik für Lebensraum im Osten keineswegs bestritten. Er dürfte jedoch auf einem anderen Felde als dem der Wirtschaftsplanung zu suchen sein.

12. *Theorie:* Auschwitz als Befreiung der modernen Welt von einem archaischen Kulturfossil

Für einen ganz anderen Modernisierungszweck, als ihn Götz Aly und Susanne Heim ausmachen, kann in der Geschichtsphilosophie Arnold Toynbees die Judenvernichtung in Anspruch genommen werden. Sein hier zitiertes Werk war allerdings schon 1939 abgeschlossen: «Es bleibt der Fall übrig, daß die Opfer religiöser Diskriminierung einen erloschenen Gesellschaftskörper, der nur als Fossil weiterbesteht, repräsentieren. Eine Liste von solchen Fossilien wurde oben gegeben, und jedes von ihnen würde die Folgen solcher Belastungen veranschaulichen, aber das bei weitem bemerkenswerteste ist einer der versteinerten Reste des nahöstlichen Gesellschaftskörpers, die Juden. [...] [Sie] sind ein Bruchstück einer Versteinerung des nahöstlichen Gesellschaftskörpers, das in den Körper der abendländischen Christenheit vor ihrer Geburt eingebettet wurde» (Toynbee 1970, 198f/659).

Im Aufstieg und Verfall der Kulturen sei das Judentum rätselhafter-, aber überflüssigerweise noch nicht untergegangen. Damit wird nicht unbedingt ihrer Ausrottung das Wort geredet, jedoch kommt diese nicht wirklich unerwartet, sondern wird zu einer prognostizierbaren Etappe «dieser lang sich hinziehenden Tragödie, deren Ende noch nicht erreicht ist» (Toynbee 1970, 199).

Die Frage nach dem Modernen des Judentums wird nicht gestellt, da es als historisches Fossil *per definitionem* davon abgeschnitten zu sein scheint. Das darf durchaus verwundern, da die Aktualität einer Überzeugung nicht durch ihr hohes Alter aus dem Feld geschlagen werden kann. Aber Toynbee – der erfolgreichste Geschichtsphilosoph des Jahrhunderts – war nicht nur antijüdisch, sondern hatte drei Jahre vor Abschluß seines Werkes Hitler persönlich bei einem seiner großen Monologe kennen- und bewundern gelernt: «Während dieser 2 ½ Stunden entwickelte Hitler sein Thema mit meisterhafter Logik und Klarheit. Ich konnte mir nicht vorstellen, daß irgendeiner der Professoren, die ich gehört habe, so lange ununterbrochen hätte sprechen können, ohne den Faden zu verlieren.

‹Wir wußten nicht, daß er alles gewußt hat› lautete der Kommentar der lauschenden Gelehrten, als Hitler den Raum verließ» (zit. n. Deuerlein 1969, 127).

13. Theorie: Auschwitz für die Behinderung der Modernisierung Europas

Anders als die Theorien, die Auschwitz für einen Akt der Modernisierung halten, den man den Nazis törichterweise nicht zutraue, vertritt die große Mehrheit der liberalen Geschichtsschreibung das glatte Gegenteil dieser Sicht. Darunter befinden sich einige herausragende Köpfe des Intentionalismus (siehe 5. Theorie). Die Antimodernisierungsposition sieht Auschwitz als Klimax des sogenannten modernen oder nachchristlichen Antisemitismus des 19. und 20. Jahrhunderts. Auch in dieser Zeit war schon die Judenausrottung verlangt worden (v. Hundt-Radowsky 1819).

Der Vollender des nichtreligiösen Antisemitismus, Wilhelm Marr, pflegte die jüdische Ethik von der Schutzbedürftigkeit jedes Menschen und nicht nur eines völkischen Kollektivs als «abstrakten Individualismus» zu geißeln. Voller Abscheu jedoch ergänzte er: «Vielleicht ist der Geist, den ihr [die Juden] in die abendländische Welt gebracht und dem sich Hoch und Niedrig sozialpolitisch schon heute beugt, der einzig wahre, welcher Deutschland die Hegemonie dauernd sichert» (Marr 1879, 34/48). Schon das erste Programm der NSDAP vom Februar 1920 hatte den Juden die Schuld dafür gegeben, daß Parlamentarismus und Demokratie entstanden sind (Hitler 1930, 85, 99, 347). Selbst die «Idee von der Gleichheit aller Menschen war eine jüdische» (Jäckel 1991, 112; Hitler 1930, 478). Pazifismus und Internationalismus galten Hitler ebenfalls als jüdische Erfindungen: «Die Bezeichnung der Juden als international hatte für ihn eine weitreichende und ganz grundlegende Bedeutung. In diesem Sinne nämlich waren die Juden die Urheber und Träger aller internationalen Auffassungen und Einrichtungen, also des Marxismus und Sozialismus, des Weltfriedens und des Völkerbundes, der Freimaurerei und so weiter» (Jäckel 1991, 111).

Nach der Antimodernisierungsposition, die unter den Historikern zur Zeit dominiert, betrieb Hitler also den Holocaust wegen «des jüdischen Vorsprungs in emanzipatorischem Denken und Handeln» (Graml 1986).

Als Antimoderner soll Hitler nicht zuletzt als Feind von Banken- und Börsenwesen, als Hasser der «Zinsknechtschaft», mithin als Gegner des Kapitalismus hervorgetreten sein. Davon kann jedoch keine Rede sein. Auf Enteignung großer Warenhäuser zielende Punkte im Programm der *Nationalsozialistischen Deutschen Arbeiterpartei* dienen der Bindung verschuldungsbedrohter Kleinhändler, werden aber niemals in irgendeiner Weise umgesetzt.

Diesen Umstand facettenreich geschildert, also Hitlers prokapitalistische Linie bewiesen zu haben macht selbstredend den ganzen Stolz der marxistischen Faschismusforschung aus, die denn auch ganz andere Auschwitztheorien verficht (siehe unten 15. und 16. Theorie). Für all die «Proklamationen eines kleinbürgerlichen Vulgärsozialismus war im Dritten Reich kein Platz. [...] Dagegen erhob sich so viel Protest, daß Hitler sich am 13. April 1928 gezwungen sah, ‹gegenüber den verlogenen Auslegungen› dieses Punktes eine Erklärung zu ‹verlautbaren›, die seitdem ständig einen integrierenden Bestandteil des Programms bildete. Sie besagte, daß die NSDAP auf dem Boden des Privateigentums stehe [Feder 1931, 35] und der Enteignungspassus ‹sich demgemäß in erster Linie gegen die jüdischen Grundspekulationsgesellschaften› richte» (Jäckel 1991, 82).

Die Schwäche der These von Auschwitz als Akt der Antimodernisierung besteht darin, daß Ursache und Wirkung verwechselt werden. Es ist Judenhaß, aus dem der Haß auf den jüdischen Bankier geschneidert wird, und nicht ein eigenständiger und obendrein ehrenwerter Haß auf Zinsen oder Banken (typisch Leon 1968; Claussen 1987), der dann die jüdischen Finanziers trifft (vgl. Heinsohn 1988, 77 ff). Auch im Mittelalter und der frühen Neuzeit ist es keineswegs ein natürlicher Zinshaß, der den jüdischen Geldverleiher trifft, sondern umgekehrt ein Judenhaß, der sich den Zins zum Vorwand nimmt.

Angst hatte man vor der Rücksichtslosigkeit christlicher Bankiers. So machen die Polizeiordnungen der frühen Neuzeit deutlich, daß ein jüdischer Geldverleiher viel weniger gefürchtet wurde als ein christlicher: «Die Forderung eines Juden gegen einen Christen darf nicht an einen anderen Christen abgetreten werden, offensichtlich, weil ein jüdischer Gläubiger von Gerichten und Zwangsvollstreckungsbehörden weniger unterstützt wird als ein christlicher und weil infolgedessen die Situation des Schuldners günstiger ist, wenn er nur einem Juden gegenübersteht» (Benöhr 1989, 11).

14. Theorie: Auschwitz als Rache für die Niederlage von Stalingrad

Der Intentionalist Philippe Burrin ist von Hitlers Endlösungsbefehl überzeugt: «Zu einem ganz bestimmten Zeitpunkt, wahrscheinlich im September 1941, wagt er den Sprung. Ihm war klargeworden, daß der [Rußland-]Krieg länger als erwartet dauern würde. Mit der Entscheidung zur Vernichtung der Juden riß er die Initiative wieder an sich, die ihm auf militärischem Gebiet schon zu entgleiten drohte [durch Stillstand der *Heeresgruppe A* am 6. September 1941 vor dem Kaukasus und durch die zähen Kämpfe der *Heeresgruppe B* gegen Stalingrad, das bis gegen Ende Oktober 1941 nicht vollständig eingenommen werden kann]. Angesichts des zu erwartenden Scheiterns seiner Hegemoniebestrebungen brach er alle Brücken hinter sich ab und beschloß, die für seinen Mißerfolg Verantwortlichen [die Juden] zu vernichten» (Burrin 1993, 175 f).

Gegen Burrin ist – neben Zustimmung (Kershaw 1994, 186) – selbstverständlich vorgebracht worden, daß die Totalausrottung von Juden (Männern, Frauen und Kindern) bereits am 21. Juni 1941 durch Massenerschießungen begonnen hatte. Der Befehl dazu mußte also noch früher vorgelegen haben: «Der Anstoß ergab sich vielmehr aus der Siegeseuphorie im Sommer 1941. Die gewaltigen Siege in den ersten Monaten des Rußlandfeldzuges [Juni bis August 1941] eröffneten die Aussicht, daß bald ganz Europa den Nationalsozialisten zur beliebigen Verfügung stehen werde. In Wirklichkeit wurde die Endlösung dann unter sehr anderen Bedingungen in die Tat umgesetzt, nämlich bei militärischen Rückschlägen und später bei drohender Niederlage. Aber das NS-System konnte nicht zurück. Einmal in Gang gesetzt, entwickelte das Massenmordprogramm seine eigene Schubkraft» (Browning 1985 b, 186).

Selbst Ende September 1941 hat Stalingrad, für dessen Nichteinnahme Hitler sich mit seinem Auschwitzbefehl – gemäß Burrin – ja noch in eben diesem September gerächt haben soll, keinesfalls als uneinnehmbar gegolten. Ende Oktober 1941 sind immerhin neun Zehntel von Stalingrad erobert. Am 2. Oktober 1941 beginnt ganz nach Plan der Angriff auf Moskau. In den Kesselschlachten von Brjansk und Wjasma wird bis zum 12. Oktober 1941 Marschall Timoschenkos Hauptarmee vernichtend geschlagen. 663 000 Rotarmisten geraten in Gefangenschaft. Von einem bereits im September 1941 von seiner Niederlage im Osten überzeugten Hitler kann mithin keine Rede sein. Die eigentliche Stalingradschlacht beginnt am 18. November 1942 und ist erst am 2. Februar 1943 endgültig verloren. Auch danach geht der Krieg noch zweieinviertel Jahre weiter. Hitlers Selbstmord erfolgt am 30. April 1945.

Der entscheidende Einwand bezieht sich jedoch auf Burrins Überzeugung, wonach Hitler an seine eigene Propaganda vom «jüdischen» Bolschewismus geglaubt habe. Davon kann ebenfalls keine Rede sein, worüber unten ausführliche Belege bei der Behandlung der 39. Theorie vorgelegt werden. Die Fachforschung weiß selbstredend, daß Hitler über die Judenvernichtungen Stalins bis 1939 gut informiert ist und keinen Grund hat, nun gerade in Juden einen gefährlichen Gegner zu sehen. Selbst als es unter führenden Bolschewiki noch Juden gab, betrachtete Hitler die Sowjetunion gerade deshalb «als das desorganisierte Land der jüdischen Bolschewisten und der unfähigen Slawen» (Jäckel 1991, 45), das eine viel leichtere Beute sei als das zaristisch-antijüdische Rußland.

15. Theorie: Auschwitz für die Übernahme jüdischen Vermögens und jüdischer Zwangsarbeiter durch die deutschen Kapitalisten

Anknüpfend an die gut belegte Hilfe aus der deutschen Wirtschaft (Turner 1985) für den Aufstieg Hitlers, haben marxistische Autoren die Judenbehandlung als Machenschaft des Kapitals erklärt (Überblick bei Kwiet 1976). Für die Ausbeutung versklavter Juden und die Arisierung gestohlenen Vermögens sei insbesondere die Schwerindustrie aktiv geworden. Diese Position «übergeht die klare Tatsache, daß die Vernichtung der europäischen Juden die deutsche Kriegsindustrie und die deutsche Kriegswirtschaft überhaupt einer bedeutenden Zahl von Arbeitskräften und besonders in den östlichen Gebieten der entscheidend wichtigen Facharbeiter beraubte. [...] Die Dokumente bezüglich der erfolglosen Versuche der Wehrmacht und einmal sogar des SS-Wirtschaftsverwaltungshauptamts, die jüdischen Facharbeiter zu behalten, sind zahlreich und hinlänglich bekannt [Georg 1963, 58/61/93–97]. [...] In jedem einzelnen Fall setzten sich die Vernichtungsbefehle des Reichssicherheitshauptamtes oder von Himmler selbst durch» (Friedländer 1985, 24/51).

Die «Arisierung» jüdischen Vermögens spielt im Westen (Deutschland und Österreich etc.) eine viel größere Rolle als im Osten. Im Westen jedoch können viele der enteigneten Juden durch Zwangsauswanderung und Flucht bis zum 1. Oktober 1941 noch entkommen. Von den 750000 deutschen und österreichischen Juden kommen etwa 250000 um (Gutman et al. 1993, III, 1758, 1769). In Polen hingegen, wo gut drei Millionen der knapp 5,2 Millionen jüdischen Opfer herstammen (Hilberg 1993a, 130), ist ein ökonomisches Ausrottungsmotiv der deutschen Schwerindustrie weniger leicht nachvollziehbar. Die arisierten Betriebe etwa im Distrikt Lublin fallen nämlich an die SS-eigene «Ostindustrie GmbH».

Insgesamt jedoch handelt es sich um weniger umfangreiche Vermögen als im Westen: «Von den außerhalb der Landwirtschaft berufstätigen Juden in Polen waren in den dreißiger Jahren über 55% kleine Handwerker und Händler ohne Angestellte, 25% waren Arbeiter, 2% Heimarbeiter, 8 bis 9% geistig Schaffende; der Anteil derer, die vom eigenen Kapital lebten, die zu den mittleren oder größeren Unternehmen und Kaufleuten mit zahlreichen Angestellten oder zu den freien Berufen gehörten, betrug weniger als 10%. Diese Angaben verdeutlichen den bescheidenen Lebensstandard der meisten Juden in Polen und ihren relativ unbedeutenden Anteil an der Oberschicht» (Bartoszewski 1989, 141).

In der linken Umgangssprache hat die Theorie, nach der Hitler wie ein Robin Hood die «Plutokraten» schlug, niemals an Anziehungskraft verloren. ‹Da wurden halt die Reichen erledigt› oder ‹das waren ja auch Ausbeuter›, vernimmt man von der progressiven Seite deutscher Biertische. In der typischen Holocaustdeutung schwarzafrikanischer Antisemiten aus den Vereinigten Staaten setzt sich diese Ideologie ebenfalls immer stärker durch.

16. Theorie: Auschwitz als Ablenkung von den inneren Schwierigkeiten des Deutschen Reiches

Schon Hitlers antijüdische Maßnahmen vor der 1941 einsetzenden Vernichtung haben eine marxistische Deutung gefunden, die in der Jüdischkeit der Verfolgten kein entscheidendes Motiv für Hitlers Vorgehen sah: «Erstens sind Rassismus und Antisemitismus ein Ersatz für den Klassenkampf. Die offiziell etablierte, den Klassenkampf verdrängende Volksgemeinschaft benötigt ein integrierendes Element. [...] Allen Haß, alle Resentiments, alles Elend auf einen Feind [die Juden] ladend, der leicht vernichtet werden und keinen Widerstand leisten kann, läßt sich die arische Gesellschaft zu einem Ganzen integrieren» (Neumann 1984, 159; vgl. Schreiber 1988, 112f).

Diese Antisemitismusdeutung ist später auch zu einer Theorie der Vernichtung erweitert worden (etwa Mason 1968; Kühnl 1974). Aggressionen der Deutschen aus Enttäuschung über die Dauerkrise im Hitlerreich und über das Ausbleiben der versprochenen sozialen Reformen, für die man den Nationalsozialismus gewählt hatte, werden von seinen Führern zur Abfuhr in die Massentötungen umgeleitet und so politisch neutralisiert.

Vor den Tatsachen behauptet sich diese marxistisch-sozial-psychologische Theorie nicht besser als die vorherige von der Schwerindustrie (15.): «Was die letzte Stufe dieser Politik, die Vernichtung der Juden, anbetrifft, so war es mit Sicherheit nicht beabsichtigt, irgend jemandes Aufmerksamkeit darauf zu lenken, denn sie wurde absolut geheim gehalten» (Friedländer 1985, 25).

17. Theorie: Auschwitz als Terrorversuchsanstalt und als permanente Erinnerung der Menschen an ihre Nichtigkeit im totalitären System

«Die Gaskammern waren von vornherein weder als Abschreckungs- noch als Strafmaßnahme gedacht; sie waren bestimmt für Juden oder Zigeuner oder Polen ‹überhaupt›, und sie dienten letztlich dem Beweis, daß Menschen überhaupt überflüssig sind. Innerhalb der Konzentrationslager waren diese zur Vernichtung bestimmten Kategorien die gleichsam wandelnden Exempel dessen, was ein Mensch überhaupt ist und wert ist. [...] Ohne die Lager, ohne die unbestimmte Angst vor ihnen und ohne die sehr bestimmte Erziehung zu totaler Herrschaft, die nirgendwo sonst in ihren radikalsten Möglichkeiten ausprobiert werden könnte, kann eine totale Herrschaft weder ihre Kerntruppen fanatisieren noch ein ganzes Volk in kompletter Apathie halten. [...] Solange nicht erreicht ist, was bisher eben nur in Konzentrationslagern voll erreichbar war, daß alle Menschen gleichermaßen überflüssig sind, so lange ist das Ideal totaler Herrschaft nicht erreicht. Die Überflüssigkeit des Menschen wird in totalitären Staaten dauernd, wenn auch nie ganz vollkommen, hergestellt durch die willkürlichen Einlieferungen beliebiger Menschengruppen in Konzentrationslager, durch dauernde Säuberungen des herrschenden Apparats, durch ungeheuerliche Massenliquidationen» (Arendt 1986, 690/697/698 f).

Das Beharren auf der totalen Beliebigkeit der Opferauswahl für die Aufrechterhaltung totaler Herrschaft ist das durchgehende Kennzeichen der Arendtschen Theorie: «Die Strafe kann mit gleichem Recht und mit gleichem Unrecht über jeden verhängt werden» (Arendt 1986, 686; vgl. ähnlich Friedrich/Brzezinski 1961). Der eindeutige Judenfokus der Vernichtungslager hat denn auch zu ihrer Zurückweisung führen müssen. Darin jedoch erschöpft die Kritik sich nicht. Nur wenig spricht nämlich dafür, daß die Deutschen nur mit der KZ-Drohung bei der Stange gehalten werden konnten. Immer wieder wird von der Stimmungsforschung hervorgehoben, «daß die Herrschaft Hitlers über die Deutschen keineswegs allein und nicht einmal überwiegend auf Terror beruhte. Seit 1945 wird auch diese Seite des Regimes aus verständlichen Gründen gern überbetont» (Jäckel 1991, 146).

18. Theorie: Auschwitz als gigantisches Menschenopfer

«Im Bild des Juden, das die Völkischen vor der Welt aufrichten, drücken sie ihr eigenes Wesen aus. Ihr Gelüste ist ausschließlich Besitz, Aneignung, Macht ohne Grenzen und um jeden Preis. Den Juden, mit dieser ihrer Schuld beladen, als Herrscher verhöhnt, schlagen sie ans Kreuz, *endlos das Opfer wiederholend,* an dessen Kraft sie nicht glauben können.» Die Erregungsabfuhr durch Teilnahme am Ritual, die bei Blutopfern gesucht und gefunden wird, treibt auch die Nazideutschen: «Der eigentliche Gewinn, auf den der Volksgenosse rechnet, ist die Sanktionierung seiner Wut durchs Kollektiv» (Horkheimer/Adorno 1947, 199/201 – meine Hervorhebung).

Diese Sicht einer Wiederbelebung des Blutopfers im Judenmord der Nazis stammt aus der Feder von Max Horkheimer und Theodor W. Adorno. Im Jahre 1981 hat Arthur A. Cohen auch die Gottheit benannt, für die es erbracht wurde: «Es ist das menschliche *tremendum,* die Ungeheuerlichkeit des entgrenzten Menschen, der den Tod nicht mehr zu fürchten scheint oder, vielleicht zutreffender, ihn so absolut fürchtet, den

Tod mit solcher Macht leugnet, daß es das einzige Privileg seiner scheinbaren Gleichgültigkeit ist, der Totengottheit einen Berg von Leichen aufzutürmen, um den Tod durch die Magie endlosen Mordens zu besänftigen» (Cohen 1993, 129; Cohen 1981, 19).

Die Deutung von Auschwitz als ein ebenso unerkanntes wie zwanghaftes Menschenopfer ist mittlerweile in etlichen Varianten und mit vielen guten Belegstellen vorgetragen worden (vgl. zuletzt die durch den Verfasser [Heinsohn 1988] angeregte und daher mitzuverantwortende Arbeit von Ley 1993). Noch im Wort Holocaust (Ganzbrandopfer) ist diese Sicht mitgedacht. Eine tieferbohrende Variante rekurriert dabei auf die historisch-katastrophischen Ursprünge der antiken Blutopferkulte (Heinsohn 1992b) und sieht dann in Auschwitz das zur Abfuhr ökonomischer und nationaler Ängste des deutschen Kollektivs wiederbelebte Ritual der Bronzezeit (Rix 1975, 62; vgl. ausführlich Heinsohn/Marx 1984).

Viele Elemente der Judenmorddeutung als Opferritual eines übererregten Kollektivs passen durchaus auf volkszorngesättigte Pogrome und – allerdings nur partiell, da sie angeordnet war – auch noch auf die sogenannte Reichskristallnacht der Nazis vom 9. November 1938. Der religiöse Haß der Christen mit ihrem sohnesopfernden Gott auf die Anhänger des sohnesverschonenden Gottes Abrahams ist ohne die Genüsse des Opfers und die Wut auf die Nichtmitmacher gar nicht zu fassen (Heinsohn 1988; 1990; 1994). Der unter bestmöglicher Geheimhaltung vollzogene Massenmord in Auschwitz jedoch «ist als Aneinanderreihung von *Kristallnächten* nicht vorstellbar, geschweige denn durchführbar» (Baumann 1992, 104). Deshalb reicht die Opfererklärung des Antisemitismus an den Kern von Hitlers totaler Judenausrottung nicht heran. Was die Christen an den Juden hassen, ist nicht dasselbe, was Hitler mit ihnen aus der Welt schaffen möchte. Was er durch ihre Beseitigung verschwinden lassen will, wird jedoch auch von einigen Christen verteidigt, wenn sie das «Du sollst nicht morden» den Nazis entgegenhalten und dafür dann, nicht anders als die Juden, mit dem Leben bezahlen müssen.

19. *Theorie:* Auschwitz als Vollendung des christlichen Judenhasses

«Den Holocaust als Endpunkt dieses abschüssigen Weges» zu sehen (Bethge 1988, 35), auf dem die Christen die Juden als Verfluchte, Verworfene und zu Bestrafende behandelt haben, muß als eine der verbreitetsten Auschwitztheorien angesehen werden (vgl. besonders Ruether 1974; 1978). Selbst nach 1945 haben führende Denker des deutschen Protestantismus an der Überzeugung festgehalten, daß die Juden in Auschwitz dafür bestraft wurden, daß sie Jesus nicht angenommen hatten, sondern immer weiter kreuzigten. Für die Zukunft geben diese Christen den Juden nur eine Überlebenschance, wenn auch sie den Glauben an Jesu Blutopfer als Heilstat annehmen (Goldschmidt / Kraus 1962, 251 ff). Zu dieser Position formuliert ein Rabbiner: «Die Juden sagen: unserer Sünden wegen. Die Christen behaupten: eurer Sünden wegen. Das erste ist ein selbstkritisches Urteil; das zweite ein heuchlerisches Urteil über andere» (Berkovits 1993, 52).

Eine dominierende Schule der Holocaustforscher befindet sich hier in interessanter gegenseitiger Bestätigung mit professionellen Theologen, weshalb ein Einwand schwerfällt. Selbst Johannes Paul II. hat am 7. April 1994 von der «langen antijüdischen Geschichte gesprochen, die in der Shoah kulminierte» (*Osservatore Romano*, 8. April 1994). Richtig ist gewiß, daß Hitler sich den Judenhaß der Christen bei jeder Gelegenheit zunutze machte. Richtig ist auch, daß Martin Luther, als Begründer des Protestantismus, der katholischen Blutrünstigkeit gegen die Juden in nichts nachgestanden hat. Richtig ist überdies, daß die großen Töter der antisemitischen deutschen Diktatur – Hitler eingeschlossen – aus christlichen Familien stammten.

Dennoch muß verstanden werden, daß Hitler an den Juden etwas anderes haßte als die Christen. Letztere können bis heute nicht ertragen, daß die Juden sich dem Rückfall vom sohnesverschonenden Gott Abrahams auf den sohnesopfernden Christengott verweigern. Hitler scheint dieser Haß ziemlich gleichgültig gewesen zu sein. Als «Gottesmörder» haben ihn persönlich die Juden kaum interessiert. Da war er Anhänger Wilhelm Marrs. Dieser Mitbegründer des weltlichen Antisemitismus hielt bekanntlich nicht nur den religiösen Judenhaß für «blödsinnig» (Marr 1879, 8), sondern wies auch daran angehängte Vorwürfe selbstbewußt zurück: «Ja! Wenn wirklich einzelne fanatische Juden im Mittelalter beim Passahfest – – – ‹*Christenkinder geschlachtet*› hätten, – wenn solche hirnverbrannten Vorwürfe sich ereignet *hätten*, was historisch nicht nachweisbar ist, so wären dies keine andern Abscheulichkeiten als es die Verbrechen überhaupt sind, und berechtigten durchaus nicht zu einem *generellen religiösen* Hass» (Marr 1879, 8).

Die Kirchen und Hitler benutzten sich gegenseitig. Während die Christen im katholischen Diktator ein Werkzeug ihres Gottes sahen, waren Hitler die Christen allemal recht, solange sie sich am Ausgrenzen und Umbringen der Juden beteiligten. Sobald Christen jedoch für ihr jüdisches Erbe einstanden – also Liebes-, Gerechtigkeits- und Lebensschutzgebote der Thora verteidigten –, mußten sie mit Hitlers Vernichtungswillen genauso rechnen wie die Juden. Dasselbe galt für Kommunisten, soweit ihre Ziele der Thora entsprachen. Aus dieser Sicht erst wird eine Äußerung Hitlers vom 30. November 1944 verständlich: «Die [jüdische] Religion des Paulus und das von da an vertretene Christentum war nichts anderes als Kommunismus» (Hitler 1980, 413). Dazu ergänzt Martin Bormann: «Demgemäß ist unsere nationalsozialistische Lehre völlig antijüdisch = antikommunistisch = antichristlich» (Hitler 1980, 413).

Das Bekenntnis von Christen zu ihrer Schuld an Auschwitz ist allemal aufschlußreich für den Kampf des Christentums gegen die Juden, erhellt aber kaum Adolf Hitlers eigenes Motiv bei der Judenvernichtung.

20. Theorie: Auschwitz als Bestrafung der Juden für die Überwindung weiblicher Gottheiten

In der feministischen Theologie gibt es die Auffassung, daß die Bronzezeit mit ihren zahllosen Göttinnen und Göttern eine besonders liebliche und harmonische Zeit gewesen sei. Dieser habe sich vor allem das Judentum entgegengestellt, dem es mit seinem Jahwe um die Entmächtigung des Weiblichen gegangen sei: «Damit wird aber zugleich deutlich, daß es dem jüdischen Denken nicht in erster Linie um die Schaffung eines Monotheismus ging, sondern vielmehr um einen Demithismus, das heißt um die Ausmerzung weiblicher Elemente der Gottesgestalt» (Mulack 1983, 242). Entsprechend sei Israel das Land, «in dem wie in keinem anderen die Ausrottung von Matriarchatsreligionen betrieben wurde» (Mulack 1983, 275).

Im Nationalsozialismus nun erkennt Christa Mulack die höchste Ausprägung ihrer jüdischen Patriarchatsreligion. Die vor zweieinhalb Jahrtausenden vom Judentum beseitigten Muttergottheiten hätten durch Hitler am jüdischen Muttermörder zwar spät, aber eben doch verdient ihre furchtbare Rache genommen: «Wo aber Liebe, Macht und Recht nicht mehr eine Einheit bilden, sondern getrennt und auf die Geschlechter verteilt werden, da verliert echte Autorität ihren Boden, da muß das Regime zwangsläufig autoritär werden, so daß Macht und Recht zu absoluten Größen heranwachsen. Betrachtet man die letzte Konsequenz dieses Prozesses, wie sie sich im Nazi-System präsentiert, das ‹deutsche Söhne› dazu abrichtete, jüdische Mütter, Kinder und Väter zu drangsalieren und umzubringen, dann wird nur allzu deutlich, wie recht die Erynnien hatten, als sie prophezeiten: Ein neues Gesetz schafft Umsturz, wenn des Muttermörders Recht und Verderbnis siegt» (Mulack 1983, 248).

Richtig an dieser feministischen Theorie von Auschwitz als Rache der Mütter ist selbstverständlich, daß die jüdischen Propheten sich entschieden gegen die großen Blutopferkulte für die verschlingenden Göttinnen und Götter der Bronzezeit – einschließlich ihrer altisraelitischen Varianten – gewandt haben. Hosea bringt diese Stoßrichtung auf die berühmte Formel: «Ich habe Lust an der Liebe und nicht am Opfer» (6:6; vgl. ausführlich Heinsohn 1992b).

Christa Mulacks Befriedigung über die Rächerkraft der Erynnien unterstreicht ungewollt ebenfalls, daß die Bronzezeit mit ihren weiblichen Gottheiten bzw. kosmischen Katastrophenbringerinnen so lieblich nicht gewesen ist. Der archäologische Befund für diese Periode im vorderasiatischen Raum spricht ebenfalls eine eindeutige, nämlich ganz und gar unharmonische Sprache: «Unsere Untersuchung hat erbracht, daß die aufeinanderfolgenden Krisen, welche die Epochen des 3. und 2. Jahrtausends einleiteten und beendeten, nicht durch Menschenhand herbeigeführt wurden. Im Gegenteil: Verglichen mit dem Ausmaß dieser allumfassenden Krisen und ihren tiefgreifenden Folgen wirken die Großtaten militärischer Eroberer und die Anschläge politischer Führer geradezu unbedeutend» (Schaeffer 1948, 565). Auch für den europäischen Nordostmittelmeerraum bestätigt sich dieser Befund: «Archäologische Forschungen bringen Katastrophen ans Licht, können uns aber nicht sagen, was dazu geführt hatte oder wer beteiligt war» (Finley 1982, 24). Es sind übrigens die Berichte über diese vergangenen, aber durchaus weltenstürzenden Katastrophen, die in den apokalyptischen Predigten als Androhung zukünftiger Katastrophen wiederkehren (siehe auch unten 22. Theorie).

Wiewohl die Gleichsetzung des Nationalsozialismus mit Hoseas Liebesprogramm als plumpe Verkehrung des wirklichen Sachverhalts besonders leicht zu durchschauen ist, hat sie sich über mangelnde Popularität nicht beklagen müssen (darüber ausführlich zuerst Brumlik 1986). Daß die Nazipaladine den Priesterkönigen der Antike nacheiferten, die einer Aschera dienten, ist bis hin zu Dekor und Habitus leicht zu zeigen. Daß sie überdies bei der Mutterverkultung vorneweg marschierten, ist ebenso unstrittig. Insofern mag die feministische Auschwitzdeutung auch als Verdrängung einer weiblichen Faszination an der Hitlerzeit zu lesen sein (siehe auch unten 24. Theorie).

21. Theorie: Auschwitz als Weg von der Metropolis zur Nekropolis (Rubensteins 1.)

Lange bevor Götz Aly und Susanne Heim ihrer Überzeugung Ausdruck geben konnten, daß Auschwitz dazu gedient habe, die unproduktive nichtjüdische Landbevölkerung in den bis dahin jüdischen Vierteln der Städte unterzubringen (siehe oben 11. Theorie), hat Richard L. Rubenstein die umgekehrte Position vertreten, daß die Judenausrottung ein Vorbote für das Sterben der Städte gewesen sei. In Hitlers Lebenszeit (1889 bis 1945) hatte die Weltbevölkerung um fast eine Milliarde von ca. 1,4 auf ca. 2,4 Milliarden Menschen zugenommen. Dreißig Jahre später, als Rubenstein seine Theorie vorlegte (1975), waren noch einmal mehr als eineinhalb Milliarden Menschen hinzugekommen. Knappe zwanzig Jahre darauf stand die Weltbevölkerung bei 5,6 Milliarden. Dieser Zuwachs von 3,2 Milliarden seit Hitlers Geburt hat den amerikanischen Autor dazu bewegt (Rubenstein 1994), seine 1975er Theorie ungebrochen aufrechtzuerhalten.

«Vielleicht war es kein Zufall, daß die Juden als urbanstes Volk der westlichen Welt als erste in der endgültigen Stadt der westlichen Zivilisation starben – in Nekropolis, der neuen Totenstadt, die von den Deutschen in Auschwitz gebaut und verwaltet wurde. Auschwitz war vielleicht der letztgültige Ausdruck der städtischen Kultur. Sie begann damit, daß sich eine Protobourgeoisie von dem riskanten, unvorhersehbaren und jahreszeitlich schwankenden Arbeitsleben in der Landwirtschaft befreite, um sich mit einer Arbeit zu erhalten, die – in den Worten Max Webers – kontinuierlich und rational verlief. Ursprünglich – entfernt von der unmittelbaren Einmischung in die vitalen Vorgänge der Natur – war die Stadt der Lebensort der Töpfer, Weber, Zimmerleute und Schreiber. Schließlich jedoch behauste sie die Polizeibürokratie und ihr professionelles Gegenstück, das kalt und methodisch der Totenstadt vorstand. Die Gefahr, daß Metropolis zu Nekropolis wird, besteht immer. Von ihrer Natur her ist die Stadt widernatürlich, antiphysisch und daher lebensfeindlich. Die Welt der Stadt, *unsere Welt*, ist die Welt menschlicher Erfindung und Macht; es ist also die Welt der Künstlichkeit, der Träume, Charaden und Papierversprechen, die wir Geld nennen. Aber selbst die reichste und mächtigste Stadt kann nur überleben, solange die Nabelschnur zum Land nicht gekappt ist. Wann immer der Mensch Städte baut, läuft er Gefahr, daß die ernährende Lebensverbindung zum Land eines Tages abgeschnitten wird. Und genau dies geschah während des Krieges in Polen. Eines der schrecklichsten Todesbilder einer Zivilisation steigt auf, wenn die von ländlicher Lebensmittelversorgung abgeschnittene und durch Landflüchtige aufgeblähte Metropole damit beginnt, sich selbst zu verzehren, bis sie kollabiert. Die verhungernden Häftlinge in Auschwitz, die von ihrer eigenen Substanz zehrten, bis sie zu Nichts verdaut waren, liefern vielleicht ein prophetisches Bild der Zivilisation am Ende ihrer Reise vom Land nach Nekropolis. Könnte es sein, daß die Juden nur zu den frühesten Exilanten vom Lande gehörten und so zu den Pionieren von Metropolis wurden, daß in Zukunft jedoch sehr viel mehr Bürger in den Totenstädten landen, wenn die ökonomischen, sozialen und demographischen Trends nicht umgekehrt werden?» (Rubenstein 1987, 94f)

Daß hier eine Vision von Megastädten umrissen wird, deren ruinierte Variante mancherorts in der Dritten Welt längst Wirklichkeit geworden ist, bedarf keiner Bestätigung. Dennoch spricht gegen Rubensteins ökologische Auschwitztheorie, daß die deutschen Ostraumbesiedler gar nicht genug Menschen zusammenbekommen konnten, um die neu eroberten Räume zu füllen. Die *deutschen* Stadtbewohner wurden als potentielle Neusiedler gesehen. Ihre extreme Knappheit hätte gerade dazu verleiten müssen, auch andere Menschen heranzuziehen. Der Raub und die Assimilation von Kindern des «nordischen» Typus aus den slawischen Nationen waren deshalb Bestandteil der Lebensraumpolitik. Eine Eindeutschung von Juden hingegen, unter denen sich genügend «nordische Typen» gefunden hätten, wurde nicht erwogen. Deshalb konnte Rubensteins Theorie nur auf sehr wenig Resonanz stoßen. Dasselbe kann man von seiner zweiten – religionskritischen – Auschwitzbetrachtung nicht sagen (siehe unten 24. Theorie).

22. Theorie: Auschwitz als Werk eines christusartigen Apokalyptikers für das endgültige Heil

Hitler selbst hat die Juden an mehreren Stellen als kosmische Bedroher apokalyptischen Ausmaßes gesehen, die niedergerungen werden müßten, wenn die Erde vor einer Katastrophe bewahrt werden sollte. Viele Autoren haben diese Passagen gefunden und Hitler beim Wort genommen, d. h. als Apokalyptiker gedeutet (Cohn 1967; Rix 1975; Stern 1978; Rhodes 1980; Heinsohn/Marx 1984; Wistrich 1985; Vondung 1988 etc.).

In *Mein Kampf* wird das Judentum zweimal als kataklysmische Gefahr beschrieben, der Hitler sich – dabei selbst zu einem kosmischen Erlöser werdend – entgegenwirft: «Siegt der Jude mit Hilfe seines marxistischen Glaubensbekenntnisses über die Völker dieser Welt, dann wird seine Krone der Totentanz der Menschheit sein, dann wird dieser Planet wieder wie einst vor Jahrmillionen menschenleer durch den Äther ziehen. Die ewige Natur rächt unerbittlich die Übertretung ihrer Gebote» (Hitler 1930, 69 f). Später heißt es: Der Jude geht «seinen verhängnisvollen Weg weiter, so lange, bis ihm eine andere Kraft entgegentritt und in gewaltigem Ringen den Himmelsstürmer wieder zum Luzifer zurückwirft» (Hitler 1930, 751).

In der Rolle dieses gewaltigen Ringers, der eine Götterdämmerung verhindert oder eben auch herbeiführt, wird Hitler selbst zum Heiland, denn Jesus wird als «hell strahlender Morgenstern» ja ebenfalls als Himmelskämpfer gefaßt (*Offenbarung des Johannes* 22:16). Bereits im Jahr 1922 hatte Hitler sich selbst mit dem Heiland verglichen, der gegen Wucherer sowie Nattern- und Ottergezücht gekämpft habe (vgl. Bärsch 1987, 401).

Als «Christus der Sieger» steht der apokalyptische Jesus Christus bereit für den heilbringenden Endkampf: «Seine Augen sind eine Feuerflamme und auf seinem Haupt viele Kronen; und er trug einen Namen geschrieben, den niemand wußte als er selbst. Und er war angetan mit einem Kleide, das mit Blut besprengt war, und sein Name heißt: Das Wort Gottes. Und ihm folgte nach das Heer im Himmel auf weißen Pferden, angetan mit weißer, reiner Leinwand. Und aus seinem Mund ging ein scharfes Schwert, daß er damit die Völker schlüge; und er wird sie regieren mit eisernem Stabe» (*Offenbarung des Johannes* 19:11–15).

Dieser Jesus ist wieder ganz altisraelitisch. Er verwirft somit das monotheistische Judentum, das die Apokalyptik aus dem Kern des mosaischen Glaubens an den sektiererischen Rand gedrückt hatte. Die jüdischen Monotheisten verstehen also, daß die Bronzezeit mit ihren städtezertrümmernden Megakatastrophen (siehe oben 20. Theorie) vorüber ist und deshalb für die Zukunft niemand mehr Angst haben muß. Das verdeutlichen sie mit einer optimistischen Beifügung zur Noahgeschichte: «Ich will hinfort nicht mehr die Erde verfluchen. / Und ich will hinfort nicht mehr schlagen alles, was da lebt, wie ich getan habe. Solange die Erde steht, soll nicht aufhören Saat und Ernte, Frost und Hitze, Sommer und Winter, Tag und Nacht» (*1. Mose* 8:21 f).

Das Neue Testament verdammt solche Zuversicht und erzieht die Christen für alle Zukunft zu kosmischer Katastrophenangst. Erst danach werden besondere Auserwählte Heil erlangen: «Und Jesus sprach zu ihm: / Aber zu der Zeit, nach dieser Trübsal, werden Sonne und Mond ihren Schein verlieren, und die Sterne werden vom Himmel fallen, und die Kräfte des Himmels werden ins Wanken kommen. / Und es werden geschehen große Erdbeben und hin und her Pestilenz und teure Zeit; auch werden Schrecknisse und große Zeichen vom Himmel her geschehen» (*Evangelium des Markus* 13:2/24–25 / *Evangelium des Lukas* 21:11).

Es versteht sich von selbst, daß apokalyptisch erzogene Menschen dazu tendieren, höchst weltliche Krisen – «teure Zeit» – als kosmische Bedrohungen zu interpretieren und darüber dann auch nach kosmischen Antworten zu suchen. Da muß das Töten und Verbrennen der Juden wie ein antikes Ritual für kosmische Götter anmuten (siehe auch oben 18. Theorie). Als christlich erzogene Menschen stecken also Hitler *und* seine Anhänger in einem Deutungsmuster, das wie ein kollektiver Wahn funktioniert. Wo eine Wirtschaftskrise wie ein Endkampf vor dem Jüngsten Gericht erscheint, wird nicht in erster Linie nach einer wirtschaftlichen

Lösung gesucht. Ein nüchterner Betrachter hingegen wird dieselbe Krise ganz anders angehen – zum Beispiel durch staatliche Investitionen für die Senkung der Arbeitslosigkeit, wie das von Hitlers britischem Zeitgenossen John Maynard Keynes vorgeschlagen wurde.

Zweifelsfrei ist im Reiche Adolf Hitlers apokalyptisch gefürchtet, gedroht, gedacht, verehrt und gedeutet worden. Wer das nicht sieht, bleibt vor der Choreographie und Faszination dieses Imperiums blind, wenn er auch nicht unbedingt «den Atem des apokalyptischen Untiers verspürt» haben muß, «das sich des wahnsinnigen Exgefreiten bemächtigt hatte» (Ravenscroft 1988, 233). Albert Speers Beschreibung der Nacht des 21. August 1939 – zehn Tage vor dem Angriff auf Polen – gilt als Paradebeispiel für diese Denkungsart: «In der Nacht standen wir mit Hitler auf der Terrasse des Berghofes und bestaunten ein seltsames Naturschauspiel. Ein überaus starkes Polarlicht überflutete den gegenüberliegenden, sagenumwobenen Untersberg für eine lange Stunde mit rotem Licht, während der Himmel darüber in den verschiedensten Regenbogenfarben spielte. Der Schlußakt der Götterdämmerung hätte nicht effektvoller inszeniert werden können. Gesichter und Hände eines jeden von uns waren unnatürlich rot gefärbt. Das Schauspiel rief eine eigentümlich nachdenkliche Stimmung hervor. Unvermittelt sagte Hitler zu einem seiner militärischen Adjutanten gewandt: ‹Das sieht nach viel Blut aus. Dieses Mal wird es nicht ohne Gewalt gehen›» (Speer 1969, 21).

Davor – im Rheinland und im Saarland, in der Tschechei und in Österreich – war Hitler ohne einen Schuß an die begrenzten Territorien gekommen. Das würde jetzt nicht so sein. Die britischen und französischen Imperien hatten Polen Beistand gelobt. Das Polarlicht mag Hitler in ein Gefühl von Erhabenheit und Schicksalhaftigkeit versetzt haben, aber der Krieg war längst beschlossene Sache. Ungeachtet solcher Äußerungen dürfte es jedoch nicht leicht sein, empirisch zwingend nachzuweisen, daß Hitler oder die Deutschen apokalyptischer als die übrigen Völker veranlagt waren. Sogar die Wirtschaftskrise wird im Dritten Reich ganz weltlich angegangen, als Hjalmar Schacht keynesianische Beschäftigungspolitik treibt. Vor allem aber erwähnt Hitler die weltlich-ethischen Qualitäten des Judentums so viel häufiger als irgendeine kosmische Bedrohung, daß letztere als Erklärung für Auschwitz nicht hinreicht. Damit soll die ausgeprägte Neigung gerade deutscher Theologen und Philosophen zu apokalyptischen Weltanschauungen nicht unterschätzt werden. Die daraus erwachsende Bereitschaft, das Ungeheuerliche als Größe zu verehren, hat der Billigung des Massenmordes zugearbeitet und ja auch noch nach dem Kriege die Betrachtung Hitlers beeinflußt.

23. Theorie: Auschwitz, weil die ganze Welt es wollte

Hitler selbst war der Überzeugung, für die ganze Menschheit zu handeln, als er die Juden Europas ausrottete. Noch am 2. April 1945 verkündete er: «In einer moralisch mehr und mehr durch das jüdische Gift [der Lebensschutz- und Liebesethik] verseuchten Welt mußte ein gegen dieses Gift immunes Volk schließlich und endlich die Oberhand gewinnen. So gesehen, wird man dem Nationalsozialismus ewig dafür dankbar sein, daß ich die Juden aus Deutschland und Mitteleuropa ausgerottet habe» (Trevor-Roper / Francois-Poncet 1981, 122).

In der Tat hat beispielsweise eine Mehrheit der US-Amerikaner den Juden selbst die Schuld für die sie entrechtenden und ausschließenden deutschen Gesetze der Jahre 1933 bis 1939 zugeschoben, wie Vorkriegsumfragen belegt haben (Fein 1992, 11). Über den Antisemitismus Englands, Frankreichs, Polens und der Sowjetunion liegen solche Forschungen nicht vor. Es spricht jedoch wenig dafür, daß dort die Zufriedenheit mit den Maßnahmen Hitlers gegen das Judentum geringer ausfiel als in den USA.

Zu dieser Stimmung paßt dann, daß eine ganze Reihe von Maßnahmen zur Rettung der Juden unterlassen oder absichtlich so angelegt wurden, daß sie nichts bewirkten. Vor dem Krieg gilt dies insbesondere für das Völkerbund-Amt des «Hohen Kommissars für Flüchtlinge (jüdische und andere) aus Deutschland». Das entscheidendere Versagen jedoch ist mit dem «Intergovernmental Committee on Political Refugees» (IGC) der Westalliierten verbunden, das sich in den Jahren 1938 und 1939 um Juden kümmern sollte, die aus Deutschland und Österreich verjagt wurden. Es hat vor allem durch die Evian-Konferenz vom Juli 1938 und drei Tagungen in London (August 1938, Februar und Juli 1939) Aufmerksamkeit erregt. Die Existenz des Komitees entlastete die Regierungen von eigenen Anstrengungen. Sie verwiesen auf das Komitee und sorgten zugleich dafür, daß es ohne Kompetenzen blieb: «Man wollte nicht helfen, mußte aber so tun, als ob man es doch täte. Darin lag der ganze Zweck und die ganze Perfidie des IGC. Das brachte das groteske, für die

Flüchtlinge aber tödlichtragische Resultat: Das IGC half den Helfern (den Regierungen), den Hilfesuchenden (den Flüchtlingen) nicht zu helfen. [...]

Das Verhalten der westlichen Länder in der Frage der jüdischen Flüchtlinge, wie es sich im IGC in konzentrierter Form gezeigt hatte, bestärkte das Nazi-Regime in seinem Antisemitismus, bestätigte ihm die Richtigkeit seines Kampfes gegen den ‹Weltfeind›. Auch die anderen Völker und ihre Regierungen wollten nichts mit den Juden zu tun haben. Das Schicksal der jüdischen Menschen war ihnen egal. Sie wollten Hitlers Pläne nicht zur Kenntnis nehmen. Sie reagierten kaum auf die zunehmende Entrechtung und Verfolgung der Juden in Deutschland, reagierten kaum auf Boykott, Rassegesetze und Kristallnacht, sie boten ihnen keine Zuflucht und keinen Schutz» (Weingarten 1981, 206f).

Ein knappes Jahr nach dem Spätjuni 1941, als Einsatzgruppen im Osten mit der Massenvernichtung der Juden begonnen hatten, werden die Versuche intensiver, die alliierten Regierungen und jüdischen Organisationen des Westens davon zu informieren (Laqueur 1981; Penkover 1983, 59–97). Bereits am 9. Februar 1942 informierten britische Diplomaten aus der Schweiz ihre Regierung über «Gasexperimente» mit jungen Juden (Gilbert 1994, 540). Im Mai 1942 gelangten erste Berichte des jüdischen Widerstandes über den Vollzug der «Endlösung» an die polnische Exilregierung in London (Gilbert 1981, 39f). Am 8. August 1942 überreichte Gerhart Riegner (Schweizer Vertreter des Jüdischen Weltkongresses) dem US-Vizekonsul Harvard Etling jr. ein Telegramm an den US-Rabbiner Stephen Wise, in dem er über Hitlers Befehl informiert, daß die Juden «nach Deportation und Konzentration im Osten mit einem Schlag ausgerottet werden sollen» (Morse 1968, 14). Der polnische Kurier Jan Karski drang im Dezember 1942 bis zum US-Präsidenten Roosevelt vor und übermittelte ihm die Bitte des Widerstands um die Bombardierung der Gleisanlagen zu den Vernichtungslagern (Hilberg 1993b, 245).

In den mehr als drei Jahren des westlichen Wissens um die Judenausrottung – also von Februar 1942 bis zum Kriegsende im Mai 1945 – ist nicht eine einzige gezielte Maßnahme ergriffen worden, um den Genozid zu unterbinden. Unter den zahllosen Geheimaktionen alliierter See-, Land- und Luftkommandos im Hinterland des deutschen Gegners gab es keine einzige gegen die Infrastruktur der Vernichtung. Die Juden sind nicht einmal vor ihrem Schicksal gewarnt worden, obwohl die Radiostationen des Westens regelmäßig ihre Sendungen nach Deutschland und Osteuropa ausstrahlten.

Unter den zahlreichen Aktionen der Jahre 1942 bis 1944 zur Rettung von Zivilisten, von insgesamt «100000 Menschen» (Wyman 1986, 467, 468), vor deutscher Bedrohung diente keine der Rettung von Juden. Für Hunderttausende deutscher Kriegsgefangener gab es mitten im Krieg Schiffe nach Amerika, nicht aber für jüdische Flüchtlinge. Der bereits von jüdischen Gemeinden Amerikas finanzierte Freikauf von 70000 rumänischen Juden wurde Anfang 1943 von der britischen Regierung unterbunden (*ng* 1994, 15). Die ersten Schüsse überhaupt, die von Briten nach Beginn des 2. Weltkrieges abgefeuert wurden, fielen am 2. September 1939. Sie töteten zwei Juden auf dem Schiff *Tiger Hall*, das Flüchtlinge nach Palästina bringen wollte (Wasserstein 1979, 40).

Die Alliierten handelten in der Tat wie Antisemiten, auch wenn es unter ihrem Führungspersonal herausragende Persönlichkeiten gab, die frei von Judenhaß waren (vgl. auch Feingold 1980). Deshalb kann das Resümee des Pioniers der Holocaust-Forschung nicht überraschen: «Als im Sommer 1942 die Nachricht von der Judenvernichtung eintraf, standen die westlichen Alliierten vor einem viel größeren Dilemma. Im Grunde wollten sie die Augen vor der Entwicklung verschließen. / Man wies die unkoordinierten fragmentarischen Anträge der Judenvertreter zurück, auch wenn die darin geforderten Maßnahmen durchaus im Bereich des Möglichen lagen, angefangen bei der Schaffung sicherer Asyle für jüdische Flüchtlinge, über die Evakuierung der Juden aus Rumänien und Bulgarien, das Bombardieren der Gaskammern in Auschwitz, bis zu Verhandlungen über den Loskauf der Juden Ungarns. / Die westlichen Alliierten wollten bei ihren eigenen Bürgern unter keinen Umständen den Eindruck entstehen lassen, der Krieg werde geführt, um die Judenheit zu befreien. Nichts durfte den Eindruck erwecken, alliierte Soldaten kämpften als Söldner für die Sache der Juden» (Hilberg 1993b, 277f/279/279f).

Neben den arabischen Angriffen auf Juden sind nach der Niederlage der Nationalsozialisten insbesondere polnische Antisemiten durch Judenmassaker hervorgetreten. In dem Land, von dessen jüdischen Bürgern Hitler ungefähr drei Millionen ermorden ließ (Hilberg 1993a, 1300), setzte man einen ganz eigenständigen Judenhaß auch nach dem Tod des deutschen Diktators fort. Zwischen Mai 1945 und Herbst

1946, so «schätzen polnische Historiker, seien 1500 bis 2000 Juden umgebracht worden» (Hirsch 1994, 52). Bis heute ist der polnische Judenhaß virulent, obwohl Polen nach der Vertreibung «von etwa 20000 Bürgern jüdischer Herkunft in den Jahren 1968/69 faktisch zum Land ohne Juden wurde» (Hirsch 1994, 52).

«Die Nazis waren die Mörder, aber wir ließen sie gewähren» (Wyman 1986, 7), lautet der Befund über den Westen und Auschwitz. Die Betroffenen haben es auch ohne die sie so entsetzlich bestätigende Quellenforschung nicht anders gesehen: «Ja, wir wurden verraten. Die Welt wußte und schwieg. Unsere Einsamkeit war nur zu vergleichen mit der Einsamkeit Gottes. Die ganze Menschheit ließ uns fallen. Die ganze Menschheit ließ uns leiden, ließ uns mit dem Tode ringen, ließ uns sterben» (Wiesel 1977, 25).

In Deutschland wird die stillschweigende oder gar billigende Hinnahme der Judenausrottung durch die Alliierten und zusätzlich die Kollaboration in Frankreich (Marrus/Paxton 1981; Klarsfeld 1989; Zuccitti 1993) gerne als Entlastung herangezogen. Wenn dem Westen damit die Schuld an Auschwitz auch nicht zugeschoben werden kann, so widerlegt das Stillhalten des Westens immerhin schlagend die Propaganda Hitlers und seiner Anhänger über eine jüdisch beherrschte anglo-amerikanische Welt. Dieser Befund ist nicht nur deshalb wichtig, weil die «Amerika-Juda-Propaganda bis heute weltweit aktiv ist, sondern weil er die Forschung daran gemahnt, das Nachdenken über Hitlers Judenhaß fortzusetzen. Da Hitler selbst seine Parolen vom jüdisch beherrschten Sowjetimperium und von den jüdisch beherrschten Angelsachsen nicht oder doch nur halbherzig geglaubt hat, sollte die Forschung ebenfalls Zurückhaltung üben. Die Westmächte bekämpften die Kriegsziele und Militäraktionen des Deutschen Reiches, weil dessen Weltmachtsambitionen mit ihren eigenen Zielen, aber auch mit ihrer demokratischen Tradition in Widerspruch standen. Das hätten sie selbstverständlich – und vielleicht sogar noch lieber – auch ohne eigene Juden getan.

24. Theorie: Auschwitz als Hitlers negativer Gottesbeweis (Rubensteins 2.)

Ein Volk, das an die Existenz Gottes glaubt, befindet sich in einem Wahn, den die Heiden – für die es diesen Gott *per definitionem* nicht gibt – ausnutzen, indem sie dieses Volk schlachten. Auschwitz ist Ergebnis der jüdischen Wahnidee, daß die Einhaltung der Gesetze Gottes vom Lebensschutz und der Menschengleichheit durch diesen Gott auch überwacht wird (Rubenstein 1987, 90 f). Hitler war es, der die Juden durch Auschwitz lehrte, daß Gott nicht existiert: «In der Krise erfuhren wir, daß wir total und nackt allein waren, daß wir weder von Gott noch von unseren Mitmenschen Hilfe und Unterstützung erwarten konnten. Deshalb wird die Erde auf immer ein Ort des Schmerzes, des Leidens, der Entfremdung und letzter Niederlage bleiben» (Rubenstein 1966, 128 f; Greenberg 1993, 136). Die Geschichte des jüdischen Volkes als Geschichte seiner Verfolgung durch die übrigen Völker könne mithin erst zum Abschluß kommen, wenn es selbst unter die Heiden zurückgekehrt sei. Nur als Heiden würden die Juden nicht mehr auf die – doch nicht schützenden - Gesetze Gottes rechnen, sondern auf Angriffe gefaßt sein und sich verteidigen.

Diese Sicht von Hitler als einem Quasihelden, der die jüdische Naivität sofort als Schwäche erkennt und den Juden mit ihrer Ausrottung eine religionskritische Lehre erteilt, stammt von dem bereits aus der 21. Theorie bekannten Autor Richard L. Rubenstein: «Ich habe mich für das entschieden, was Camus mit Recht den Mut zum Absurden genannt hat, den Mut, lieber in einem sinn- und zwecklosen Kosmos zu leben, als an einen Gott zu glauben, der seinem Volk Auschwitz zufügt. / Nur weltfremde Intellektuelle, die von den Schalthebeln der Macht ausgeschlossen sind, sprechen von Menschenrechten. / Aber wenn uns Auschwitz eine Lehre erteilt hat, dann doch diese, daß in Krisenzeiten Recht und Würde, wenn überhaupt, nur innerhalb der eigenen Primärgruppe oder Blutsverwandtschaft gelten. / Zum Abschluß möchte ich mein persönliches Glaubensbekenntnis ablegen. Ich bin Heide. Heide zu sein bedeutet, noch einmal zu seinem Ursprung als Kind der Erde zurückzukehren und seine Existenz als eine ganz und gar irdische zu verstehen. Es bedeutet, wieder zu erkennen, daß die wahren Gottheiten der Menschheit die Götter der Erde sind, nicht die Hochgötter des Himmels; die lokalen Götter, nicht die Götter der Zeit; die Götter von Heim und Herd, nicht die der Wanderschaft» (Rubenstein 1993, 118/121/122).

Rubenstein will zurück «zur großen Erdgöttin» (Rubenstein 1993, 125). Davon erhofft er sich die Bereitschaft der Juden, für ihre Selbstverteidigung auch mit Waffen einzustehen. Anders als die feministische Position (siehe oben 20. Theorie) weiß er also, daß gerade der monotheistische Lebens-Liebes-Gott jene Sanftheit befördert, die mit archaischer männlicher Härte am allerwenigsten zu tun hat. Er will zurück zur kämpferischen Periode des Altisraelitentums, das den Feminismus so betört hat. Im Grunde wiederholt er damit eine Position der Makkabäerkönige aus dem 2. und 1. Jahrhundert v. u. Z.: «Zu dieser Zeit waren böse Leute in Israel; die hielten an bei dem Volk und sprachen: Laßt uns einen Bund machen mit den Heiden umher, denn wir haben viel leiden müssen seit der Zeit, da wir uns von den Heiden abgesondert haben» (*1. Makkabäer* 1:12).

Ergebnis der Rubensteinschen Lehre ist die Unterstützung für Israel. Auch dieser Ministaat im Nahen Osten soll von seinen Nachbarn ausgerottet werden – Rubenstein weiß das –, aber Israel werde im schlimmsten Falle kämpfend untergehen und nicht schutzlos hingeschlachtet werden. Darin bestehe die Minimallehre aus Auschwitz, die alle Juden lernen müßten.

Umgehend ist Rubenstein entgegengetreten worden. Rabbiner Emil Fackenheim wurde dabei zu seinem wichtigsten Widerpart: «Hitler brachte es nicht fertig, alle Juden zu ermorden, denn er verlor den Krieg. Ist es ihm gelungen, uns, die wir davongekommen sind, den jüdischen Glauben zu zerstören? / Wir [...] müssen fragen, ob in Auschwitz nicht doch das Grab den Sieg davongetragen oder, schlimmer noch, der Teufel selbst gesiegt hat. / Was gebietet die Stimme von Auschwitz? Es ist den Juden verboten, Hitler nachträglich siegen zu lassen» (Fackenheim 1993a, 79/84/95; vgl. ausführlich Fackenheim 1972; 1978). In dieser Verwerfung des Grabes wird eine Reaktion auf Hitler fortgeführt, die zuerst Rabbi Yitzchak Nissenbaum im Warschauer Ghetto formuliert hatte. Für die Juden – so sagte er – gehe es im Widerstehen Hitlers nicht – wie bei Pogromen – um Märtyrertum für den Glauben (*kiddusch haschem*), sondern um die Heiligung des Lebens (*kiddusch ha-chayim*), weil es diesmal um die Tötung aller Juden ging (vgl. Fackenheim 1993b, 74).

Die Überlebenden selbst stehen eher zu Fackenheim als zu Rubenstein. Eine repräsentative Untersuchung von 708 Holocaust-Überlebenden in Israel ergab (Brenner 1980), daß vor Auschwitz 69 Prozent von ihnen an

Gott glaubten, während 21 Prozent Atheisten waren. Von den Gottgläubigen blieben 47 Prozent auch nachher in ihrem Glauben unerschüttert. Bei 13 Prozent war der Glaube sogar noch stärker geworden. Bei gut 13 Prozent hatte er sich abgeschwächt. Gut 26 Prozent (bzw. 16 Prozent aller Befragten) hatten ihren Glauben verloren. Von den Atheisten hat ein volles Viertel (bzw. gut fünf Prozent aller Befragten) gerade erst durch Auschwitz zu einem Gottesglauben gefunden. Die *Gesamt*bilanz sah also so aus, daß von 100 Auschwitz-Überlebenden 16 ihren Glauben verloren, fünf ihn aber gewonnen hatten, so daß am Ende zwar nicht mehr 69 Prozent, aber immerhin noch 58 Prozent an Gott glaubten. Die «Gott-ist-tot»-Erklärung für das Geschehen von Auschwitz wird also von einer klaren Mehrheit der Überlebenden zurückgewiesen. Überdies verspüren die Nichtgläubigen «einen viel stärkeren Drang, ihren Nichtglauben zu rechtfertigen, als die Gläubigen ihren Glauben» (Brenner 1980, 112), was sie ebenfalls in eine gewisse Gottbezogenheit stellt.

Die Verteidigung der monotheistischen Ethik vom Lebensschutz hat auch in Israel selbst die Oberhand behalten. Den Ausrottungsabsichten der Nachbarn ist vom Staat kriegerisch widerstanden, aber nicht mit heidnischer Gegenausrottung begegnet worden. Statt der Komplettvertreibung oder gar Tötung der zum Heiligen Krieg aufrufenden Palästinenser, die technisch ohne weiteres möglich wäre, waren es die Juden Israels, die diesen Arabern erstmals ein Stück eigener politischer Herrschaft übertrugen. Die arabischen Besatzungsmächte von Gaza (Ägypten) und Westbank (Jordanien) hatten bis 1967 dieselbe Möglichkeit, sie aber niemals auch nur ins Auge gefaßt. Viele Israelis haben nun Angst, daß sie für ihr Entgegenkommen schwer büßen müssen. Sogar nach Abschluß des Abkommens zwischen Rabin und Arafat hat letzterer noch am 10. Mai 1994 vor *Black Muslims* im südafrikanischen Johannesburg zum Heiligen Krieg um Jerusalem aufgerufen (Lippman 1994, 2). Die Sorge, daß die Araber nicht Frieden, sondern nur in den Vorgarten wollen, um besser ins jüdische Wohnzimmer schießen zu können, wird vielleicht niemals vergehen. Insofern wirkt es beinahe selbst schon wieder wie ein «Wunder» des nichtheidnischen Gottes, daß der Weg des Lebens versucht wird – und nicht derjenige Serbiens, Ruandas, Syriens, Iraks, eines Proletarierheils oder gar eines Großdeutschlands.

25. Theorie: Auschwitz «unserer Sünden wegen»

«Nicht umsonst, so scheint es, bediente sich der Herr des deutschen Volkes als Zuchtrute, um sein Volk schwer zu schlagen. Eben jener Staat, in dem die Assimilation die größten Ausmaße angenommen hatte, [...] war der Staat, der ihnen auf extremste und grausamste Art in Erinnerung rief, daß sie – trotz ihrer Assimilation, trotz der Leugnung der Ideen ihres Volkes, trotz ihrer Annahme einer fremden Religion, trotz der Opfer, die sie aufrichtig für das Land ihres Aufenthaltes brachten – ein Fremdkörper im Staat sind, ein Körper, den es zu verfolgen und zu vernichten gilt. [...] Nicht, weil die Deutschen grausamer und härter wären als jedes andere Volk; und nicht, weil es damals den Staat Israel noch nicht gegeben habe, sondern, weil der Heilige, Er sei gepriesen, ‹nicht ungestraft läßt› (Ex [2. Mose] 34,7), denn gerecht ist Er in allen seinen Wegen. Wir müssen bekennen, daß es der Gerechtigkeit entsprochen hätte, hätte Gott sein Volk gänzlich vernichtet, weil es die Worte seiner Thora geleugnet hat. Wir müssen bekennen, daß Gott auch während der schrecklichen *shoah* mit uns nicht nach dem strengen Recht (sondern ‹innerhalb der Rechtslinie›) verfahren ist, vielmehr einen beachtlichen Teil seines Volkes geschont hat, denn er will den Tod des Frevlers nicht, er will seine Umkehr von seinen bösen Wegen und das Leben» (Hartom 1993, 22–23).

Die jüdische Deutung von Hitler als Zuchtrute Gottes folgt biblischen Vorbildern: «Dies Volk wird sich erheben und nachlaufen den fremden Göttern des Landes, in das sie kommen, und wird mich verlassen und den Bund brechen, den ich mit ihm geschlossen habe. Da wird mein Zorn entbrennen über sie zur selben Zeit, und ich werde sie verlassen und mein Antlitz vor ihnen verbergen, so daß sie völlig verzehrt werden» (5. *Mose* 31, 16–17).

Auch im Zerstörer Jerusalems, dem Chaldäer Nebukadnezar, wird das Zuchtrutenvorbild für Hitler gesehen: «Denn siehe, ich will die Chaldäer erwecken, ein grimmiges und schnelles Volk. / Sie spotten der Könige und der Fürsten lachen sie. Alle Festungen werden ihnen ein Scherz sein. / Mit alledem machen sie ihre Kraft zu ihrem Gott. – Aber du, Herr, [...] laß uns nicht sterben; sondern laß sie uns, o Herr, nur eine Strafe sein, und laß sie, o unser Fels, uns nur züchtigen» (*Habakuk* 1: 6/10/12).

Für das Volk, dessen Glaube in der Gleichsetzung der Lebensverteidigung mit dem Guten besteht (5. *Mose* 30: 15/19), mußte die Deutung von Auschwitz als Strafe «unserer Sünden wegen» (Hartom 1993, 20) besonders verstören. Daran hat auch Menachem Hartoms tröstliche Wendung nichts geändert, daß Gott für die Übriggebliebenen Israel als Zuflucht vor den Heiden wiedererstehen ließ, das er ihnen aber wieder nehmen würde, wenn sie auch dort mit der Sündhaftigkeit fortführen. Von den in Israel befragten 708 Holocaust-Überlebenden haben lediglich neun Prozent der Überzeugung Ausdruck gegeben, daß Auschwitz «der Wille Gottes» war (Brenner 1980, 215). Und 25 Prozent der Befragten hatten für Gottes Unfähigkeit zur Rettung der Vergasten keine Vergebung. Typischer für die Haltung der Opfer scheint jene ratlose Empörung gewesen zu sein, die Jizchak Katzenelson, der 1944 ermordete *Homer* der Judenausrottung, auf jiddisch in *Dos lied vunem ojsgehargetn jidischn Volk* vorgetragen hat und die von Wolf Biermann als *Großer Gesang vom ausgerotteten jüdischen Volk* übertragen worden ist:

«Jesaja schrie: ‹Macht eure Ohren auf!› Die Predigt gilt
Ja auch für euch, doch ihr habt eure Ohrn verstopft, ihr kneift
Und helft nicht, seid wie ausgewechselt und geworden uns
So fremd, ihr Himmel hoch im Licht, noch fremder als die Erd
Und könnt uns gar nicht mehr erkennen, Gott, warum?
Sind wir euch nicht mehr kenntlich? Sagt schon: Haben wir
Uns etwa so gewandelt oder gar gewendet? Wir sind noch
Das alte Volk der Juden! Wir sind Juden, wie wir immer warn
Sogar viel besser sind wir ja geworden. Nein, nicht ich
Will mich vergleichen, und schon gar nicht mit Propheten, doch
Die Juden, die Millionen Menschen, die auf einen Schlag
So sinnlos hingeschlachtet wurden, umgebracht von den Barbarn

Sie alle sind wahrhaftig besser, wurden durch ein tiefres Leid
Tiefer geläutert im Exil. Herr Gott, was wiegt denn schon
Ein großberühmter Mann von Annodazumal gegen 'nen kleinen
Jud
Von Hier und Heut. So'n einfacher, ein ganz normaler
Durchschnitts-Jid
In Polen, in Wolhynien oder Litaun, sonstwo in 'nem fremden Land
Aus jedem dieser kleinen Jiddn schreit heraus im tiefsten Klageton
Ein Jeremias, seufzt ein Hiob, jammert schwer vom Leid gebeugt

Ein tiefenttäuschter König singt sein Klagelied
Ihr könnt es nicht, nein, ihr erkennt schon keinen mehr, nicht ein'
Ihr tut, als hätten wir uns hier im Übermut verkleidet, arg verstellt
Und sind doch ganz dieselben Juden. Wir sind doch die von damals noch
Und wenn wir jemals sündigten, dann höchstens gegen uns allein
Entsagen immer noch dem eignen Glück und reißen uns stattdes
Für andre Leut die Brust auf, immer retten wir wie blöd die Welt
Ihr Himmel aber blaut mit eurem Blau, als gäb's kein Massenmord
Sagt selbst: Wo soll an euch denn noch sowas wie Schönheit sein?»
(Katzenelson / Biermann 1994, Neunter Gesang 6–9).

«Auschwitz unserer Sünden wegen» ist unter den jüdischen Deutungen der Versuch, dem gänzlich Undurchschauten trotzig einen Sinn zu geben. Sünden lassen sich schließlich immer finden. Katzenelson hat diesen Deutungstypus selbstredend schon gekannt und gegen ihn gesungen – mit nicht weniger Gewißheit, vor etwas Undurchschaubarem zu stehen, aber doch sicher, daß nicht jüdische Missetaten den Grund für den Massenmord an seinem Volk geliefert haben können. Er hat vielleicht sogar gespürt, daß gerade der glatte Gegensatz zur bösen Missetat den deutschen Gegner so fasziniert und zugleich so mörderisch gestimmt hat.

26. *Theorie:* In Auschwitz starben die Juden für die Sünden der Welt

Unter allen jüdischen Auschwitzerklärungen wählt nur diejenige von Ignaz Maybaum einen christlichen Ton. Für diesen reformjüdischen Rabbiner ist Auschwitz eine Lehre Gottes an die Sünder der westlichen Welt, deren Völker nun einmal Christen sind. Da Christen Gott nur erkennen und auf ihn hören können, wenn er die Sprache des Menschenopfers gebraucht, von dem sie sich ihr Heil erwarten, hat er zu Auschwitz gegriffen: «Das Golgatha der modernen Menschheit ist Auschwitz. Das Kreuz, der römische Galgen, wurde durch die Gaskammer ersetzt» (Maybaum 1965, 36).

Die Sünden des Abendlandes vor Hitler faßt Maybaum sehr konkret: «Millionenfache Arbeitslosigkeit, der Isolationismus Amerikas, das Festhalten der alten herrschenden Klassen Frankreichs und Englands an ihren verborgenen Interessen, der Feudalismus in den osteuropäischen Ländern, der allgegenwärtige brutale Haß in der politischen Arena, ein erstarrter Konservativismus in der Politik, bei den Rechten sowohl wie bei den Linken und auch in der Religion» (Maybaum 1993, 18).

Für Maybaum sind die getöteten Juden «die Gerechten», die verantwortlich sind für die Sünder: «Die Unschuldigen, die in Auschwitz nicht wegen ihrer Sünden, sondern wegen der Sünden anderer starben, sind Sühne für das Böse und das Opfer, das zum Altar gebracht und von Gott gnädig angenommen wird. Die sechs Millionen, die Toten von Auschwitz und anderen Orten des Schreckens, sind Juden, die unsere moderne Zivilisation unter die heiligen Märtyrer aufnehmen muß; sie starben als Opferlämmer wegen der Sünden der westlichen Zivilisation. Ihr Tod reinigte die westliche Zivilisation, so daß sie wieder zu einem Ort werden kann, an dem der Mensch leben, Gerechtigkeit üben, Barmherzigkeit lieben und in Demut mit Gott wandeln kann» (Maybaum 1993, 19).

So bereitwillig Maybaum das jüdische Credo «Ich habe Lust an der Liebe und nicht am Opfer» (*Hosea* 6: 6) hintanstellt, um den jüdischen Gott zur List einer für Christen verständlichen Golgatha-Sprache greifen lassen zu können, so sehr steht seine «Auschwitz-Opfer»-Gleichung vor demselben Einwand, der auch schon gegen die 18. Theorie von Auschwitz als heidnischem Menschenopfer zu erheben war. Die Christen eilten ja nicht in Millionenstärke an die Opferplätze, um Entsühnung zu gewinnen. Das angeblich heilsame Ritual wurde geheimgehalten und fernab vollzogen. Wie ein gefährlicher Krankheitserreger, von dessen öffentlicher Behandlung unnötige Unruhe befürchtet wurde, ist das Judentum beseitigt worden. Über die später im marxistischen Machtbereich liegenden «Golgathas» konnte nicht einmal nach dem Ende Hitlers frei geforscht und berichtet werden.

Es ist mithin vor allem der Blutopferjargon, dem andere rabbinische Deuter von Auschwitz sich nicht anschließen können. Christen wiederum wollen selbst den Juden von Auschwitz keine Christusrolle zugestehen. Sie haben sich bestenfalls dazu durchringen können, ein neuerliches Sterben ihres Erlösergottes *neben* oder *mit* den Juden ins Auge zu fassen (Van Buren 1980; 1991). Die Juden werden dabei als das Herkunftsvolk von Jesus angenommen, das er sterben läßt, um selbst noch einmal den Tod erleiden und durch diesen seine nichtjüdische Kirche zum Respekt vor den Juden ermahnen zu können. Diese wichtigste Auschwitztheorie der Christen wiederum konnte einem Maybaum nicht zusagen, dem es ja nicht um Respekt für die Juden, sondern um Entsühnung der Welt durch unschuldige Juden ging.

27. Theorie: Auschwitz, weil auch Hitler unter den Lebensschutz des jüdischen Gottesgesetzes fällt

Bei der Rede von der Langmut Gottes und seinem Verborgensein während der Auschwitzjahre handelt es sich nur halb um eine Erklärung für Auschwitz. Die andere Hälfte ist einer von Auschwitz erzwungenen Klärung des Gottesbegriffs gewidmet. Gott sei weder tot, noch habe er durch Hitler als seine Zuchtrute die Juden für ihre eigenen Sünden oder gar die der ganzen Menschheit bestraft. Hitler ist keine Zuchtrute Gottes, sondern ein Frevler aus eigenem Recht. Als solcher steht auch er unter dem Schutz der jüdischen Lebensethik: «Ich lebe, spricht Gott der Herr: Ich habe kein Gefallen am Tode des Gottlosen, sondern daß der Gottlose umkehre von seinem Weg und lebe» (*Hesekiel* 33:11).

In dieser jüdischen Theologie ist Gott nur für die elementaren Grundsatzentscheidungen zuständig. Zwischendurch verfällt er «dem *hester panim,* dem Verbergen des Antlitzes»: «Gott scheint unbeteiligt und schläft» (Berkovits 1993, 52, 54). Entscheidend aber ist, daß sein Grundgesetz vom Lebensschutz selbst ihm die Hände bindet: «Er ist langmütig mit den Gerechten wie auch mit den Frevlern. [...] Wir sind nur zu froh anzuerkennen, daß er so ist. Aber es scheint uns nie zu Bewußtsein zu kommen, daß, während Gott langmütig ist, die Frevler auf Erden ihre finsteren Geschäfte verfolgen und daraus viel Leid für die Unschuldigen entsteht. [...] Es ist die tragische Paradoxie des Glaubens, daß Gottes unmittelbare Sorge um den Sünder verantwortlich für so viel Schmerz und Leid auf Erden ist. Deshalb unsere Schlußfolgerung: Wer von Gott Gerechtigkeit verlangt, muß den Menschen aufgeben; wer außer Gerechtigkeit von Gott Liebe und Barmherzigkeit erwartet, muß sich mit dem Leiden abfinden» (Berkovits 1993, 65 f).

Unter allen rabbinischen Auschwitzdeutungen ist diejenige von Eliezer Berkovits die weltlichste. Was als Gott bezeichnet wird, sieht allenfalls noch wie ein genialer Verfassunggeber aus – allerdings einer für die gesamte Menschheit. Einen solchen Gott als Bestrafer aufzufassen oder gar für tot zu halten wäre kaum weniger töricht, als den Geist Thomas Jeffersons für tot zu erklären, weil irgendein Verehrer Amerikas sich gegen das gut jüdisch anmutende «Recht auf Leben, Freiheit und Glücksstreben» vergangen hat, das im Artikel 1 der *Bill of Rights* des Jahres 1776 ja ebenfalls für die Ewigkeit festgeschrieben wurde. Berkovits reicht Hitler also an die traditionelle Auschwitzforschung zurück. Er weiß nur, daß der Gott des Lebens auch den großen Tötern Zeit einräumt.

28. Theorie: Auschwitz als Rettung der Menschheit vor Hitlers Atombombe

Diese Theorie gehört zu den theologischen Deutungen von Auschwitz und stammt von Israels ehemaligem Ministerpräsidenten und Friedensnobelpreisträger Menachem Begin. In ihr ist – wie bei allen theologischen Theorien – Hitler das Werkzeug eines Größeren: «Wo war unser Gott, als unser Volk abgeschlachtet wurde? Wo war Gott, als man unsere Kinder mißhandelte? Kein Volk in der Geschichte der Menschheit hat ein derartiges Opfer wie die Juden gebracht. Sechs Millionen Juden starben im Blutrausch der Deutschen. Ein Drittel aller Juden wurde vernichtet. Und dennoch an Gott glauben? Ja, ich tue es – denn Auschwitz ist unser Opfer für die Gerechtigkeit Gottes in dieser Welt. Ich glaube an Gottes Führung in der Politik. Hätte Hitler die Juden nicht umgebracht, hätte er unter Umständen den Krieg gewonnen. Gäbe es die göttliche Vorsehung nicht, dann hätte Hitler als erster die Atombombe gebaut, dann würde heute kein einziger Jude mehr leben. Dann wäre unsere Welt ein einziges großes Zuchthaus. Das Zeitalter der Finsternis wäre angebrochen. [...] Wir Juden brachten in diesem Kampf für das Überleben der Menschheit das größte Opfer. Daher ist die Geschichte des Dritten Reiches nicht ein Zeichen für einen toten Gott, sondern genau das Gegenteil. Für mich liegt hier der Beweis für die Existenz Gottes» (Pfisterer 1985, 180f).

Es war übrigens Hermann Göring, der am 29. Januar 1946 – in Überschätzung von Hitlers Physikern (Walker 1990) und unter dem Eindruck der amerikanischen Atomangriffe auf das imperialistische Japan – behauptet hatte, «daß die deutsche Atom-Bombe etwa im Oktober 1945 hätte fertig sein sollen» (Bross 1950, 47).

29. Theorie: Auschwitz als zionistisch-faschistische Verschwörung zur Selektion nur der tüchtigsten Juden für den Aufbau Israels

Kontakte, die zionistische Organisationen für die Rettung von Juden zu Dienststellen der Nazidiktatur aufnahmen (Yahil 1991, 97–104), werden in dieser marxistisch-palästinensischen Theorie umgemodelt in eine «verbrecherische Allianz des Zionismus und Nazismus» (Antizionistisches Komitee 1985; vgl. zu früheren Behauptungen dieser Art bereits Dawidowicz 1981, 68–85, und Goldhagen 1980). Ein für lange Zeit in der Bundesrepublik Deutschland agierender palästinensischer Diplomat erkennt in Hitlers Judenausrottung die zionistisch gewollte Beseitigung der an die europäische Kultur angepaßten Juden. Diese habe dazu gedient, die gegenüber einer Einwanderung in das zukünftige Israel noch schwankenden Juden endlich auf den Weg nach Palästina zu bringen: «Die Nazis halfen den Zionisten, die assimilationswilligen Juden in die Enge zu treiben» (Frangi 1982, 96). Die Aussage eines israelischen Diplomaten, daß die Zionisten bereit gewesen wären, Deutschland von seinen Juden zu «befreien» (Frangi 1982, 96), wird als Eingeständnis gelesen, daß die zionistischen Juden Deutschland judenfrei gemacht, also die nicht nach Palästina Auswanderungswilligen zur Ausrottung überstellt hätten: «Als 1941 die Politik der Judenvernichtung ins Rollen kam, beschlossen die Zionisten, den jüdischen Widerstand in Europa nicht zu unterstützen, die Nazis nicht anzugreifen und über die Vernichtungsaktionen zu schweigen. Ihnen kam es darauf an, bestimmte ausgewählte Juden für Palästina zu retten» (Frangi 1982, 97).

Diese Theorie krönt ihre Beweisführung mit dem Hinweis, daß der Palästinenserführer Hadsch Amin el Husseini, der in Europa aktiv an der Ausrottung der Juden mitwirkt und für Hitler in Bosnien islamische SS-Verbände aufstellen darf, «von den Deutschen vollkommen ignoriert» wurde (Frangi 1982, 108). Das gilt in der Tat ein Stück weit für das von diesem angesehenen geistlichen Führer Arabiens unterbreitete Angebot, mit Hitler gegen die Engländer zu gehen. Die Deutschen verfolgen im Nahen Osten nämlich eigene Herrschaftspläne und wollen dort mit Arabern keineswegs teilen. In einem Punkt jedoch gibt es für den in Berlin residierenden Palästinenser volle Unterstützung von Hitler: «Das Versprechen, die jüdische Heimstätte in Palästina zu liquidieren, wird ohne Einschränkung gegeben» (Hirszowicz 1966, 227; Laquer/Rubin 1984, 80–84).

Die Theorie von einer zionistisch-faschistischen Verschwörung für Auschwitz läuft mithin angesichts der wohlbezeugten Zusammenarbeit zwischen Hitler und prominenten Palästinensern bei der Ausrottung der Juden in Europa und im Nahen Osten vollkommen ins Leere (Schreiber/Wolffsohn 1987, 112ff; vgl. Schechtmann 1965 u. v. Münchhausen 1990; siehe auch unten Kapitel IV. 2).

30. *Theorie:* Auschwitz aus kollektivem Haß der Deutschen

Nach und neben dem offensichtlichen Scheitern der Geschichtswissenschaft – einschließlich der wirtschafts- und sozialhistorischen Varianten – an der Erklärung von Auschwitz hat sich auch die Psychologie am Durchdringen des großen Tötens versucht. Sie konnte dabei auf Georg Büchner rekurrieren, der 1835 in *Dantons Tod* seine Hauptfigur fragen läßt: «Wer hat das *Muß* gesprochen, wer? Was ist das, was in uns hurt, lügt, stiehlt und mordet?» (Büchner 1974, 2, 41)

Nun hat der Rückgriff auf Büchners berühmte Frage umgehend die Bedeutsamkeit jeder denkbaren Antwort relativiert. Schließlich lebten die französischen Guillotine-Revolutionäre und auch ihr deutscher Dichter lange vor Auschwitz. Die Antworten können somit sehr schnell zeitlos und beliebig anmuten. «Hitler in uns selbst» (Picard 1993) wird dann zu einer Formel, die Auschwitz jedem Menschen jederzeit zutraut.

Einige Psychohistoriker sind sich einer solchen Begrenzung ihres Ansatzes durchaus bewußt und können gerade von daher angeben, was sie mit ihm erreichen wollen und wo sie ganz herkömmlich zu arbeiten haben. Die bekannteren unter ihnen – etwa Rudolph Binion und Robert Waite – haben in der Geschichtswissenschaft wohl auch deshalb so «ärgerlich» gewirkt (Wehler 1978, 209), weil sie selbst erst einmal als ganz herkömmliche Historiker über die antisemitische deutsche Diktatur gearbeitet hatten und dabei – ganz wie die jetzt empörten Kollegen – in ihrem Verständnis von Deutschland und Auschwitz nicht vorankamen. Ihnen schlägt also nicht nur das gebotene wissenschaftliche Mißtrauen, sondern auch professioneller Konformitätsdruck entgegen.

Die Sexualität ist der Stoff, für dessen gefährliche Umformungen durch Unterdrückung die Psychohistoriker sich vor allem interessieren. Im 14. und 15. Jahrhundert erlebt die Alte Welt durch Klimaverschlechterung und Pestepidemien die sogenannte europäische Bevölkerungskatastrophe. Im späten 15. Jahrhundert beginnt europaweit eine Politik der «Repöplierung» bzw. Wiederbevölkerung. Ihr wichtigstes Mittel wird der mit Todesstrafen operierende Kampf gegen jede Art von Sexualität, die nicht als ehelicher Fortpflanzungsakt angelegt ist. Ein über Jahrhunderte laufender Feldzug mit Feuer und Schwert gegen alle Verfahren der Geburtenkontrolle – dieser Wissenschaft der Frauen – revolutioniert die Sitten in der gesamten Christenheit. Gegen 1700 tritt der pädagogische Kampf gegen die Selbstbefriedigung hinzu, welche – wie die «Polizey-Wissenschaft» beklagt – «die Fortpflanzung auf die schrecklichste Art verhindert» (zit. n. Heinsohn / Steiger 1989, 251 und insgesamt passim).

Eine rücksichtslosere Sexualunterdrückung hatte es in der Menschheitsgeschichte noch nicht gegeben. Die Sozialpsychologen des 19. und 20. Jahrhunderts haben allerdings um Grund und Zeitraum dieser Repression nicht gewußt. Soweit sie überhaupt darüber nachdachten, war der «Kapitalismus» mit seiner Disziplinierung für die Fabriken schuld, die allerdings erst im späten 18. Jahrhundert gebaut wurden. Die außergewöhnliche Härte des juristischen und pädagogischen Kampfes gegen die Sexualität im christlichen Kulturkreis war den Sozialpsychologen durch völkerkundlichen Kulturvergleich jedoch sehr deutlich geworden. Zu den Pionieren dieser Forschung gehörte Wilhelm Reich, der im Jahre 1933 eine *Massenpsychologie des Faschismus* vorlegte. Durch die Unterdrückung jeder genitalen Regung der Kinder – so befand er – werde die Lust genötigt, sich mit früheren Erregungsformen analer Art zu amalgamieren. Die unterdrückte Sexualität spalte sich dabei auf. Ein Teil verwandle sich in die lustvolle Bereitschaft zur Unterwerfung, in den sehnsuchtsvollen Wunsch nach Ordnung garantierender Führung. Mit dem anderen Teil jedoch werde auf Möglichkeiten der Rebellion gelauert. Diese breche als wiederum lustvolle Grausamkeit manchmal spontan hervor. Am befriedigendsten aber werde diese Aggressionslust empfunden, wenn sie von politischen Herrschern gezielt gegen beliebige Feinde zum Einsatz gebracht werde, also auf erlaubtem Wege verausgabt werden könne. Insgesamt entstehe ein sadomasochistischer oder autoritärer Charakter. Erich Fromm mit seinem Buch *Die Furcht vor der Freiheit* von 1941 und dann vor allem die Autoren von *The Authoritarian Personality* von 1950 haben diese Sicht im wesentlichen übernommen und verfeinert (Fromm 1993; Ackermann et al. 1969; Adorno et al. 1950; 1968; vgl. auch Plack 1982).

Es kann nicht bezweifelt werden, daß an autoritären Charakteren und sadomasochistischen Tätern im Deutschland Hitlers kein Mangel herrschte. Auch ein weit verbreiteter Haß der Deutschen auf Juden ist unstrittig. Selbst die Widerständler, die das Attentat auf Hitler vom 20. Juli 1944 organisiert hatten, waren Antisemiten. Ihr führender Kopf Carl Friedrich Goerdeler wollte nach der geplanten Beseitigung Hitlers die überlebenden Juden deportieren. Für sie sollte es auch kein Israel geben. Er hatte vor, sie «in Teilen Kanadas oder Südamerikas» (Dipper 1994, 70) ihrem Schicksal zu überlassen.

Noch im Jahre 1952 haben nur 19 Prozent der Westdeutschen auf die Frage, ob Deutschland ohne Juden besser dastehe, mit «Nein» geantwortet (Bergmann 1990, 115). Eine *Allensbach*-Umfrage des Jahres 1994 erwies 15 Prozent der Deutschen als manifeste Antisemiten. Das sind immerhin 12 Millionen Menschen oder 300 Antisemiten auf einen in Deutschland lebenden Juden. Werden die latenten oder Gelegenheitsantisemiten mitgezählt, kommen noch einmal 50 Prozent oder 40 Millionen Deutsche dazu (Silbermann 1982, 63). War Auschwitz mithin eine deutsche «Flucht in den Haß» (Reichmann 1968) oder der auf Juden «projektiv verschobene Haß» (Bartels 1991)? Ganz sicher war die Judenvernichtung auch das! Aber die Kombination von Sexualunterdrückung und Judenhaß als Erklärung von Auschwitz wirkt nur so lange zwingend, wie man lediglich auf die Deutschen schaut. Sowie ein Vergleich mit anderen Völkern angestellt wird, verschwimmt das Bild. Sexualunterdrückung, Gehorsamsbereitschaft und Judenhaß fehlten im Abendland fast nirgendwo. Und fast überall fand sich bereitwillige Beihilfe zum deutschen Töten. Exemplarisch sei eine ukrainische Jüdin zitiert, deren Tante im September 1941 in Kiew verhaftet und dann erschossen wurde. Auf die Frage, ob die anzeigenden ukrainischen Nachbarn aus Antisemitismus handelten, antwortete sie: «Ich glaube nicht, daß es Antisemitismus war. Sie waren ja gut befreundet. Ich meine, die hatten die große Bereitschaft, dem Befehl der neuen, starken Macht zu folgen. Einer Macht für lange Zeit, so sah es ja damals aus» (Rosh/Jäckel 1991, 52).

Das Bild wird für Deutschland allerdings schärfer, wenn nur Mitglieder der Nationalsozialistischen Deutschen Arbeiterpartei untersucht werden. Im Jahr 1934 konnte der amerikanische Soziologe Theodore

Abel mit Einverständnis der NSDAP knapp 600 Lebensläufe von Parteigenossen erheben (Abel 1966). Eine Sekundäranalyse dieses Materials ergab, daß 70 Prozent der Amtsinhaber unter den 581 Nazis als paranoide Typen eingestuft werden konnten (Merkl 1975). Dabei geht es um Menschen, die sich – von Juden oder sonstigen anderen – für verfolgt halten und eben deshalb glauben, mit allem Recht zuschlagen zu dürfen.

Zusätzlich zu den Paranoikern in Parteiämtern fanden sich in der Kategorie der sogenannten «Marschierer-Kämpfer» überdurchschnittlich viele Söhne von Kriegerwitwen. Sie legten das typisch aggressive und sadomasochistische Verhalten an den Tag, das bei vaterlos aufwachsenden Jungen eher zu erwarten ist als bei solchen, die sich fürsorgliche Väter, also eine beschützende Stärke zum Vorbild nehmen können. Sie werden weniger schnell darauf verfallen, ihr Unglück den Imagines von «böser», «schwächlicher» oder «schlechter» Weiblichkeit anzulasten und dann lustvoll über Schwächere herfallen. Für das Verstehen der Hitlerschen Tötungsmaschinerie wird man also auf die Kenntnis der psychischen Verfassung seiner Getreuen nicht verzichten können. Ein Motiv für Auschwitz ist daraus jedoch schwerlich zu gewinnen – es sei denn, man wolle sich mit den oben dargestellten Theorien 2 und 3 identifizieren, die Auschwitz hinter Hitlers Rücken als deutsch-bürokratisch-antisemitische Zwangsläufigkeit stattfinden lassen.

Am meisten mag eine psychoanalytische Rekonstruktion noch für die Erklärung der außergewöhnlichen Tatbereitschaft einzelner leisten. Bei der Durchleuchtung besonders grausamer SS-Täter hat sie sich als fruchtbar erwiesen (Dicks 1972; Merkl 1980; Brainin et al. 1993). Ob aber wiederum unter Deutschen sehr viel mehr Ausnahmetöter zu finden waren als unter anderen Völkern, muß wohl unentschieden bleiben. Überdies gerät mittlerweile die traditionelle Psychoanalyse in nicht geringe Erklärungsnotstände. Pränatale Eindrücke und traumatische Geburtserlebnisse scheinen mehr für die Erklärung von Gewaltbereitschaft leisten zu können als spätere Bedrückungen des Kindes. So hat sich einer der führenden Forscher pränataler Prägungen – Sarnoff Mednick (Kopenhagen) – auch mit Schwerverberbrechern befaßt, deren Geburtsgeschichte durch unabhängige Zeugnisse überprüft werden konnte: «Von den 16 gewalttätigen Verbrechern hatten 15 eine äußerst schwere Geburt gehabt» (Verny/Kelley 1984, 92).

Wiewohl es im Deutschen Reich psychisch prädisponierte Massenmörder in großer Zahl gab, bedeutet das keineswegs, daß sie anderswo fehlten. Wichtiger noch – auch Menschen ohne solche Vorbelastung werden sich Tötungsbefehlen nicht automatisch widersetzen. Das berühmte Gehorsamsexperiment von Stanley Milgram aus dem Jahre 1963 ist zumindest so gedeutet worden. Nur etwa ein Sechstel bis ein Siebtel der Versuchspersonen widersetzte sich der Aufforderung der Versuchsleiter, unsichtbare, aber vernehmlich schreiende Opfer mit Stromstößen zu bestrafen (Milgram 1963; 1973). Vielleicht hat Milgrams Arbeit mehr als jede andere Untersuchung die sozialpsychologischen Auschwitztheorien ins Zwielicht gerückt. Eine Untersuchung zu den KZ-Kommandanten ergab durchaus milgramisch, daß sie «mittelmäßige Menschen ohne Phantasie, ohne Courage und ohne Initiative» waren (Segev 1992, 260). Wenn in beliebigen Gruppen sechs von sieben Menschen bei Grausamkeiten mitwirkten (dazu auch Heinsohn 1993a), läßt sich mit einer ganz spezifisch deutschen Grausamkeit nicht mehr sonderlich viel fassen. Und wir wissen nicht einmal, ob Hitler selbst bei den sechs Siebteln oder bei der zum Widerstand fähigen Minderheit gewesen wäre. Allfällige Formeln von der «Banalität des Bösen» (Hannah Arendt), «gewöhnlichen Leuten» («ordinary men», Browning 1993), «Bruder Hitler» (Thomas Mann) oder vom «Normal-Null»-Deutschen (Müller 1994; Grabitz et al. 1994) reflektieren das Fiasko der massenpsychologischen Auschwitzerklärung.

31. Theorie: Auschwitz als Werk von Hitler als Psychopath

Wenn die Frage «Sind die Deutschen verrückt?» (Backhaus 1968) keine eindeutige Antwort auf die Frage nach Auschwitz ermöglicht, dann kann sie immerhin auf Hitler selbst zugespitzt werden. Und das ist ungemein häufig getan worden. Von seinen seelischen Krankheiten wird dabei in zweifacher Weise gesprochen. Zum einen wird lediglich sein Antisemitismus und/oder Rassismus als fixe Idee, Irrsinn, infernalischer Haß oder als Wahnvorstellung gekennzeichnet, die niemals aufgeklärt werden könne: «Hitlers fanatischer Haß auf die Juden sprengt alle rationalen Begründungsversuche, er ist auch mit politischen und pragmatischen Maßstäben nicht zu messen» (Bracher 1993, 67). Auschwitz erscheint dann als Ausgeburt eines Leidens oder einer Psychose, wobei wegen Mitbeteiligung der Deutschen dann doch wieder von «Massenwahn» oder gar «einer kollektiven Psychose» (Bracher 1993, 68) gesprochen wird. Selbst für Hitlers Lebensraumpolitik sind psychologische Erklärungen versucht worden. Hitlers angeblich maßlose orale Sucht nach Süßigkeiten und Kuchenstücke ließ ihn zwar nie wirklich dick werden, habe sich aber in eine ebenso ungebremste Gier nach Süßwasservorkommen und Nationenstücke umgesetzt (Binion 1973; Stierlin 1975, 34).

Dieselben Autoren, die *ihre* Ratlosigkeit gegenüber Auschwitz als Hitlers Wahnsinn deuten, können sehr wohl darauf bestehen, daß er im übrigen keineswegs als Psychopath im klinischen Sinne angesehen werden dürfe. Das gilt schon für die biographischen Arbeiten der ersten Stunde (Harand 1935; Heiden 1936/37) und mehr noch für die Studien seit dem Ende der sechziger Jahre (etwa Deuerlein 1969; Fest 1973; Maser 1975 sowie besonders Toland 1977 und Carr 1980). In diesen Arbeiten wird Hitler gewiß als extreme Persönlichkeit gesehen, aber doch keineswegs bedenkenlos von «Paranoia» (Wiesenthal 1989, 68), einer «Art Tollwut» (Augstein 1989b) oder gar seinem «Absturz in den Wahnsinn» (Schwab 1992) gesprochen. Von diesen Autoren wird Auschwitz denn auch häufiger für rätselhaft und nicht so sehr für eine «Wahnsinnstat» im eigentlichen Wortsinn gehalten. Dieselbe Haltung findet sich bei der – nicht in erster Linie biographisch orientierten – Forschung zu Hitlers politischer und geistiger Entwicklung (Weinstein 1980; Jäckel 1991; Kershaw 1994; Syring 1994; Zitelmann 1989).

Selbstredend spricht dieser Konsens der Historiker und Biographen nicht gegen eine psychische Erkrankung Hitlers. Viele klinische Spezialstudien sind von seinem umfassenden Wahnsinn ausdrücklich überzeugt. Sie bezeichnen ihn «als ‹psychopathischen Paranoiden›, als ‹amoralisches sadistisches Kind›, als ‹überkompensierenden Feigling› oder als ‹Neurotiker unter Mordzwang›» (Erikson 1965, 323). Die Forschungen zu Hitlers Familienhintergrund und zu seiner Kindheit jedoch kommen über vage Aussagen zu einer komplizierten und zugleich innigen Mutterbeziehung nebst einem autoritären Vater kaum hinaus (etwa Smith 1967; Stierlin 1975). Solche Kennzeichnung paßt auf Millionen europäischer Männer jener und auch heutiger Zeit.

Alles in allem scheint die Kindheit Hitler eine eher überdurchschnittliche Sicherheit gewährt zu haben. Von einer über viele Jahre stillenden Mutter, deren Fürsorglichkeit auch davon bestimmt war, daß sie ihre ersten drei Kinder verloren hatte, dürften damals nicht viele Jungen umsorgt worden sein. Der erst ab der Schulzeit mit zeitüblicher – auch Peitschenhiebe einschließender – Strenge agierende Vater dürfte seinem Sohne Adolfus ebenfalls kein untypisch hartes Schicksal beschert haben. Durch die Vielzahl seiner Geliebten wirkt dieser Alois Hitler eher wie eine Ausnahmeerscheinung. Daß von ihm eine extreme Sexualunterdrückung ausgegangen wäre, wird man deshalb nicht ohne weiteres annehmen können. Als Zollbeamter war er ökonomisch sicher versorgt. Nach der Frühpensionierung leistete er sich zeitweilig sogar ein kleines Landgut. Es darf deshalb nicht überraschen, daß Adolf Hitler als Neunjähriger ein ausgezeichneter Schüler ist, der «in zwölf Fächern die Note Eins» erhält (Toland 1977, 27).

In Hitlers Kindheit spricht also wenig für eine klinisch harte Symptomatik. Selbst ein so kritischer Analytiker wie Erikson, der am Diktator zeittypische Hysterie diagnostizierte, räumt das ein: «Zweifellos hatte Hitler Charakterzüge, die sich gefährlich der Grenze zum Pathologischen näherten. Aber er wußte, wie er sich dieser Grenzlinie anzunähern hatte; so zu erscheinen, als werde er zu weit gehen, um sich dann seinem atemlosen Publikum wieder zuzuwenden. Hitler verstand es, seine eigene Hysterie auszunutzen. Auch Medizinmänner verfügen oft über diese Gabe» (Erikson 1965, 324f).

In Ermangelung eindeutiger Hinweise auf eine schwere infantile Belastung Hitlers durch die Eltern sind auch Verwandte zweiten Grades unter die Lupe genommen worden. Insbesondere einer im väterlichen Haushalt lebenden buckligen und zugleich schizophrenen Tante namens Johanna wird dabei prägende Kraft zugeschrieben: «Als Adolf Hitler erwachsen wurde und zur Macht kam, konnte er sich endlich tausendfach an dieser unglücklichen Tante für sein eigenes Unglück rächen: er ließ alle in Deutschland lebenden Geisteskranken töten» (Miller 1980, 229f; 1990, 105). Selbstredend lebten viele kleine Jungen jener Zeit mit Behinderten im selben Haus und sind davon beeindruckt worden. Dennoch sind nur wenige von ihnen in der sogenannten Euthanasie aktiv geworden. Man wird dieses Detail aus Hitlers Kindheit also durchaus gewichten, aber seine genozidale Wirkmächtigkeit doch mit einem Fragezeichen versehen müssen.

Ein auffälliger Leistungseinbruch des jungen Adolf erfolgt erst in der Pubertät. Das ist durchaus entwicklungstypisch. Allerdings rutscht Hitler weiter ab als seine Kameraden. Er schließt lediglich die Realschule ab, scheitert also am Abitur. In heutiger Zeit wäre das sicher nicht passiert. Gymnasiasten und Realschüler zusammen machten damals keine zehn

Prozent eines Jahrgangs aus. Heute erhalten in der westlichen Welt mehr als zwanzig Prozent eines Jahrgangs das Abitur. Der junge Hitler gehörte mithin immer noch zu der intellektuellen Elite seiner Generation. Seine Vielleserei und die ungewöhnliche Fähigkeit, lange Textpassagen aus der Literatur auswendig herzusagen, hoben ihn kognitiv weit über den Durchschnitt.

Manches deutet darauf hin, daß Hitlers typische Pubertätskrise durch eine Monorchie verschärft wurde, die von den russischen Ärzten bei Autopsie der Leiche im Mai 1945 festgestellt wurde (Waite 1972, 227; ausführlich Waite 1977). Dieses Fehlen eines Hodens kommt im Verhältnis 1:5000 vor. Die Behauptung, daß es sich hier nicht um einen angeborenen Mangel, sondern um eine Verstümmelung des achtjährigen Adolf durch den Biß eines Ziegenbocks handelt, der bei einem urogenitalen Jungenstreich traktiert wurde, ist von einem Mitschüler Hitlers – dem Buchhalter Eugen Wasner – im Jahre 1943 aufgestellt worden. Er ist für diese Aussage mit dem Tode bestraft worden, wie wir von seinem damaligen Strafverteidiger wissen (Güstrow 1981, 134f).

Was immer die Ursache für Hitlers Monorchismus gewesen ist, dieser anatomische Mangel muß sich spätestens in der Pubertät als schweres psychisches Handicap erwiesen haben. Auf einer Entwicklungsstufe, in der zum weiblichen Geschlecht gefunden werden soll, wird ein solches Manko ungleich heftiger empfunden als zuvor und kann durchaus zu einer Schicksalswende führen. Reaktionsbildungen, die aus der Minderausstattung eine Tugend machen, in die überschießende Triebanteile dann aber doch nicht eingebunden werden können, sind für Monorchisten gut belegt. Amerikanische Jungen mit diesem Leiden entwickelten folgende Symptome: «Ungeduld und Überaktivität; das plötzliche Auftreten von Lern- und Konzentrationsschwierigkeiten; ausgeprägte Gefühle sozialer Unzulänglichkeit; chronische Entscheidungsschwäche; die Tendenz zu Übertreibungen, Lügen und Phantastereien; die Identifizierung mit der Mutter, die gleichwohl für den Defekt verantwortlich gemacht wird. Alle Patienten zeigen Furcht vor körperlicher Beschädigung oder Kastrationsphantasien. Wenn sie auf Kritik stoßen, zeigen sie sich widerspenstig. Sie beharren darauf, daß sie besondere Menschen seien, die ungewöhnliche Missionen ausführen müssen, oder daß sie ‹magische Personen› seien. Es gibt ein Muster der Überbefassung mit Zeit und Tod; darüber hinaus eine Besessenheit für Augen und Brüste als Hodenersatz; eine Vorliebe für Rachephantasien und erotisierte größenwahnsinnige Tagträume, bewußtes oder halbbewußtes Streben nach Größe und Unsterblichkeit. Die Patienten haben eine Leidenschaft für Kreativität. Mit beinahe fieberischer Intensität entwerfen und bauen sie um» (Waite 1972, 227f).

In dieser Charakteristik der Monorchie hat man vieles von dem wiedererkannt, was Zeitgenossen an Adolf Hitler aufgefallen ist. Es ist sehr wohl möglich, daß hier die besondere Charakterstruktur des Diktators zutreffend skizziert ist. Die Dynamik erinnert ein wenig an die typische Genieentwicklung: Ein ungemein hoch begabter Mensch mit allen Aussichten für ein erfolgreiches und erfülltes Leben erleidet einen Schicksalsschlag, der ihn nicht umbringt, aber doch alle Hoffnungen auf Glück verstellt. Im 16. bis 19. Jahrhundert lieferte den klassischen biographischen Wendepunkt die Syphilis. Die schon zuvor nicht geringe Leistungsfähigkeit des Erkrankten wirft sich nun ganz aufs Geistige und vollbringt dort Außergewöhnliches. An Hitler mag von diesem Muster auf tieferem Niveau etwas sichtbar werden. Es könnte die ungeheuerliche Entschlossenheit erklären, mit der er die Judenausrottung betreibt. Die intellektuelle Rücksichtslosigkeit gegen das eigene Gewissen findet sich ja bei allen Persönlichkeiten, die von ihrer Mission überzeugt sind, also um jeden Preis Avantgarde sein wollen.

Einer entscheidenden Prüfung unterzogen wird die ungemeine psychische Stabilität Hitlers – er ist 42 Jahre alt –, als sich seine eifersüchtig bewachte Nichte Geli Raubal am 18. September 1931 im Alter von 23 Jahren in seiner Münchner Wohnung erschießt. Die Presse flicht in ihre Berichterstattung unverblümt Mordanschuldigungen gegen den prominentesten Führer der deutschen Rechten ein. Diesen Dreifachschlag – Liebesverlust, öffentliche Bloßstellung und Anschuldigung sowie das naheliegende Ende der politischen Karriere – hat Hitler nach drei Tagen des Nahrungsverzichts und ruhelosen Umhergehens in einem Landhaus am Tegernsee überwunden (Toland 1977, 351). Als Symptom bleibt ein Widerwillen gegen Fleisch: «Das ist, als wenn man eine Leiche ißt», behauptet er jetzt (Toland 1977, 352). Nur wenigen Menschen würde man in vergleichbarer Krise eine so günstige Prognose mit einer so nützlichen Reaktionsbildung stellen. Hier liegt keineswegs das vor, was man als besondere seelische Labilität bezeichnen dürfte.

Unstrittig leidet Hitler zu späterer Zeit an Arteriosklerose oder – wahrscheinlicher – an der Parkinsonschen Krankheit (Recktenwald 1968; Gibbels 1990). Diese Krankheit bewirkte «nach 1943 bei Hitler den merklichen körperlichen Verfall» (Carr 1980, 195). Eine ausdrückliche Erklärung für Auschwitz ist – soweit überschaubar – daraus bisher nicht entwickelt worden. Angeblich schlechte jüdische Ärzte, die etwa ein Stalin noch 1953 foltern und ermorden lassen konnte, hatte Hitler längst nicht mehr.

Die einzige Auschwitztheorie, die eine wirkliche persönliche Haßbeziehung Hitlers zu einem Juden in Rechnung stellt, hat mit dem Familiendoktor zu tun, der auch seine Mutter behandelte. Dieser Dr. Eduard Bloch konnte die am 21. Dezember 1907 an Krebs sterbende Klara Hitler nicht mehr retten. Der jüdische Arzt beschreibt später, er habe an einem Totenbett «niemanden so leiderfüllt gesehen wie Hitler» (Bloch 1941). Einer der beiden Autoren jedoch, die die Judenausrottung als Rache Hitlers für den Tod seiner Mutter durch einen jüdischen Arzt insinuieren (Toland 1977, 455), weiß sehr wohl, «daß Dr. Bloch ein Jahr nach dem Tod Klara Hitlers von ihrem Sohn noch einen sehr herzlichen Neujahrs-Glückwunsch mit der Unterschrift ‹Ihr stets dankbarer Adolf Hitler› erhalten hatte» (Toland 1977, 72). Hitlers Haß auf den jüdischen Arzt soll deshalb unbewußt gewirkt haben.

Dagegen spricht, daß Dr. Bloch nach der deutschen Eroberung Österreichs im Jahre 1938 das Land unbehelligt verlassen konnte, also weder ein bewußter noch ein unbewußter Rachevorstoß Hitlers erfolgte, sondern das glatte Gegenteil davon. Das muß auch der zweite Autor einräumen, der Hitlers Antisemitismus auf den Tod seiner Mutter zurückführt. Hitler soll diesem Psychohistoriker zufolge die eigene Vernachlässigung der Mutter, «seine Schuld an den Todesqualen» (Binion 1978, 56) auf den von ihm sehr geschätzten jüdischen Arzt unbewußt projiziert haben. Gerade dagegen spricht jedoch der Umgang mit Bloch, als Hitler ihn in seiner Macht hatte. Nach dem Anschluß Österreichs spricht er die geradezu familiäre Bitte aus, «Bloch möge sich in seinem Ordinationszimmer in Linz fotografieren lassen». Später erteilt er die Anweisung, «Bloch ‹alle nur möglichen Erleichterungen, auch finanzielle› zuteil werden zu lassen» (Binion 1978, 37).

Das einzige zweifelsfrei und umfassend belegte Beispiel für Hitlers extreme persönliche Grausamkeit und Tötungslust bezieht sich gerade nicht auf Juden, sondern ereignet sich bei der Vernichtung eines Teils der «arischen» Blüte des reichsdeutschen Offizierskorps. Mit sadistischer Wonne betrieb er das Ende der Verschwörer des 20. Juli 1944: «Er bat den Präsidenten des Gerichts, Roland Freisler, sowie, wenn der Bericht darüber zutreffend ist, den eingesetzten Scharfrichter ins Führerhauptquartier und bestand darauf, daß den Verurteilten jeder geistliche Beistand versagt werde. ‹Ich will, daß sie gehängt werden, aufgehängt wie Schlachtvieh›, lautete seine Anweisung. [...]

‹SS-Männer mit Scheinwerfern drangen in die Zellen ein und filmten die einzelnen Gefangenen, ehe sie zur Hinrichtung geschleppt wurden. Der Film, im Auftrag des Führers gedreht, sollte den gesamten Prozeß in allen seinen Phasen, ausführlich und in allen Einzelheiten zeigen.› [...]

Die Henker nahmen den Verurteilten die Handschellen ab, legten ihnen eine kurze dünne Schlinge um den Hals und entkleideten sie bis zur Hüfte. Und auf ein Zeichen hin hoben sie die Delinquenten in die Höhe, ließen sie teils plötzlich, teils behutsam in die Schlinge fallen und zogen ihnen, noch bevor das Ende kam, die Hosen herunter. [...] Vom ersten Aufbäumen bis zu den letzten Zuckungen des Todeskampfes lief die Kamera.

Hitler hatte schon die Berichte über die Verhaftungen, über neu auftauchende Verdachtsgruppen sowie die Protokolle der Vernehmungsbeamten ‹gierig verschlungen›. Noch in der frühen Nacht trafen jetzt die Filme vom Prozeß und der Exekution in der Wolfsschanze ein, und Hitler ließ auch seine Umgebung daran teilhaben. Der Putsch sei ‹vielleicht das segenreichste Ereignis für unsere Zukunft gewesen›, sagte er und konnte sich an den Bildern seiner überwundenen Gegner nicht satt sehen. Aufnahmen der Erhängten lagen noch Tage später auf dem großen Kartentisch in seinem Bunker» (Fest 1994, 300 ff). Es mag dahingestellt bleiben, hier jene Nekrophilie am Werke zu sehen, die ein berühmter Psychoanalytiker als Hitlers seelische Krankheit diagnostiziert hat (Fromm 1974, 337). Allemal dürfte es jedoch schwierig sein, ihm die dafür klinisch erforderliche sexuelle Erregung und Befriedigung an Leichen nachzuweisen.

Ob Hitler hier von einer segensreichen Zukunft sprach, weil er weiteren Widerstand gegen seine Aufrichtung des Rechts auf Töten nun nicht mehr fürchtete? Wie dem auch sei, die Ermordung der Juden als Kernstück seiner neuen Ordnung scheint er ohne persönlichen Haß betrieben zu haben. Vom Tode seiner Mutter im Jahre 1907 über sein frühestes antijüdisches Pamphlet vom 16. September 1919, das ausdrücklich «Momente des Gefühls» im Antisemitismus verdammt (Jäckel/Kuhn 1980, 88), bis hin zur fürsorglich gestalteten Vertreibung von Eduard Bloch im Jahre 1938 fehlen uns überzeugende Beweise dafür, daß Hitler pathologisch und lebensgeschichtlich stärkere Gründe gehabt haben soll, die Juden zu hassen, als irgendein anderer konservativer Politiker oder Durchschnittsantisemit. Für eine Erklärung von Auschwitz reicht die Charakteranalyse des deutschen Diktators mithin kaum aus. Es ist wohl gerade diese theoretische Ausweglosigkeit, die immer kühnere psychologische Deutungen erzwingt. So ist etwa der Soziologe Norbert Elias zu einer herostratischen Deutung von Auschwitz gelangt. Hitler wollte demnach «unsterblich bleiben in aller Menschen Gedächtnis als Urheber eines Massenmordes ohnegleichen» (Elias 1989, 43).

32. Theorie: Auschwitz als heroisches Kunstwerk

«Denn Krieg war immer auch ein Phänomen der Kultur. Venus und Mars vereinigten sich zur Geburt der Harmonien, wenn das Äußerste verlangt war, an Lebensprüfung zum Neuen. Und so wird die Verdrängung der Kriegsfähigkeit oder ihre Sublimierung, um es mit heutigen Worten zu sagen, ins Heuchlerische, unerfreuliche Folgen haben, für die unverzichtbare Wahrheitsfindung der Kunst. Aber das eigentlich kulturelle Ereignis *nach* Ende dieses letzten Krieges war der Sieg des Gemeinen in der Kunst. Immer schon hatte das, was die deutsche Klassik als gemein charakterisierte, auf seine Zeit gewartet. Der deutsche Idealismus hatte dieses Gemeine beschrieben als das Gegenteil – denn auch diese negative Position hat ihren Stil mit beschreibbaren Regeln, also eine Ästhetik – seiner Idealisierungstat in Denken und Kunst und Möglichkeiten auch der Tat. Dadurch, daß Hitler sein Reich als Kunstwerk verstand, wurde dieses Kunst gewordene Werk des von Hitler benutzten Idealismus aus Deutschland, das nicht nur geologische Rückgrat Europas, belastet, so daß sich dieser so zu seinem Ende benutzte Idealismus nicht wieder erholte» (Syberberg 1990, 29).

So dunkel diese Passage auf den ersten Blick anmutet – ist Hitler Mars und das Judentum Venus oder umgekehrt oder nichts von beidem? –, so eindeutig ist sie gleichwohl gemeint. Hitler sei nicht nur Künstler, sondern dazu ein so gewaltiger gewesen, daß er alle Substanz dieses Genres aufbrauchen mußte. Für die Nachkriegszeit sei deshalb ästhetisch kaum noch etwas übriggeblieben. Ihre «Gemeinheit» aber sei vor allem überlebenden Juden anzulasten.

Davon ist der Filmemacher Hans Jürgen Syberberg überzeugt (zu dessen Hitlerfilm [Syberberg 1978] vgl. bereits Friedländer 1986). Direkt gegen Theodor W. Adorno schreibt der deutsche Regisseur: «Das andere Tabu war das Wort, daß nach Auschwitz kein Gedicht möglich sei. Das kam einem Bilderverbot alter Art, des poetischen Wortes und der Kunst überhaupt, gleich. [...] Es wirkte sich als ein Poesie- und Gefühlsverbot schlechthin aus und wirkte so, daß jede Verhöhnung von Begeisterung und Tiefe oder Erhöhung und Pathos, also Leidenschaft der Sinne, gewünscht und belobigt wurde und jede einfältige oder komplizierte Leistung der alten Grundwerte der Kunst verachtet wurde» (Syberberg 1990, 34f).

Bis zu Hitler – und in seinem «Werk» kulminierend – habe es im deutschen Mitteleuropa Begeisterung und Tiefe, Erhöhung und Pathos gegeben. Danach seien diese «Grundwerte der Kunst» als «Rache für Auschwitz» einem jüdischen «Todesurteil für Kunst im ethischen Sinne überhaupt» zum Opfer gefallen (Syberberg 1990, 35). Das klingt beinahe so, als wäre Auschwitz die Rache des Künstlers Hitler am monotheistischen Bilderverbot gewesen, und nur Hans Jürgen Syberberg sei noch übrig, das ästhetische Werk des Führers gegen neuerliche jüdische Angriffe zu verteidigen.

Hitler ist auch vor Syberberg schon als monumentaler Künstler und vor allem Choreograph beschrieben worden. Dabei wird ein Element betont, das uns im weiteren noch zu interessieren hat: «Das Leben schien seine Einfallskraft zu paralysieren. [...] Dagegen gewann sein pessimistisches Temperament der Zeremonie des Todes unermüdlich neue Blendwirkungen ab, und es waren wirklich Höhepunkte der von ihm erstmals planvoll entwickelten künstlerischen Demagogie, wenn er auf dem Königsplatz in München oder auf dem Nürnberger Parteitagsgelände bei düsterer Hintergrundmusik die breite Gasse zwischen Hunderttausenden zur Totenehrung schritt: in solchen Szenerien eines politisierten Karfreitagszaubers, in denen, ganz wie man von der Musik Richard Wagners gesagt hat, ‹der Glanz für den Tod Reklame› machte, kam Hitlers Vorstellung ästhetisierter Politik zur Deckung mit dem Begriff. In den gleichen Zusammenhang ästhetischer Todesverklärung gehörte die Vorliebe für nächtliche Kulissen» (Fest 1976, 699f).

33. Theorie: Auschwitz für die Wiedererstehung Israels, damit sich dort alle überlebenden Juden versammeln und so die Bedingung für die Herbeiführung des Endes aller Tage durch den christlichen Gott erfüllen

Unter den fundamentalistischen Christen Amerikas, die sich auf das Jüngste Gericht vorbereiten, gilt die Ermordung der Juden als Teil des christlichen Heilsplans. Ihre Vorstellungen sind von einem der besten Kenner dieser Bewegung folgendermaßen zusammengefaßt worden: «Gott hat den Schrecken der Naziherrschaft benutzt, um damit die Juden zum Glauben an Jesus Christus zu bringen und ihren Wunsch nach einer Heimstätte in Palästina neu zu beleben» (Weber 1987, 199; deutsch bei Strozier / Kohn 1990, 67 f). Nicht Hitler ist hier – wie bei Syberberg – der originäre Schöpfer. Diese Rolle kommt «unserem Herrn Jesus Christus» zu, der Hitler nur als mittlere Charge einsetzt.

Die Fundamentalisten beten für das moderne Israel. Sie haben sich gegen seine *vorzeitige* Vernichtung durch die arabischen, islamischen und marxistischen Regime gestellt, damit die Juden für ihre eigenen Pläne zur Verfügung stehen. In diesen hat Hitler insofern einen unverzichtbaren Platz, als er überlebende Juden nach Israel nötigte. Der fundamentalistische Gott hat Hitler aber nicht in jeder seiner Taten als sein Werkzeug eingebunden. Das Bündnis Hitlers mit der Palästinenserführung zur Vernichtung der Juden in Britisch-Palästina aus dem Jahre 1941 (siehe oben 29. Theorie) sei eben nicht Gottes Wille gewesen und deshalb auch gescheitert.

Die Sammlung der Juden in Israel bewegt sich für die Endzeitchristen auf ihren «glorreichen Moment der Erlösung zu, doch wird keinerlei Abweichung im fundamentalistischen Begriff der jüdischen Bekehrung geduldet. Alle Ungläubigen sterben am Ende und werden schließlich im Jüngsten Gericht [. . .] in den Feuersee geworfen. In diesem Sinn sind die Juden wie Heiden, Atheisten oder Anhänger anderer (vermeintlich falscher) Religionen. Aber die Juden sind insofern etwas besonderes, als Jesus solange nicht wird zurückkehren können, bis sie gesammelt und bekehrt sind. / Die Juden sind in diesem Sinne die Opfer fundamentalistischer Theologie. / Die erste ‹Sünde› der Juden, der ‹Mord› an Jesus, [habe] die gesamte Eschatologie vorherbestimmt, derzufolge die Juden schrecklich büßen und einen grausamen ‹zweiten› Tod erleiden müssen» (Strozier / Kohn 1990, 77 / 79 / 80).

34. Theorie: Auschwitz als Strafe für die zionistischen Pläne für ein wiedererstandenes Israel

Während die christlichen Fundamentalisten das wiedererstandene Israel als angebliches Resultat von Hitlers Auschwitz benötigen, damit ihre Gottheit endlich die apokalyptischen Megakatastrophen der Letzten Tage am vorgeschriebenen Ort auslösen kann, gibt es eine jüdische Sicht, die gerade die Pläne für ein neues Israel als die blasphemische Tat ansieht, die Gott mit Auschwitz geahndet hat. Rabbiner Joel Teitelbaum von den *Satmar Chassidim* (nach dem ungarischen Satmar), die bis heute den Staat Israel nicht anerkennen und als Bewohner des Landes selbst in Kriegszeiten den Wehrdienst verweigern, wurde zum prominentesten Vertreter dieser Position. Die *Weltlichkeit* der Zionisten – und die damit verbundene Verletzung der Halacha (des religiösen Gesetzes) – ist es, die Teitelbaum und seine Anhänger (*Haredim*) als Grund für das Unglück der Juden im 20. Jahrhundert ausgemacht haben (Rubinstein 1971). Das Streben nach einem weltlichen Staat habe der göttlichen Sendung des Messias und der von ihm zu bringenden Erlösung vorgegriffen, habe das Prinzip Land für den Schutz endlich auch jüdischen Lebens vor das Prinzip Leben als solches gestellt, wofür der Herr dann gleich alle Juden mit Auschwitz gestraft habe.

Joel Teitelbaum (wie auch sein Nachfolger Mosche Teitelbaum) unterscheidet sich allerdings von Menachem Hartom (siehe oben 25. Theorie), der in Auschwitz ebenfalls eine göttliche Bestrafung der Juden sieht. Für Hartom wird gerade die Anpassung der Juden an die Heiden *außerhalb* des Heiligen Landes bestraft. Um diese in Zukunft zu vermeiden, habe Gott im Anschluß an Auschwitz den Überlebenden Israel als Zuflucht geschenkt, wo das Leben dann nach den Vorschriften der Thora geführt werden müsse, wenn eine neuerliche Bestrafung vermieden werden solle (vgl. Jacobs 1993c, 5).

35. Theorie: Auschwitz als vermeintliche Notwehr (Noltes 1.)

Obwohl es sich angeboten hätte, die Nolteschen Auschwitztheorien aufzuteilen und in das bisher dargelegte Spektrum einzusortieren, erscheinen sie am Ende des Theorienüberblicks. Die Ideen dieses Mannes haben jedoch so viele Anhänger und Gegner gewonnen, daß es die Auseinandersetzung erleichtert, wenn sie als Block zusammengefaßt werden.

Ernst Noltes wohl bekannteste Auschwitztheorie – viele glauben interessanterweise, er hätte nur diese – könnte man als eine psychologische einstufen. Hitler habe vor den Grausamkeiten sowjetasiatischer Bestien so sehr gezittert, daß man ihm Auschwitz als Präventivschlag gegen zukünftige Quälgeister zugute halten könne: «Es ist sicher, daß auch der ‹weiße Terror› fürchterliche Taten vollbrachte, obwohl es in seinem Rahmen keine Analogie zur postulierten ‹Ausrottung der Bourgeoisie› geben konnte. Aber gleichwohl muß die folgende Frage als zulässig, ja unvermeidbar erscheinen: Vollbrachten die Nationalsozialisten, vollbrachte Hitler eine ‹asiatische› Tat vielleicht nur deshalb, weil sie sich und ihresgleichen als potentielle oder wirkliche Opfer einer ‹asiatischen› Tat betrachteten? War nicht der ‹Archipel GULag› ursprünglicher als Auschwitz?» (Nolte 1987b, 45)

Was ist für Ernst Nolte die «asiatische» oder – präziser – «chinesische» Tat? «Als Hitler am 1. Februar 1943 die Nachricht von der Kapitulation der 6. Armee in Stalingrad erhielt, sagte er in der Lagebesprechung gleich voraus, daß einige der gefangenen Offiziere in der sowjetischen Propaganda tätig würden: ‹Sie müssen sich vorstellen, er (ein solcher Offizier) kommt nach Moskau hinein, und stellen sie sich den ‹Rattenkäfig› vor. Da unterschreibt er alles.› [...] In George Orwells ‹1984› wird beschrieben, wie der Held Winston Smith durch die Geheimpolizei des ‹großen Bruders› nach langen Folterungen endlich bezwungen wird. [...] Man bringt einen Käfig vor seinen Kopf, in dem eine vor Hunger halb irrsinnig gewordene Ratte sitzt. Der Vernehmungsbeamte droht, den Verschluß zu öffnen, und da bricht Winston Smith zusammen. Diese Geschichte hat Orwell nicht erdichtet, sie findet sich an zahlreichen Stellen der antibolschewistischen Literatur über den russischen Bürgerkrieg, unter anderem bei dem als verläßlich geltenden Sozialisten Melgunow. Sie wird der ‹chinesischen Tscheka› zugeschrieben» (Nolte 1987b, 44).

Von seiner 1986er Auschwitztheorie, daß die Judenausrottung die vorwegnehmende Rache Hitlers für eine in der Zukunft von ihm und seinesgleichen zu erleidende asiatische Grausamkeit durch bolschewistische Juden gewesen sei, könnte Nolte mittlerweile selbst abgerückt sein. In seinem '93er Buch *Streitpunkte* kommt der Rattenkäfig nicht mehr vor. Die meisten seiner Kritiker scheinen das nicht zur Kenntnis genommen zu haben (typisch dazu Glotz 1994). Nolte hat sich allerdings auch nicht ausdrücklich von seiner wohl aberwitzigsten Idee distanziert.

36. *Theorie:* Auschwitz als Antwort auf eine jüdische Kriegserklärung gegen das Deutsche Reich (Noltes 2.)

Durch die sogenannte Reichskristallnacht vom 9. November 1938 – so sieht es sein Bewunderer Henry Picker – machte sich Hitler «das organisierte *Weltjudentum* mit seinem einzigartigen Einfluß in Staat, Wirtschaft und Presse der USA zum *Feind Nr. 1*. Die Folge davon war, daß dieses organisierte Weltjudentum ihm, mit der Unterschrift des Zionistenführers Chaim Weizmann, des späteren ersten Präsidenten des Staates Israel, bereits am 5. September 1939 offiziell den Krieg erklärte (*Jewish Chronicle* vom 8. September 1939)» (Picker 1976, 17). Nolte – so behauptet er – erinnerte sich «nicht, in einer der größeren deutschen Darstellungen von der offiziellen Äußerung Chaim Weizmanns aus den ersten Septembertagen 1939 gelesen zu haben» (Nolte 1987a, 24).

Ohne Angabe seines Vorläufers Picker entschließt Nolte sich dazu, Hitler das Recht zuzusprechen, daß er «die deutschen Juden als Kriegsgefangene (a) behandeln und d. h. internieren durfte» (Nolte 1987a, 24). Selbstbewußt baut Nolte seine These von Hitlers Recht auf Internierung der Juden, d. h. auf die Grundbedingung für ihre Ausrottung, in einem Buch aus dem Jahre 1993 weiter aus. Bereits im März 1933 – so weiß er nun – fand in London eine Demonstration gegen die antijüdischen Maßnahmen Hitlers statt. Dabei wurden Spruchbänder mit der Aufschrift «Judea Declares War on Germany» (Nolte 1993, 396) gezeigt. Nicht merkend, daß er seine These selbst *ad absurdum* führt, wenn er einräumt, daß Juden auf Hitler reagieren und nicht umgekehrt Hitler auf Juden, treibt er sie unbekümmert weiter, indem er von der Londoner Demonstration des Jahres 1933 direkt zu einer Drohung Hitlers vom 30. Januar

1939 findet, als er im Reichstag sagte: «Ich will heute wieder ein Prophet sein: Wenn es dem internationalen Finanzjudentum inner- und außerhalb Europas gelingen sollte, die Völker noch einmal in einen Weltkrieg zu stürzen, dann wird das Ergebnis nicht die Bolschewisierung der Erde und damit der Sieg des Judentums sein, sondern die Vernichtung der jüdischen Rasse in Europa» (Domarus 1973, 2/1, 1058).

Nolte schenkt hier Hitlers Propagandarede vollen Glauben, obwohl er – wie jeder Historiker – weiß, daß Hitler seine eigenen Pläne für einen Angriffs- und Vernichtungskrieg bereits am 3. Februar 1933 (Bullock 1991, 443; Janßen/Tobias 1994, 13) und dann vor allem am 5. November 1937 der deutschen Militärführung mitgeteilt hatte (Hossbach 1949, 207 ff). Dabei brachte er Generalfeldmarschall von Blomberg (Reichskriegsminister) und Generaloberst Freiherr von Fritsch (Oberkommandierender des Heeres) gegen sich auf. Ihnen paßte der ursprünglich erst für 1943 geplante große Krieg zwar ins Konzept. Entschieden zu früh jedoch kamen ihnen Hitlers Pläne, umgehend zur Einvernahme Österreichs und der Tschechoslowakei zu schreiten. Für die daraus resultierenden Verwicklungen mit Frankreich und Rußland fühlten sie sich noch nicht stark genug (Janßen/Tobias 1994, 16 ff). Nach der Entlassung der Generale im Gefolge persönlicher Verwicklungen am 4. Februar 1938 hatte Hitler nur noch *jederzeit* und bedingungslos zum Bruch des Völkerrechts und zur Ausführung von Verbrechen gegen die Menschlichkeit bereite Oberkommandierende um sich. Es handelte sich um die späteren Träger des goldenen NSDAP-Parteiabzeichens Wilhelm Keitel (Chef des Oberkommandos der Wehrmacht) und Alfred Jodl (Chef des Wehrmachtsführungsstabes).

Nolte übergeht Hitlers ureigene Kriegspläne, um ihm für seine Kriegspropaganda und für die angeblich militärisch erlaubte Juden-«Internierung» nachträglich Glaubwürdigkeit zu verschaffen. Darin liegt sicherlich sein schwerster Verstoß gegen die Regeln historischer Analyse. Erstmals hatte Hitler übrigens am 13. März 1921 eine Internierung gefordert, als Chaim Weizmann von einer Bedrohung des Judentums durch eine deutsche Regierung noch nicht einmal etwas ahnen konnte: «Man verhindere die jüdische Unterhöhlung unseres Volkes, wenn notwendig durch die Sicherung ihrer Erreger in Konzentrationslagern» (Jäckel/Kuhn 1980, 348). Eineinhalb Jahre früher, am 16. September 1919, empfahl Hitler für die politische Erziehung deutscher Soldaten folgende Lehre: «Der Antisemitismus der Vernunft jedoch muß führen zur planmäßigen gesetzlichen Bekämpfung und Beseitigung der Vorrechte des Juden, die er nur zum Unterschied der anderen zwischen uns lebenden Fremden besitzt (Fremdengesetzgebung). Sein letztes Ziel aber muß unverrückbar die Entfernung der Juden überhaupt sein» (Jäckel/Kuhn 1980, 89f).

Selbst für den hypothetischen Fall, daß Hitler keine Kriegspläne verfolgt hätte, bleibt die These Noltes von Auschwitz als Antwort auf eine jüdische Kriegserklärung ohne Konsistenz, was ihm seine Historikerkollegen schon früh deutlich zu machen versuchten: «Das ist haarsträubender Unsinn, ganz abgesehen vom moralischen Aspekt. Die Juden 1939 waren keineswegs kriegführende Partei, schon weil sie überhaupt keine, geschweige denn eine völkerrechtlich anerkannte Regierung hatten. Selbst wenn sie kriegführende Partei gewesen wären, verbot schon das geltende Völkerrecht (Haager Landkriegsordnung [von 1899 u. 1907]) jegliche Repressalien gegen Nonkombattanten, das heißt die jüdische Bevölkerung» (Geiss 1987, 375).

37. Theorie: Auschwitz als unverhältnismäßige Geiseltötung zur Partisaneneinschüchterung (Noltes 3.)

Am 27. März 1994 scheint Ernst Nolte in der *SAT 1*-Sendung «Talk im Turm» eine weitere Theorie der Judenvernichtung wenigstens angedeutet zu haben. Am 29. und 30. September 1941 werden von den Einsatzgruppen in der Schlucht von Babi Yar bei Kiew 33771 jüdische Männer, Frauen und Kinder ermordet (Klee/Dreßen 1989, 117–126). Dieser Massenmord erfolgt in einem zeitlichen Zusammenhang mit dem Angriff von sowjetischen Partisanen auf deutsche Wehrmachtseinheiten, bei denen letztere mehrere hundert Mann Verluste erlitten haben sollen.

Obwohl Nolte weiß, daß Geiselerschießungen nach Partisanenangriffen meist im Verhältnis von 1:10 erfolgten, während hier das Verhältnis 1:100 betrug und nicht Geiseln getötet, sondern im Rahmen der «Endlösung» selektierte Juden ermordet wurden, deutet er dennoch den Schluß an, daß hier eine «unverhältnismäßige» und «irrationale» Geiselerschießung stattgefunden habe, die mit dem nicht minder irrationalen Töten in Auschwitz in eine Linie gehöre. Nolte hat auch in einem Leserbrief an die Frankfurter Allgemeine Zeitung, die ihn für die Fernsehthesen kritisiert hatte (Seibt 1994, 33), diese Deutung nicht revidiert (Nolte 1994a, 8).

Gegen die Deutung von Auschwitz als überzogenen Geiselmord hat im übrigen Hannah Arendt, die zur Zeit der Geburtsstunde der Nolteschen Theorie längst verstorben war, schon frühzeitig das Nötige gesagt: «Ein Jude etwa, der sich wirklich gegen das Naziregime ‹vergangen› hatte, kam dort [in die Gaskammer] gar nicht erst hinein, er wurde sofort erschossen oder totgeschlagen» (Arendt 1986, 690).

38. Theorie: Auschwitz als Rache für die Umsiedlung der Wolgadeutschen (Noltes 4.)

Eine der jüngeren Auschwitztheorien von Nolte heftet sich an deutsche Reaktionen auf die Verschleppung der Wolgadeutschen durch die Sowjetunion. In der Argumentationsstruktur gleicht diese These von Auschwitz als Rache für die Wolgadeutschen selbstredend Burrins These von Auschwitz als Rache für die Niederlage in Stalingrad (siehe oben 14. Theorie). Richtig ist, daß Wolgadeutsche bereits im Sommer 1940 «dem Hunger, der Internierung, der Verschickung und dem Terror» ausgesetzt wurden (Fleischhauer 1983, 62). Nach dem deutschen Angriff auf die Sowjetunion am 22. Juni 1941 erfolgen noch weit umfassendere Verschleppungen der Wolgadeutschen durch die kommunistische Regierung. Daraufhin erläßt Alfred Rosenberg, der Reichsminister für die besetzten Ostgebiete, im September 1941 «Richtlinien für die Rundfunkpropaganda zur Verbannung der Wolgadeutschen nach Sibirien». In ihnen hieß es u. a.: «Es soll in diesen Sendungen unmißverständlich festgestellt werden, daß im Falle einer Durchführung des von den Bolschewisten angekündigten Vorhabens der Verschickung der Wolgadeutschen das Judentum in den im deutschen Machtbereich liegenden Gebieten dieses Verbrechen vielfach bezahlen wird» (Fleischhauer 1982, 314).

Obwohl Ingeborg Fleischhauer mit dem Verweis darauf, daß bereits seit Juni 1941 der Judenmord durch die Einsatzgruppen im Gange ist, eine Verbindung zwischen der Behandlung der Wolgadeutschen und Auschwitz ausdrücklich ausschließt, möchte Nolte dieser Sicht nicht folgen: «Die Juden Mitteleuropas befanden sich nämlich noch nicht ‹im Abtransport›, denn Hitlers Verschickungsbefehl stammt vom Oktober, und es ist nicht auszuschließen, daß er tatsächlich unmittelbar als eine Reaktion auf die sowjetischen Maßnahmen gedacht war» (Nolte 1993, 392 f).

Da Nolte weiß, daß Stalin in den großen Säuberungen von 1935 bis

1939 «nicht nur Lenins jüdische Gefährten beseitigt, sondern die Juden überhaupt in die zweite und dritte Linie zurückgedrängt hatte» (Nolte 1993, 362), ist nicht recht ersichtlich, wieso ein Judenausrotter vom Schlage Stalins von Hitler nun gerade mit Judenausrottungen bestraft werden soll. An dieser Stelle war der marxistische Herrscher nicht verwundbar. Er arbeitete selbst nicht minder entschlossen an der Überwindung des jüdischen Gesetzes der Lebensheiligkeit wie Hitler. Weit über dieses war schließlich eine Klassenlosigkeit gestellt worden, für deren Realisierung unermüdlich ausgesiebt, zu Tode geschunden und geschlachtet werden mußte.

Wie sehr Hitler den Judenschinder Stalin noch unterschätzt hatte, konnte er selbst nicht mehr erleben. «Stalin betreibt seine Endlösung» (Rapoport 1992, 206) erst sieben Jahre nach dem Selbstmord des deutschen Führers. Judendeportationen nach Sibirien waren bereits in den Jahren 1948 und 1949 erfolgt (Rapoport 1992, 215). Der ganz große Schlag sollte im Januar und Februar 1953 geführt werden. Er war als überdimensionierte Schutzhaftaktion bereits im Jahre 1952 fertig geplant. Den Ausgangspunkt bildete am 13. Januar 1953 die Verhaftung von neun Ärzten – darunter sechs Juden –, denen ein Vergiftungskomplott gegen Stalin und «die besten Söhne Rußlands» untergeschoben wurde. Um nun etwa «zwei Millionen Juden» (Rapoport 1992, 220) der westlichen Sowjetunion vor dem «verständlichen Zorn» empörter Menschen zu bewahren, sollten führende jüdische Intellektuelle Stalin durch einen öffentlichen Aufruf in der *Prawda* um die Deportation nach «Sibirien, Kasachstan und Birobidshan» bitten (Rapoport 1992, 206). In diesem Aufruf war auch die Passage enthalten: «Als führende Personen innerhalb der loyalen sowjetischen Judenheit verwahren wir uns ohne Einschränkung gegen die amerikanische und zionistische Propaganda, die behauptet, es gäbe in der Sowjetunion Antisemitismus» (Rapoport 1992, 208).

Auf den Einfall, die Juden um ihre Beseitigung bitten zu lassen, war in der Tat nicht einmal Hitler verfallen. In Stalin, den er gern als «genialen Kerl» bezeichnete (Picker 1976, 452), hätte er seinen Meister gefunden. Mit Stalin, den innerparteiliche Gegner wie Bucharin mit Dschingis-Khan verglichen (Bullock 1991, 286), teilte Hitler die Bewunderung für den Mongolenführer (Picker 1976, 452; Breitman 1991, 39–43). Dschingis-Khan «hatte, wie einige Chronisten berichten, echtes Vergnügen daran zuzusehen, wie den Feinden siedendes Silber in die Augen gegossen oder lange Nägel in die Ohren getrieben wurden, und er hörte nicht ungern die Schreie der zu Tode gequälten Männer, Frauen und Kinder. Andererseits hatte dieses Monstrum gewaltigen Respekt vor Bildung, Geist und Kunst. Künstler und Philosophen brauchten also vor ihm keine Angst zu haben, mit ihnen konnte er stundenlang feinsinnige Gespräche führen» (Dollinger 1973, 177).

Die Liebe von Marschall Kliment Jefremowitsch Woroschilow zu seiner jüdischen Frau Jekaterina, gegen deren Verhaftung er sich heftig sträubte, dürfte für das sowjetische Judentum die Wende gebracht haben. Er sollte «einer der unwahrscheinlichsten Helden in den Annalen der jüdischen Geschichte werden» (Rapoport 1992, 242 f). In einer von Stalin für die Schlußentscheidung anberaumten Präsidiumssitzung des ZK wandte er ein, «daß Aktionen wie der Deportationsplan im Zusammenhang mit dem Ärztekomplott die Welt gegen Hitler aufgebracht haben»:

«Mit einer theatralischen Bewegung warf er seinen Parteiausweis auf den Tisch und rief, daß der Vertreibungsplan die Ehre der Partei verletze und er einer solchen Organisation nicht mehr angehören könne. Stalin schrie mit hochrotem Kopf zurück: ‹Genosse Kliment, ich entscheide darüber, zu welchem Zeitpunkt Sie Ihre Mitgliedskarte nicht mehr behalten dürfen.› Stalin erregte sich derart, daß er schließlich auf dem Fußboden zusammenbrach – bei dieser Gelegenheit und an diesem Ort hatte er den tödlichen Schlaganfall erlitten. Keiner der großen Kremlärzte, der bedeutenden Spezialisten, konnte herbeigerufen werden. Einige waren tot, andere vegetierten nach Wochen der Folter nur noch dahin. Die gewöhnlichen Ärzte, die man rufen mußte, kamen erst nach fünfzehn bis zwanzig Minuten. Stalin schien tot. Berija [Chef der Geheimpolizei] vollführte einen kleinen Tanz um den leblosen Körper und rief dabei: ‹Wir sind frei! Endlich, endlich! Freut euch, Genossen, der Tyrann ist tot! Wir können aufatmen!› Die anderen standen angsterfüllt wie zu Stein erstarrt dabei. Swetlana wurde gerufen. Sie legte die Arme um Stalin und rief: ‹Vater, Vater!› Zum Entsetzen seiner Gefährten öffnete Stalin ein Auge, dann das andere, sah seine Tochter an, war aber nicht in der Lage, ein Wort hervorzubringen. Als Berija sah, daß der Diktator nicht tot war, warf er sich auf die Knie und flehte hysterisch um Vergebung. Minuten später trugen die inzwischen eingetroffenen Ärzte Stalin in sein Privatappartement, wo er starb, ohne vorher das Bewußtsein wiederzuerlangen. Das letzte Wort hatte Chruschtschow: ‹Heute nacht haben die Mäuse die Katze begraben›» (Rappoport 1992, 244; Zweifel an

Stalins Deportationsplänen der Jahre 1952/53 – nicht an seinem Antisemitismus und dem seines Nachfolgers Chruschtschow – sind aus dem sowjetischen Spionagemilieus erhoben worden, das aber wiederum eigene Strategien oder auch schlichte Selbstschutzinteressen vertreten mag – vgl. Sudoplatov/Sudoplatov 1994, 308).

39. Theorie: Auschwitz als Bolschewismusbekämpfung (Noltes 5.)

Die Vorstellung, daß Hitler mit der Judenvernichtung den Bolschewismus bekämpfen wollte, den er angeblich als übermächtige und grausame Gefahr ansah und von Juden angeführt glaubte, hält Nolte zweifelsfrei für seine beste Auschwitztheorie: «Der Vernichtungswille resultierte aus Vernichtungsfurcht, ganz wie der Vernichtungswille der Bolschewiki zu einem guten Teil aus der Vernichtungsfurcht entstanden war. Den Antisemitismus der Nationalsozialisten von ihrem Antibolschewismus ablösen zu wollen, ist töricht. Kausale Verknüpfung ist in der Geschichte niemals ‹rein objektiv›, sondern sie spielt sich durch die Vermittlung von subjektivem Bewußtsein ab. In diesem Sinne läßt sich ein ‹kausaler Nexus› zwischen GULag und ‹Auschwitz› schlechterdings nicht bestreiten» (Nolte 1993, 394; dagegen bereits Friedländer 1985, 22).

Die Antibolschewismusthese beherrscht Noltes Denken seit nunmehr dreißig Jahren (Nolte 1963; Nolte 1993). Bestätigt sieht er sie nicht zuletzt durch Hitlers Äußerung gegenüber Max Planck, «alle Juden seien Kommunisten» (Nolte 1993, 375). Dennoch muß überraschen, daß Nolte an seinem Glauben vom «Antibolschewismus als Wurzel von Hitlers ‹Antisemitismus›» (Nolte 1993, 353) so eisern festhält. Er bringt immerhin selbst etliche Belege für Hitlers Wissen darüber, daß die Juden bei seinem sowjetischen Gegner kaum eine Rolle spielen und – wenn sie denn eine spielen – dann eine – wie er triumphiert – Rußland schwächende und gerade nicht zu einer Gefahr erhöhende. Schließlich sind selbst in der Gipfelzeit jüdischer Teilnahme am Bolschewismus (1917 bis 1922) von hundert Delegierten zu den Parteikongressen maximal siebzehn bis zwanzig jüdischer Abstammung. Unter hundert Parteimitgliedern gibt es in den zwanziger Jahren etwa fünf mit jüdischer Herkunft (Muller 1988, 30). Es versteht sich, daß diese Bolschewisten mit dem Judentum gebrochen hatten. Die ganz große Mehrheit der Juden Rußlands stand jeder Spielart des Marxismus fern; für die traditionellen Juden galt das fast zu hundert Prozent. Unter den zum Marxismus konvertierten Juden Rußlands sind etliche in die großen Tötungsaktionen verwickelt. Diese «Juden waren sicher nicht grausamer als die anderen von der Sowjetmacht beauftragten Diener der Weltrevolution. Das Problem bestand eher darin, daß es Juden waren, die erstmals in der russischen Geschichte Politik machten und zu Vertretern der Staatsgewalt wurden. Zum ersten Mal erschienen sie nicht als Opfer, sondern als Täter. Wie dem auch sei: die Schrecken von Revolution und Bürgerkrieg wie die der späteren Repressionen sind fest mit der Gestalt des jüdischen Kommissars verbunden» (Margolina 1992, 47).

Vor diesem allerdings fürchtet der deutsche Diktator sich kaum. Bereits 1925 – in *Mein Kampf* – tönt er ganz angstfrei: «Das Riesenreich im Osten ist reif zum Zusammenbruch» (Hitler 1930, 743). Da Hitlers Hauptziel darin besteht, im Osten Lebensraum zu gewinnen und für die deutsche Besiedlung auszumorden, jubelt er regelrecht über das marxistische Fiasko Rußlands: «Wir sind vom Schicksal ausersehen, Zeugen einer Katastrophe zu werden» (Hitler 1930, 743). Auch weitsichtige britische Zeitgenossen Hitlers – wie Arnold Toynbee – sind (1936) überzeugt, daß Hitler «in einem russisch-deutschen Krieg gewinnen» würde (Deuerlein 1969, 128).

All dies müßte Nolte wissen. Unstrittig aber weiß er, wie Hitler nach dem August 1939 die Sowjetunion sah: «Stalin habe Rußland auf den Weg eines National-Sozialismus gebracht, denn er habe in der großen Säuberung nicht nur Lenins jüdische Gefährten beseitigt, sondern die Juden überhaupt in die zweite und dritte Linie zurückgedrängt» (Nolte 1993, 362). Nolte weiß auch, daß Hitler von Juden ganz sorglos schweigt, wenn er – etwa in einer Rede vom 27. August 1932 – deutschen Unternehmern mit dem Bolschewismus Angst einjagt, um ihre Unterstützung zu gewinnen (Nolte 1993, 356).

Die einzige These, die aus diesem Zusammenhang vielleicht zu gewinnen wäre, läge in der Vorbildfunktion von Stalins Juden- und Oppositionsausrottung zwischen 1935 und 1939 für diejenige Hitlers von 1941 bis 1945. Der deutsche Diktator hat den sowjetmarxistischen diesbezüglich noch am 26. Februar 1945 ausdrücklich gelobt: «Ich bildete mir ein, 15 Jahre der Macht und Verantwortung [1924–1939] müßten einen Realisten – und Stalin ist zweifellos ein Realist – von den Eierschalen der nebulösen marxistischen Ideologie befreien, die nur als Opium weiterhin für fremde Völker in Reserve gehalten wurde. Die Brutalität, mit welcher die jüdische Intelligenz ausgeschaltet wurde, nachdem sie den Zweck, das zaristische Reich zu zersetzen, erfüllt hatte, schien diese Annahme zu unterstreichen» (Trevor-Roper / François-Poncet 1981, 116).

Immer noch unzutreffend, aber doch weniger leicht angreifbar hätte Nolte Stalins Judenmord als Hitlers Vorbild ausgeben können. Noch am 13. März 1940 äußert Goebbels für die Ausmordung der russisch-jüdischen Intelligenz und ihre Rechtfertigung als Trotzkistenbekämpfung eine geradezu «westliche» Abscheu: «Mit der Judenfrage werden die Bolschewiken auf ihre Weise fertig. Sie sind und bleiben Asiaten» (Goebbels 1992, Bd. 4, 72). Bald darauf entfallen solche Mißbilligungen, woraus ein Nolte durchaus auf eine Übernahme von Stalins Methoden in Deutschland hätte schließen können. Sein Vorurteil verlangte jedoch, daß Hitler sich vor einem jüdischen Bolschewismus zu Tode ängstigte.

Hingegen gibt es für Karl Dietrich Bracher keinen Zweifel daran, daß Hitlers Volksgerichtshof ein direktes Imitat Moskauer Vorbilder darstellt: «Auf seine Werkzeuge, das wußte Hitler, konnte er sich verlassen, und so erklärte er denn auch bei einer Lagebesprechung nach dem 20. Juli [1944; Hitlerattentat] abschließend: ‹Aber der Freisler wird das schon machen. Das ist unser Wyschinskij› – eben der Wyschinskij der großen Stalinschen Schauprozesse [von 1935–1936], die unausgesprochen das Vorbild waren» (Bracher 1993, 499). Als russischer Kriegsgefangener hatte Freisler es übrigens «im Verlauf der Oktober-Revolution zum Kommissar gebracht und rühmte sich, seine Laufbahn als überzeugter Kommunist begonnen zu haben» (Fest 1994, 300). Interessanterweise verdreht Nolte Brachers Intention, wenn seinem Werk vorwirft, daß es nichts darüber sage, «wie sich die abgeleitete Stufe [Hitlerismus] aus der ursprünglichen [Marxismus] herleitet» (Nolte 1993, 350).

Die Hitlerfachforschung hat bekanntlich ein zu Noltes Sicht glatt entgegengesetztes Urteil gefällt. Lediglich Marxisten Moskauer Prägung argumentieren weitgehend auf Noltes Linie, was dieser kürzlich nicht ohne Stolz hervorgehoben hat: «Ich war schon einmal ein ‹Wegbereiter›. 1963 war ich mit dem ‹Faschismus in seiner Epoche› ein Wegbereiter der Linksintellektuellen und besonders der neomarxistischen Faschismustheoretiker» (Nolte 1994b). Letztere haben Hitlers Kampf gegen Stalins Sowjetunion allerdings zusätzlich noch mit dem Etikett des «deutschen Imperialismus» belegt (Pätzold 1980, 208). Hingegen schreibt der ebenfalls eher linke Westdeutsche Eberhard Jäckel: «Es war Hitlers Überzeugung, daß der Eroberungskrieg gegen Rußland deswegen ein leichtes Unternehmen sein werde, weil das bolschewistische Regime von Juden getragen wurde, die zur Staatenbildung bekanntlich nicht taugten» (Jäckel 1991, 65). Erst der von Stalin «entjudete» Bolschewismus hätte Hitler also mit Besorgnis erfüllen müssen. In Hitlers eigener Logik hätte er die Juden also nicht ausrotten dürfen, sondern in die Sowjetunion schicken müssen, um etwas gegen den Bolschewismus auszurichten.

Bei einem eher konservativen Historiker wie Andreas Hillgruber, den Jürgen Habermas im Historikerstreit noch neben Nolte als den zweiten Hauptschurken auf die Anklagebank brachte (Habermas 1987a), hätte Nolte sich ebenfalls von seinem «Antisemitismus=Antibolschewismus»-Glauben befreien lassen können. Hitlers Ostkrieg – «der ungeheuerlichste Eroberungs-, Versklavungs- und Vernichtungskrieg» (Nolte 1963, 436) aller Zeiten – ist gerade kein Krieg gegen den Marxismus gewesen. Er diente der Gewinnung eines «blockadefesten» Kolonialraums «für deutsche Siedler in den vermeintlich besten Teilen Rußlands» (Hillgruber 1993, 519). Ein Zar – dem ja schon der Kaiser Lebensraum entreißen wollte – wäre deshalb ebenso ein Gegner geworden wie der «große Führer und weise Lehrer» der Menschheit (zu den Elogen marxistischer Intellektueller auf Stalin vgl. Koenen 1987): «Hitlers Ostkrieg [wird] damals wie heute in dreifacher Weise mißverstanden und fehlgedeutet [...]: (1.) als ‹Kreuzzug› gegen den stalinistischen Bolschewismus, dessen barbarische Exzesse in den dreißiger Jahren weltweites Entsetzen und Abscheu ausgelöst hatten (der stalinistische Terror hatte ja bis 1939 den nationalsozialistischen Terror stark überschattet), (2.) als rein machtpolitischer Vorgang, der sich allein aus den Notwendigkeiten des seit dem September 1939 im Gange befindlichen europäischen Krieges ergab, und (3.) als ‹nationaler Aufbruch› der von den kulturell weit unterlegenen, aber zahlenmäßig viel stärkeren ‹halbasiatischen› Russen 1939/40 bedrängten europäischen Völker des Raumes zwischen dem Schwarzen Meer und Finnland unter der Führung Deutschlands. Aus diesem dreifachen Mißverständnis flossen Hitler für sein Unternehmen ‹Barbarossa› nicht nur aus Deutschland, sondern aus einer ganzen Reihe von europäischen Staaten (auch aus den von Deutschland besetzten Ländern, selbst aus der Sowjetunion) Kräfte zu, ohne die das jahrelange erbitterte Ringen des deutschen und des verbündeten Ostheeres überhaupt nicht zu verstehen ist. Die völlige Andersartigkeit dieses Krieges [...] haben damals nicht nur die Soldaten des Ostheeres in ihrer überwiegenden Mehrheit, sondern selbst die meisten führenden deutschen Militärs nicht klar erfaßt; diese wollten die Konsequenzen z. T. aber auch nicht sehen und haben den Krieg vielfach in der angeführten Weise umgedeutet, obwohl sie es besser wußten oder wissen konnten, da einige Befehle Hitlers die Verbindung zwischen dem – scheinbar konventionellen – Kampf der Waffen an der Front und dem Vernichtungskrieg im rückwärtigen Heeresgebiet im eroberten Ostraum durchaus erkennen ließen. Die Realität des Krieges ist allerdings auch auf angelsächsischer Seite nach dem 22. 6. 1941 nicht richtig durchschaut und beurteilt worden» (Hillgruber 1993, 516ff).

So eindeutig der Ostkrieg gegen Noltes These von Auschwitz als Speerspitze des Krieges gegen einen «jüdischen Bolschewismus» spricht, so sehr ähnelt er Auschwitz doch darin, daß in ihm etwas in der modernen abendländischen Kriegsführung Ungeheuerliches abläuft, das am Ende vielleicht sogar auf Auschwitz selbst ein Licht zu werfen vermag.

40. Theorie: Auschwitz als Imitation des sozialpolitischen Klassenmords der Marxisten durch einen sozialbiologischen Rassenmord der Nationalsozialisten (Noltes 6.)

Wenn die Kommunisten die Herstellung einer einklassigen Gesellschaft durch Klassenmord betreiben, dann dürfe man sich nicht wundern, wenn Rassisten sich davon anregen lassen und die Herstellung einer einrassigen Gesellschaft durch Rassenmord in Angriff nehmen. Nach der mittlerweile fallengelassenen These von Auschwitz als Putativnotwehr (siehe oben 35. Theorie) stellt diese These Noltes zweitbekannteste Auschwitztheorie dar. Sie variiert eine der verbreitetsten Überzeugungen zur Judenvernichtung überhaupt. Wohl kaum eine Formel ist häufiger zu lesen und zu hören als diejenige, daß Hitler die Juden aus seinem Rassenwahn ausrotten ließ. Nolte fügt diesem angeblichen Motiv Hitlers lediglich die marxistischen Lehrmeister hinzu: «Wenn die Klassenzugehörigkeit als solche für todeswürdig erklärt wurde, wenn Lenin die Säuberung der russischen Erde von den ‹Hunden und Schweinen der sterbenden Bourgeoisie› forderte, wenn Sinowjew kaltblütig die Ausrottung von 10 Millionen Menschen ins Auge faßte, wenn nach verbreiteten Berichten die Matrosen in Sewastopol oder Odessa jeden erschossen, der saubere Fingernägel hatte, dann mußte dadurch ein viel tieferes Entsetzen hervorgerufen werden als durch die Massenerschießungen von Kriegsgefangenen der Weißen. [...] Die Ereignisse in Indochina [die 1974 einsetzenden Megatötungen der Pol-Pot-Marxisten und der «Holocaust auf dem Wasser» an den Bootsflüchtlingen aus dem marxistischen Vietnam] sollten nun klargemacht haben, was im Bereich der Klassen-, Völker- und Gruppenvernichtungen das Original und was die Kopie war. Wer die Hitlersche Judenvernichtung nicht in diesem Zusammenhang sehen will, läßt sich möglicherweise von sehr edlen Motiven leiten, aber verfälscht die Geschichte. Er übersieht bei der legitimen Suche nach unmittelbaren Ursachen die Hauptvorbedingungen, ohne die all jene Ursachen wirkungslos geblieben sein würden» (Nolte 1987a, 31f).

In seinem Buch *Streitpunkte* baut Nolte die These noch aus, indem er *vor* der eigentlichen Vernichtung auch das gesamte Nazikonzept historischer Kämpfe als Imitation marxistischer Vorbilder einstuft: «Selbst bei Georg Lanz zu Liebenfels [dazu Daim 1958] läßt sich die Herleitung des Begriffs ‹Rassenkampf› aus dem Begriff ‹Klassenkampf› mit Händen greifen. [...] Wie sehr das alles in der feindseligen Auseinandersetzung mit dem ‹Marxismus› verwurzelt ist, sticht ins Auge, wenn Hitler zu der Forderung gelangt, nicht ‹Proletarier aller Länder, vereinigt euch› müsse es heißen, sondern ‹Antisemiten aller Länder, vereinigt euch›» (Nolte 1993, 352).

Daß die Megatötungen der marxistischen Regime den Ausrottungen durch die Nazis vorhergingen und sogar – allerdings in siebzig und nicht in nur zwölf Jahren – mindestens um den Faktor 5 übertrafen, ist gewiß unstrittig (siehe auch oben 8. Theorie). Mit der Vorstellung, daß Hitler mit Auschwitz «Rassenpolitik» getrieben habe, steht Nolte nicht einmal in der engeren Fachforschung allein. Sein entschiedenster Widerpart in Deutschland, Eberhard Jäckel, gebraucht da ganz ähnliche Formulierungen: «Hitler hatte nur zwei wirkliche Ziele, ein außenpolitisches und ein rassenpolitisches. / In dem Maße, in dem die Aussicht auf Eroberung von Lebensraum schwand, mag Hitler die Ausrottung der Juden als das allein noch erreichbare Kriegsziel erschienen sein. Sollte das außenpolitische Konzept scheitern, so war wenigstens das rassenpolitische unumkehrbar eingeleitet» (Jäckel 1991, 93/77).

Überdies ist Nolte mit der Vorstellung, daß die europäischen Rechtsradikalen die Linksradikalen von Anfang an und bis hin zu kleinsten Details und Sujets ihrer Bewegungen imitiert haben, keineswegs originell (vgl.

ausführlich Methvin 1973). Der entscheidende Einwand gegen ihn kann denn auch nicht in Gegenrechnungen oder anderen Gewichtungen von Prioritäten bestehen. Schließlich standen alle Staaten der westlichen Welt atemlos vor dem unerhörten Blutrausch des Sowjetmarxismus. In allen Staaten haben die einen sich davor gefürchtet und die anderen darüber frohlockt. In vielen dieser Länder sind auch Maßnahmen gegen die eigenen Marxisten ergriffen worden. In keiner dieser Nationen jedoch haben Mehrheiten der besonnenen Kräfte die Sowjetunion als Lehrmeister gesehen – weder im nihilistischen noch im positiven Sinne.

Das gilt auch für Hitler. Wenn er den sowjetischen Klassenmord mit gleicher Münze hätte heimzahlen wollen, dann wäre eine Totalausrottung vor allem der deutschen Marxisten der konsequente Schritt gewesen. Obwohl er die nun wirklich in der Hand hatte, ist das – ungeachtet sehr vieler Morde an deutschen Kommunisten und Sozialdemokraten – nicht geschehen. Hitler – das muß unterstrichen werden – reagierte mit Auschwitz nicht auf Aktionen der Sowjetunion, sondern agierte nach eigenem Plan. Die Gewinnung und Ausmordung von Lebensraum im Osten war Hauptkonstante seiner Politik. Dafür brauchte er moderne Lehmgeister nicht. Die Lebensraumidee war wilhelminisch (Fischer 1984; 1993). Anregungen für ihre mörderische Ausführung kamen von Mongolenfürsten wie Dschingis-Khan und Tamerlan, die im 13. und 14. Jahrhundert quer durch Asien und Europa massakrierten (siehe unten Kapitel III.3). Megatötungen der sowjetischen Marxisten dienten vor den eigenen Gesinnungsgenossen gewiß immer wieder als wohlfeile Rechtfertigungen und ebenso als «Rache»-Ansporn für das eigene Vorgehen. Dieses aber lebte aus ganz eigenen Quellen.

41. *Theorie:* Auschwitz gegen die «ewige Linke» (Noltes 7.)

Die von Nolte erstrebte Historisierung von Auschwitz ist für ihn vielleicht erst damit wirklich greifbar geworden, daß er die Judenvernichtung in eine Linie stellt, die Vergangenheit, Gegenwart *und* Zukunft hat. Sie erscheint nun als lediglich eine Etappe des Kampfes gegen die «ewige Linke» (Nolte 1993, 323–334), die – so muß man mit Nolte schließen – auch nach oder trotz Auschwitz nicht aufgegeben werde. Die Linke selbst hat in ihren drei Auschwitztheorien (siehe oben 15., 16. und 28. Theorie) die Judenausrottung niemals als Angriff auf sich selbst gesehen. Nolte hält das für eine grobe Nachlässigkeit: «Jenes dumpfe Aufbegehren, das in Rom und Griechenland zu Sklavenaufständen und Volksaufruhr führte, ist nur die Basis der ‹Ewigen Linken›; als sie selbst tritt sie erst hervor, wenn sie zu einer Lehre fortgebildet wird, zu einer Lehre von der Gegenwart als dem Reich der Ungerechtigkeit und von der fernen Vergangenheit und einer erhofften Zukunft als der Herrschaft der Gerechtigkeit und also dem ‹Reich Gottes›. Nirgendwo ist dieser Schritt unübersehbarer vollzogen worden als im alten Israel. [...] Mit größerer Sprachgewalt waren die Reichen in der Tat noch nie angegriffen worden als von Jesaja [5: 8]: ‹Weh denen, die ein Haus zum anderen bringen und einen Acker an den anderen rücken, bis kein Raum mehr da ist und sie allein das Land besitzen›. [...] Nur an dieser Stelle der alten Welt wird ein ‹Messianismus› greifbar, der primär vom Kampf gegen die ‹Ungerechtigkeit› ausgeht, so gewiß die Lehre vom Einen Gott und die zuversichtliche Hoffnung auf den künftigen Sieg Israels in Gestalt eines universalen Friedensreiches, wo die Völker ‹ihre Schwerter zu Pflugscharen und ihre Spieße zu Sicheln machen und hinfort nicht mehr lernen, Krieg zu führen› [Jesaja 2: 4], unentbehrliche Elemente sind. Es ist nicht verwunderlich, daß alle Bauernaufstände und alle Häresien im christlichen Abendland sich auf Sprüche des Alten Testaments berufen konnten» (Nolte 1993, 327).

Auschwitz erscheint für Nolte jetzt nicht nur als ein Kampf gegen die Bolschewiki (39. Theorie) und schon gar nicht als eine rassenhygienische Maßnahme (40. Theorie), sondern als Angriff auf die originären und für ihn auch ewigen Träger einer Weltanschauung. Ohne das Grunddokument des Judentums – die hebräische Bibel – hätte es den Bolschewismus und so vieles «Linke» vor und nach ihm gar nicht erst gegeben. Einmal mehr ist Nolte entgegenzuhalten, daß Hitler im Bolschewismus gerade die Chance erblickte, leichter an den Lebensraum im Osten heranzukommen (siehe Argumentation zur 39. Theorie). Gleichwohl könnte er mit der Argumentation gegen die «ewige Linke» erstmals an etwas streifen, das Aufmerksamkeit verdient – nämlich daß Hitler gegen einen Geist, eine Ethik kämpft. In einem Zeitschrifteninterview geht er weiter in diese Richtung, wenn er Hitler gegen etwas angehen sieht, das «Heidegger die friedliche Weltzivilisation nennt» (*Spiegel*-Gespräch 1994, 91).»

42. Theorie: Auschwitz als Angriff auf den Intellekt der Menschheit (Noltes 8.)

In seiner letzten Auschwitztheorie schreibt Nolte zum erstenmal – so scheint es – mit Wärme, ja beinahe mit Liebe über das Judentum. Ihn beschäftigt Hitlers Aussage gegenüber Goebbels aus dem Jahre 1943, daß der «Urmensch» die mit dem Gewissen amalgamierte Lüge noch nicht gekannt habe. Diese stamme vom Juden, denn «der Jude sei das absolut intellektuelle Wesen» (Nolte 1993, 400). Der Auschwitztheoretiker ahnt (wohl in Anlehnung an Young 1992, 293), daß mit dieser Kennzeichnung weder vom viel beschworenen Antibolschewismus noch von der kaum weniger favorisierten Rassenminderwertigkeit die Rede sein kann. Darob versucht er den Gedanken, ob Hitler mit dem Judenmord vielleicht die Menschheit auf eine primitivere – oder gar auf eine minderwertigere – Stufe der Geschichtslosigkeit zurückbringen wollte: «An dieser Behauptung ist vieles richtig: Die Juden nennen sich selbst mit Recht ‹das Volk des Buches‹, bei keinem Volk ist intellektuelle Leistung so hoch angesehen, und die Angehörigen keines anderen Volkes haben in der Neuzeit vergleichsweise so viele und überragende intellektuelle Leistungen erbracht» (Nolte 1993, 400). Haben die Nazis versucht, «das ‹Volk Gottes› oder, in nicht-theologischer Sprache, das ‹Volk der Menschheit› aus der Welt zu schaffen, um eine menschheitsfeindliche Rassenherrschaft zu errichten?» (Nolte 1993, 391).

In der Beantwortung dieser Frage geht er nun wirklich einen erstaunlichen Weg: «Was Hitler letzten Endes anzuhalten und zu beseitigen versuchte, war also [. . .] der Prozeß der ‹Intellektualisierung der Welt›, das immer stärkere Hervortreten der *ratio* von Individuen und der damit verbundenen Komplizierungen, Undurchsichtigkeiten, ‹Unnatürlichkeiten›, die nichts Geringeres als die Herrschaft der ‹grausamen Königin aller Weisheit›, der Natur und damit die Entfaltung des wahren Lebens kriegerischer Tapferkeit und weiblicher Fruchtbarkeit zerstören. Damit erst ist der Gedankengang zum äußersten Punkt gelangt. Was Hitler im Interesse des ‹Lebens› zum Stehen [. . .] bringen wollte, indem er die angeblichen Urheber vernichtete, war nichts anderes als das Nicht-bloß-Lebensmäßige im Menschen, die Transzendenz, die im ‹Intellekt› ihre greifbarste Erscheinungsform hat und die den Menschen ins völlig Unbekannte und Undurchschaubare zu treiben vermag, vielleicht bis zum Verlassen der Erde und bis zur Alterslosigkeit» (Nolte 1993, 401).

An dieser Stelle enträtselt sich das Stück Hochachtung, das Nolte in seiner achten Theorie dem Judentum entgegenbringt. Er sieht sich als Historiker selbst auf der Seite des «Intellekts» und wird damit ebenfalls ein potentiell Verfolgter: «Kein ‹Intellektueller› kann daran zweifeln, wie er urteilen soll, da er in den Juden sein eigenes Wesen verworfen sieht» (Nolte 1993, 401). Nolte übertrifft hier die Antimodernisierungsthese (siehe oben 13. Theorie), indem er das Judentum nicht etwa mit Parlament oder Egalitarismus gleichsetzt, sondern mit dem kritischen Verstand selbst.

Wie schon bei der «ewigen Linken» muß auffallen, daß Nolte im Judentum auf einmal einen respektablen, ja Ehrfurcht gebietenden Gegner Hitlers identifiziert. Entscheiden aber kann er sich dafür nicht. Mit Leidenschaft steckt er nur in seinen Antibolschewismus- und Rassenmordtheorien. Und es wird zu fragen sein, ob Hitler wirklich Intellekt bekämpft, auf den er doch bei sich selbst so stolz ist und den er am Judentum bestenfalls beneiden kann. Die andere noch lebendige Kultur des Altertums, die allerdings frei ist von der jüdischen Ethik der Lebensheiligkeit, bezaubert Hitler gerade durch ihre geistigen Werke: «Hitler war ein Kenner und Bewunderer der klassischen chinesischen Kultur, ihrer Kunstwerke, ihrer wissenschaftlichen Leistungen und ihrer Literatur» (Picker 1976, 145). Dagegen gilt selbst fünfzig Jahre nach Hitler für die ethische Seite des Giganten Ostasiens: «In China verschwinden Jahr für Jahr etwa 500 000 neugeborene Mädchen» (Han 1991, 27). Nicht so sehr in der jüdischen Intelligenz also, sondern im Geist des Judentums muß stecken, was Hitler mit Genozid aus der abendländischen Zivilisation austilgen will.

IV. Warum Auschwitz?

Hitlers Plan

«Eichmann und Höß haben nicht selbst mit dem Führer gesprochen. So hören wir nur von einem Mann wie Eichmann, der von Heydrich gehört hatte, der von Himmler gehört hatte, was Hitler gesagt hatte. Für Geschichtsschreiber ist das allerdings nicht die beste Quelle. Dennoch hat Eichmann in Argentinien darüber wiederholt geschrieben. Er hat so viel darüber gesagt, daß es doch ganz sicher geschehen sein muß. Er wurde zu Heydrich bestellt. Er wußte nicht mehr genau, wann. Aber Heydrich sagte zu ihm: Der Führer hat nun die physische Ausrottung des jüdischen Volkes beschlossen. Und selbst Heydrich scheint beunruhigt gewesen zu sein. Selbst er konnte die Konsequenz dieser Worte nicht ganz verstehen. Schließlich und endlich wurde mit diesem Schritt ja die Weltgeschichte geändert» (Hilberg 1985 c, 187).

«Kein Hitler, kein Holocaust» (Himmelfarb 1984, 37).

«Dem Holocaust selbst kommt kein rational erfaßbarer Sinn zu» (Herzig 1992, 17).

«Der Holocaust ist weder zu erklären noch zu verstehen. Er hatte keinen Zweck; er war weder die Befreiung noch ein Ereignis innerhalb einer Kausalitätskette. Auch nachträglich ist er nicht in die Geschichte einzugliedern» (Heller 1993, 61).

«Der Holocaust bleibt unerklärbar» (Leon 1994, 17).

Hatte Hitler neben all den Antisemitismen seiner Zeitgenossen einen zusätzlichen Grund, die Juden auszurotten? Gab es jenseits all der Judenhetze, die er duldete, ermutigte und auch selber in vielen Schattierungen anführte oder anfeuerte, ein Motiv, das die anderen Mitarbeiter der Mordmaschine nicht hatten, ja nicht einmal kennen mußten? Kann dieser besondere Grund Hitlers vielleicht auch das Schicksal der unter seiner Diktatur verfolgten Christen erhellen? Reichen also der unstrittige Judenhaß der Deutschen, ihre bestialische Bürokratie, ihre Gehorsamsverliebtheit, ihre apokalyptische Entschlossenheit und die Großheitsanwandlungen ihrer Intellektuellen allein keineswegs aus, um die Tat zu erklären? Wenn das zutrifft und wenn überdies die besten Hitlerforscher sich darüber einig sind, daß die bisher rätselhaft gebliebene Kernmotivation für Auschwitz im Denken dieses Mannes zu verorten ist, sollte sie nach genauerer Untersuchung dann nicht auch erkennbar werden?

Hitlers Ausrottungskampf gegen das Judentum ist auch nach mehr als vierzig Theorien aus fünfzig Jahren immer noch unbegriffen, weil er sich in einem anderen Wasser befindet als seine Gegner, seine Erforscher und sogar fast alle seine Anhänger. Hitlers Opponenten, Analytiker und auch die meisten seiner Untertanen reden von Primitivität, Wahn, Barbarei, Brutalität, kriminellem Irrweg, moralischem Versagen, Selbstzerstörung, nie gesehener Gewissenlosigkeit, kältester Erbarmungslosigkeit, schwerstem Bruch des Menschenrechts, Unrechtsstaat, unerhörtem Massenmord und größtem Verbrechen der Geschichte, weil sie von einer Moral her denken, die sie zu diesen Aussagen befähigt. Hitler hat im eigenen Verständnis diese Moral jedoch nicht verletzt, sondern sich vorgenommen, sie abzuschaffen. Er will erreichen, daß niemand mehr da ist, dem es auch nur noch einfiele, beim Blick auf seine Taten von Wahn, Barbarei, Gewissenlosigkeit, Kälte, Massenmord und dem absoluten Megaverbrechen der Geschichte zu sprechen. Mit diesem neuen moralischen Wasser sollten alle «nordischen» Völker getauft werden, damit sie im anstehenden Völkerringen nicht aus «Gefühlsduseleien» bzw. aus mangelnder «Rücksichtslosigkeit» untergingen.

Was Hitler sich vorgenommen hatte, konnte ohne Wahn oder einfach nur unmäßigem Haß geschehen. Ohne Wahn entschied er zum Beispiel, daß die sowjetischen Kriegsgefangenen umzubringen sind, was mit 3,3 Millionen von ihnen ja geschah, während diejenigen der Westalliierten – von Ausnahmen abgesehen – den Schutz des Völkerrechts vorerst behielten. Im letzten Kriegsjahr sind auf Vorschlag Görings vom 14./15. Mai 1944 aber auch abgeschossene alliierte Piloten als sog. «Terrorflieger» der SS zur Ermordung übergeben worden (Bross 1950, 63 ff). Insgesamt jedoch wird eine klare Trennung zwischen dem Westen und dem östlichen «Lebensraum» gezogen. Eine so klar kalkulierte Politik vollzieht kein wahnsinniger Psychopath. «Keine Gefangenen machen» war geächtete, aber nicht unbekannte Kriegspraxis. Eine militärstrategisch motivierte Beseitigung des Tötungsverbotes jedoch war im neuzeitlichen Abendland noch nie versucht worden. Oft und maßlos war das mosaische Gesetz gebrochen, aber eben doch nicht abgeschafft worden. Der Gedanke, sich durch genozidale Ausschaltung der jüdischen Liebes- und Lebensschutzgebote überlegene Schlagkraft zu sichern, wurde Hitlers ureigner Beitrag zur modernen Kriegsgeschichte.

Lucy S. Dawidowicz schreibt in der Einleitung ihrer epochalen Studie *The War Against the Jews 1933 – 1945*, wie schwer es ihr gefallen sei, gelassen zu bleiben: «Beim Schreiben über eine Nation, die das Gebot ‹Du sollst nicht morden› gebrochen hat, ist es unmöglich, das zu bleiben, was Charles Beard als ‹neutralen Spiegel› bezeichnet hat» (Dawidowicz 1975, XXVIIf; in der deutschen Übersetzung [Dawidowicz 1976, 11] wurde dieser Satz übrigens getilgt). Bereits in der Einleitung wirft die Autorin – womit sie exemplarisch vorgeht – den Schlüssel zum Verständnis des Holocaust fort. Das kann man nur mit großer Sympathie nachempfinden. Hitler jedoch hat nach seinem Verständnis das fünfte Gebot und fast den gesamten übrigen Kanon des jüdischen Gesetzes nicht «gebrochen». Er arbeitet an einem ganz anderen Gesetz, in dem nicht mehr der Schutz des Lebens, sondern der militärische Sieg der Deutschen oberste Leitlinie sein soll. Sein eigener Vorwurf an die Deutschen lautet denn auch genau umgekehrt: Er kritisiert sie, weil zu viele von ihnen immer noch zu sehr unter dem Eindruck des fünften Gebots stehen und auf ihr Gewissen hören, statt jederzeit und überall dem Recht des Stärkeren rücksichts- und gewissenlos zum Erfolg zu verhelfen.

Am 18. Dezember 1940 bekommen 5000 auserlesene Offiziersanwärter zu hören: «Schlage – oder du wirst geschlagen! Töte – oder du wirst getötet» (Hammer 1974, 19). Noch im Hochgefühl des Sieges über Polen – am 23. November 1939 – droht er seinen Deutschen mit Untergang: «Zwangsläufig kam es erst zum Kampf gegen Polen. Man wird mir vorwerfen: Kampf und wieder Kampf! Ich sehe im Kampf das Schicksal aller Wesen. Niemand kann dem Kampf entgehen, falls er nicht unterliegen will. [...] Keine geklügelte Gescheitheit hilft hier, nur die Lösung mit dem Schwert. Ein Volk, das die Kraft nicht aufbringt zum Kampf, muß abtreten» (Hammer 1974, 19). «Soll es vergehen», das deutsche Volk, wenn es sich nicht als rücksichtslos genug erweise, «sagte er am 27. November 1941 einem ausländischen Staatsmann, und er werde ihm dann, fügte er hinzu, ‹keine Träne nachweinen›» (Jäckel 1991, 138).

Die Gesetzlosigkeit als Norm interessiert Hitler. Für die Herbeiführung einer so funktionierenden Gesellschaft ist kein dumpf-brodelnder Wüterich am Werk, sondern ein Analytiker, der die ethischen Fesseln studiert hat, von denen er seine im Weltmachtkampf stehenden Germanen wieder freimachen will. Im Oktober 1939 – kurz nach der Niederwerfung Polens – spricht er zu Keitel von einem «harten Volkstumskampf, der keine gesetzlichen Bindungen gestattet. [...] ‹Seine› Methoden werden mit unseren sonstigen Prinzipien unvereinbar sein» (Friedrich 1993, 434).

IV.1 Der Angriff auf die Heiligkeit des Lebens

Hitler konnte sich die Abschaffung der herrschenden Moral vornehmen, weil er wußte, daß sie keineswegs immer schon da war, sondern einen historischen Anfang hatte und davor nicht existierte: «Wenn aber Völker um ihre Existenz auf diesem Planeten kämpfen, mithin die Schicksalsfrage von Sein oder Nichtsein an sie herantritt, fallen alle Erwägungen von Humanität und Ästhetik in ein Nichts zusammen und scheiden aus, denn alle diese Vorstellungen schweben nicht im Weltäther, sondern stammen aus der Phantasie des Menschen und sind an ihn gebunden. Sein Scheiden von dieser Welt löst auch diese Begriffe wieder in ein wesenloses Nichtdasein auf; denn die Natur kennt sie nicht» (Hitler 1930, 195). Am meisten beunruhigt ihn bei diesem Gedankengang die Möglichkeit, daß humanitäre Erwägungen die Rücksichtslosigkeit im Umgang mit dem Gegner einschränken könnten. Sie «scheiden als bestimmend für die Formen des Kampfes vollständig aus, sobald durch sie die Selbsterhaltungskraft eines im Kampfe liegenden Volkes gelähmt werden könnte» (Hitler 1930, 195).

Hitler wußte auch, daß die «Erwägungen von Humanität» ihren geschichtsmächtigen Anfang im jüdischen Monotheismus hatten. Mit dessen Ausbreitung hatten sie ihren Siegeszug um die Welt begonnen. Bis dahin galten andere Gesetze, wie er schon 1934 ausgedrückt haben soll: «Wir haben die Pflicht zu entvölkern, wie wir die Pflicht der sachgemäßen Pflege der deutschen Bevölkerung haben. Es wird eine Technik der Entvölkerung entwickelt werden müssen. Was heißt entvölkern, werden Sie fragen. Ob ich ganze Volksstämme beseitigen wolle? Jawohl, so ungefähr, darauf wird es hinauslaufen. Die Natur ist grausam. Darum dürfen wir es auch sein. / Nachdem so lange Jahrhunderte vom Schutz der Armen gefaselt worden ist, mag es an der Zeit sein, sich zum Schutz der Starken vor den Minderwertigen zu bekennen. Es wird eine der wichtigsten Aufgaben einer deutschen Politik für alle Zeiten sein, das weitere

Wachstum der slawischen Völker mit allen Mitteln zu verhindern. Der natürliche Instinkt gebietet jedem Lebewesen, seinen Feind nicht bloß zu besiegen, sondern ihn zu vernichten. In früheren Zeitaltern gab es das gute Recht des Siegers, ganze Stämme, ganze Völker auszurotten» (Rauschning* 1988, 129/130).

Anders als seine Modernisierungsdeuter weiß Hitler also, daß er zu etwas Urtümlichem zurückwill. Und anders als seine Antimodernisierungsdeuter weiß er, daß schon das alte Judentum – und nicht erst das säkularisierte des 19. / 20. Jahrhunderts – jenes höchst moderne Element enthält, hinter das er unbedingt wieder zurückwill. Hitler sagt auch, wo er den Schuldigen dafür sieht, daß die Ausrotterei mittlerweile als höchst unmodernes Verbrechen gilt: «Es ist der fundamentale Irrtum dieser Advokaten und Gesetzesmacher, daß man mit einer Verfassung und einem Rechtskodex Leben schaffen könne. / Unsere Revolution ist nicht bloß eine politische und soziale. Wir stehen vor einer ungeheuren Umwälzung der Moralbegriffe und der geistigen Orientierung des Menschen. Mit unserer Bewegung ist erst das mittlere Zeitalter, das Mittelalter abgeschlossen. Wir beenden einen Irrweg der Menschheit. Die Tafeln vom Berge Sinai haben ihre Gültigkeit verloren. Das Gewissen ist eine jüdische Erfindung» (Rauschning 1988, 189/210; vgl. auch Birnbaum 1989, 110, und ähnlich Steiner 1991, 47, die diese Äußerung sehr ernst nehmen).

In der Tat ist das umfassende, also auch Neugeborene einschließende Tötungsverbot eine historische Errungenschaft des Judentums (Heinsohn 1979) – des Glaubens, «daß Leben und Tod durch die ethischen Kategorien von Gut und Böse bestimmt werden» (Berkovits 1993, 69; vgl. Berkovits 1973, 86 – 113). Zur schrittweisen Überwindung des von

* Zur Authentizität der Äußerungen Hitlers in den Aufzeichnungen von Hermann Rauschning gibt es in der historischen Beurteilung ein ausgeprägtes und keineswegs abgeschlossenes Pro und Contra (vor allem Schieder 1972 und Broszat 1988b gegen Hänel 1984 und Tobias 1990). Einige Autoren zitieren Rauschning gar nicht, während andere ihn cum grano salis umfassend heranziehen. In einem – auch hier gewählten – Mittelweg wird Rauschning zumindest in solchen Passagen herangezogen, die von Äußerungen Hitlers aus anderen Zusammenhängen und auch durch seine Taten gedeckt sind. Daß Rauschning keine stenographischen Mitschriften seiner maximal drei Begegnungen mit Hitler geliefert hat und in seinem Text auch Interpretationen von Hitlers Gedankengut stecken, ist für alle an der Kontroverse Beteiligten unstrittig.

Hitler wiederzubelebenden «guten Gesetzes», das Gefangenen und auch Stammesfremden keinen Lebensort gibt, hat sich mit vielleicht größter Verwunderung Lewis Henry Morgan in seiner großen Studie über *Die Urgesellschaft* im Jahre 1877 geäußert. Er hat sich kaum darüber beruhigen können, wie selbstverständlich durch die Menschheitsgeschichte hindurch ein «blutsfremdes» Leben verwirkt war, bis sich dieser Rechtlosigkeit die jüdische Ethik von der Heiligkeit des Lebens in den Weg stellte – oft genug vorgetragen von Christen, deren Kirchen diese Ethik ja ebenfalls angenommen hatten: «Die Azteken wechselten oder entließen Gefangene ebensowenig wie die nördlichen Indianer. Bei den letzteren war der Marterpfahl das Los der Gefangenen, wenn er nicht durch Adoption gerettet wurde; bei den ersteren jedoch wurde der unglückliche Gefangene, der Lehre der Priesterschaft gemäß, dem obersten Gott, den sie anbeteten, zum Opfer dargebracht. Dem Dienst der Götter das Leben der Gefangenen zu weihen, ein Leben, das nach uralten Vorstellungen der Wilden und Barbaren verwirkt war, das war die hohe Auffassung der ersten Hierarchie in der Entwicklungsfolge der gesellschaftlichen Einrichtungen. / Vielleicht dürfte eine ähnliche Geschichte bei allen anderen bedeutenden Stämmen der Menschheit sich abgespielt haben. In den drei Unterperioden der Barbarei tauchten hinsichtlich der Behandlung der Gefangenen drei aufeinanderfolgende Verfahren auf. Nach dem ersten wurde er am Marterpfahl verbrannt, nach dem zweiten den Göttern geopfert und nach dem dritten Verfahren zum Sklaven gemacht. Diese alle gingen von dem Grundsatz aus, daß der Erbeuter Herr über Leben und Tod seines Gefangenen sei, ein Grundsatz, der in der menschlichen Vorstellung so tiefe Wurzeln schlug, daß die vereinten Anstrengungen der Zivilisation und des Christentums zu seiner Ausrottung erforderlich waren» (Morgan 1908, S. 163, Fn 113).

Zu dieser verstörenden Abwesenheit des Rechtes auf Leben in der allenthalben so romantisierten Stammesgesellschaft gesellte sich später der kaum weniger ernüchternde ethnologische Befund, daß es den *edlen Wilden* überhaupt nie gegeben hat. Keiner hatte ihn leidenschaftlicher gesucht als Marcel Mauss, der herausragende Name der Völkerkunde im ersten Viertel unseres Jahrhunderts. Auch und besonders für die Stammesgesellschaften galt, so resümierte er voller Bitterkeit: «Der Erste, Schönste, Erfolgreichste, Stärkste und Reichste sein – danach strebt man» (Mauss 1975, 134).

Hier ist nicht der Ort, die Schaffung des generellen Tötungsverbotes (außerhalb von Strafrecht und Verteidigungskrieg) und damit die zumindest gesetzliche Brechung eines Vorrechts der Stärkeren durch das monotheistische Judentum zu erklären (Heinsohn 1979; 1988; 1990; 1994a). Aber der Kern der jüdischen Ethik ist in aller Kürze noch einmal in Erinnerung zu rufen, um besser zu verstehen, hinter welche Errungenschaften Hitler zurückwill, um die Gesetze der Vorgeschichte wieder aufleben zu lassen. Die jüdische Ethik entsteht im 1. Jahrtausend v. u. Z. als direkte Absetzung vom Altisraelitentum, das sich von den übrigen Kulturen Altvorderasiens nicht sonderlich unterschied. Das galt für die militärische Rücksichtslosigkeit ebenso wie für die zentrale religiöse Praxis des Blutopfers. Dagegen stellt sich eine Bewegung, die heute als monotheistisches Judentum bezeichnet wird. Ihr Kerngedanke verdichtet sich in einem einzigen prophetischen Satz: «Ich habe Lust an der Liebe und nicht am Opfer» (*Hosea* 6: 6). Diese gegen die Opfertötung gerichtete Predigt eint die großen Schriftpropheten (Heinsohn 1992b, 130f). Sie steht auch im Kern des sinaitischen Dekaloges als fünftes Gebot: «Du sollst nicht morden» (2. *Mose* 20: 13 bzw. 5. *Mose* 5: 17). Die für die jüdischen Menschen *aller* Richtungen wohl bis heute zentrale Passage lautet: «Siehe ich habe dir heute vorgelegt das Leben und das Gute. / Ich nehme Himmel und Erde heute über euch zu Zeugen: Ich habe euch Leben und Tod, Segen und Fluch vorgelegt, damit du das Leben erwählst» (5. *Mose* 30: 15/19).

Die Ausgestaltungen der prophetischen Lehre werden – neben der Unantastbarkeit des Lebens – zu den strengsten, aber auch anziehendsten Bestimmungen des jüdischen Gesetzes verdichtet: «Du sollst deinen Nächsten lieben wie dich selbst. / Wenn ein Fremdling bei euch wohnt in eurem Lande, den sollt ihr nicht bedrücken. Er soll bei euch wohnen wie ein Einheimischer unter euch, und du sollst ihn lieben wie dich selbst» (3. *Mose* 19: 18 u. 33 – 34).

Neben der Unantastbarkeit des Lebens und den Liebesgeboten erwachsen aus der Opferverwerfung ebenfalls die Gebote der Gerechtigkeit und der Caritas: «Wird wohl der Herr Gefallen haben an viel tausend Widdern, an unzähligen Strömen von Öl? / Es ist Dir gesagt, Mensch, was gut ist, und was der Herr von Dir fordert, nämlich Gottes Worte halten und Liebe üben» (*Micha* 6: 7 – 8). *Amos* (5: 24) ergänzt: «Es ströme aber das Recht wie Wasser und die Gerechtigkeit wie ein nie versiegender Bach.» Die Universalität dieser Anforderungen unterstreicht derselbe Autor in der frühesten uns bekannten Verwerfung jeden Rassedünkels: «Seid ihr

Kinder Israel mir nicht gleichwie die Mohren? spricht der Herr. Habe ich nicht Israel aus Ägyptenland geführt und die Philister aus Kaphtor und die Aramäer aus Kir» (*Amos* 9:7).

Daß die zuerst von den Propheten formulierte Ethik auch innerhalb des Judentums nicht mehr zu übertreffen war, belegen die rabbinischen Lehrer aus dem 1. Jahrhundert v. u. Z. Gegenüber fragenden Menschen aus den um sie her lebenden Völkern mit Blutopferreligionen bringen sie das Gesetz des jüdischen Monotheismus auf berühmt gewordene Kurzformeln: «Was dir nicht lieb ist, das tue auch deinem Nächsten nicht», fordert *Hillel aus Judäa* (*Babylonischer Talmud*, «Traktat Sabbat» 31a). Die Griechen in Ägypten und der übrigen Welt vernehmen von *Philo aus Alexandria*: «Um es kurz zu fassen, sind die beiden obersten Hauptstücke all der zahllosen Lehren im Verhältnis zu Gott die Frömmigkeit und die Heiligkeit und im Verhältnis zu den Menschen die Menschenliebe und Gerechtigkeit» (*De specialibus legibus* II: 63). Und den Rassisten wird einmal mehr bedeutet, daß alle Menschen Adams Kinder sind und deshalb keiner zum anderen sagen könne: «Mein Vater ist größer als der deine» (*Babylonischer Talmud*, «Traktat Sanhedrin» 59b).

Die Völker des Altertums hat am Judentum vor allem beeindruckt, daß selbst Neugeborene, die griechische und römische Familienväter zum Zwecke der Geburtenkontrolle dem Infantizid aussetzen durften, in den Lebensschutz einbezogen waren. Diese Totalität des Rechts auf Leben, das auch behinderte Säuglinge einschloß, kannte man sonst nicht im abendländischen Kulturkreis. Schon um 300 v. u. Z. wundert sich der griechische Philosoph Hekatäus von Abdera darüber, daß die Juden alle ihre Kinder aufziehen (Stern 1976, 29). Der größte Historiker für die römische Kaiserzeit, Tacitus, schreibt im 1. Jahrhundert u. Z. über die Juden: «Es ist eine tödliche Sünde, ein ungewolltes Kind zu töten» (*Historien* V: 5; Stern 1980, 26). Im Jahre 318 u. Z. schließlich wird unter Konstantin dem Großen das jüdische Kindestötungsverbot zum Gesetz des römischen Weltreiches erhoben und ist auch danach aus den Strafgesetzen des Abendlandes nicht mehr getilgt worden (Heinsohn/Knieper/Steiger 1979, 316ff).

Hitler wußte um die Gesetze der jüdischen Ethik und konnte sie auch als Teil des Christentums immer noch als entlehnte «jüdische Erfindung» erkennen. Damit unterscheidet er sich von vielen seiner modernen Analytiker. Die meisten Völkermordforscher ahnen oft nicht einmal, was gerade Hitler sehr gut versteht: Die Lebensheiligkeits- und Liebesgebote sind das genuin jüdische Element des Christentums, während das Heil aus dem Opfertod eines die Gottheit repräsentierenden Menschen, das den Kern des Credos ausmacht, antijüdisch ist und selbst von einem Hitler nicht angegriffen wird.

Hitler konnte gar nicht anders, als in der jüdischen Ethik den Gegenpol seines Sozialdarwinismus zu erkennen. Schließlich bricht das Gesetz des Judentums das Gesetz von «Mutter Natur», der Lebensheiligkeit, Nächstenliebe, Gerechtigkeit und Minderheitenschutz ja entschieden fremd sind. Die «Natur» aber werde am Judentum Rache nehmen und habe dafür Hitler selbst die Exekution übertragen: «Die ewige Natur rächt unerbittlich die Übertretung ihrer Gebote. So glaube ich heute im Sinne des allmächtigen Schöpfers zu handeln: Indem ich mich der Juden erwehre, kämpfe ich für das Werk des Herrn» (Hitler 1930, 70; Nolte 1993, 291). Elf Jahre später – am 3. August 1941 – wird ihm einer entgegentreten, ein Christ und Bischof von Münster, der nicht anders klingt als die Propheten des jüdischen Monotheismus. Ohne Hitler beim Namen zu nennen, wird Clemens August von Galen ins Volk rufen: «Statt des einzig wahren ewigen Gottes macht man sich nach Gefallen eigene Götzen, um sie anzubeten: Die Natur oder den Staat oder das Volk oder die Rasse» (Portman 1961, 364).

Nicht einmal den selbst ausgewählten Spitzen seines Militärapparats traute Hitler zu, die archaische Moral vom schieren Tötungsrecht des Siegers hemmungslos wieder einzuführen. Eine Woche vor Beginn des Zweiten Weltkriegs und einen Tag vor seinem Pakt mit Stalin – am 22. August 1939 – stimmt er sie auf seine neue Weltanschauung ein und scheut sich nicht, den höchsten Militärführern des Reiches mit standesrechtlicher Erschießung zu drohen, wenn sie auf den Regeln des Kriegsrechts beharren, also das Ausrotten der polnischen Zivilbevölkerung verweigern sollten: «Unsere Stärke ist unsere Schnelligkeit und unsere Brutalität. Dschingis-Khan hat Millionen Frauen und Kinder in den Tod gejagt, *bewußt und fröhlichen Herzens*. Die Geschichte sieht in ihm nur den großen Staatengründer. Was die schwache westeuropäische Zivilisation über mich behauptet, ist gleichgültig. Ich habe den Befehl gegeben – und ich lasse jeden füsilieren, der auch nur ein Wort der Kritik äußert –, daß das Kriegsziel nicht im Erreichen von bestimmten Linien, sondern in der physischen Vernichtung des Gegners besteht. So habe ich, einstweilen nur im Osten, meine Totenkopfverbände bereitgestellt mit dem Befehl, *unbarmherzig und mitleidslos Mann, Weib und Kind polnischer Abstammung und Sprache in den Tod zu schicken. Nur so gewinnen wir den Lebensraum, den wir brauchen.* Wer redet heute noch von der Vernichtung der Armenier?» (Akten 1956, 171 – meine Hervorhebung)

Seiner Bewunderung für die fröhlichen Herzens und ohne gesetzliche Beschränkung tötenden Mongolen hatte Hitler ein knappes Jahrzehnt früher – am 11. Dezember 1930 vor der NSDAP Braunschweigs – schon einmal Ausdruck gegeben. Neben Dschingis-Khan verehrte er auch seinen berühmten Nachfolger, der sich vor allem durch Schädelpyramiden unvergeßlich machte: «Und ich spreche hier offen aus, daß mir ein Tamerlan, der wie ein Sturmwind aus dem Osten nach Europa hereinbrach, getragen von den Kräften seines Volkes, sympathischer ist als Bethman Hollweg [1909 – 1917 deutscher Reichskanzler], jener Weise und Philosoph ohne Energie» (Goschler 1994, 164). Hier gibt es überhaupt keinen Hohn über eine «gelbe Rasse». Am deutschen Reichskanzler aber wird – am 11. November 1941 – etwas entdeckt, was die deutsche Niederlage erklären soll. Hitler glaubt, daß der 1. Weltkrieg hätte gewonnen werden können, wenn man brutaler vorgegangen wäre, wenn der Respekt für das Leben, das Mitleid für den Gegner unterblieben, wenn diese jüdische Seite des Christentums einem nicht in den Arm gefallen wäre: «Im Weltkrieg haben wir es erlebt: der Staat, der einzig religiös war, war Deutschland; und gerade der Staat hat verloren» (Picker 1976, 77). Am 11. August 1939 – zwanzig Tage vor seinem Angriff auf Polen – versichert er dem Hohen Kommissar des Völkerbundes für Danzig, seinem Schweizer Bewunderer Carl Jacob Burckhardt: «Wenn ich Krieg zu führen habe, würde ich lieber heute als morgen Krieg führen. Ich würde ihn nicht wie das Deutschland Wilhelms II. führen, das ständig Gewissensqualen wegen der vollständigen Anwendung seiner Waffengewalt hatte. Ich werde bis zum letzten rücksichtslos kämpfen» (zit. n. Deuerlein 1969, 144).

Die Idee, daß die Deutschen mit der Rücksichtslosigkeit eines Dschingis-Khan in den zukünftigen Kriegen des Abendlandes einen strategischen Vorteil gegenüber den übrigen Nationen gewinnen würden, hat Hitler als erster umgesetzt. Vieles an ihr geht jedoch auf Hitlers Kooperation mit Erich Ludendorff zurück. Er war Chef des deutschen Generalstabs im 1. Weltkrieg und Mitputschist Hitlers am 8./9. November 1923 in München. Die Parole von einem im Felde unbesiegten Deutschland geht auf ihn zurück. Ludendorffs Konzeption des totalen Krieges (Ludendorff 1935), in deren Kern es um die Umerziehung der gesamten Nation zu Haß- und Tötungsbereitschaft sowie zu unbedingter Gefolgschaftswilligkeit ging, wurde von Hitler lediglich erweitert und exekutiert. «In seiner Zielsetzung, die Nation auf den Krieg vorzubereiten, d. h., ein Über-Sparta zu schaffen, ging es Ludendorff vor allem um ‹die seelische Geschlossenheit des Volkes›. Dafür versuchte er, eine regelrechte Religion des Nationalismus zu erschaffen. Unter ihrem Einfluß sollten die Frauen als ihre edelste Aufgabe das Gebären von Söhnen betrachten, die ‹die Bürde des totalen Krieges zu tragen bereit waren›. Und alle Männer sollten ihre Kräfte allein auf dieses Ziel konzentrieren – kurz auf das Zeugen und Geborenwerden für das große Schlachten» (Liddel Hart 1954, 25f).

Auch Hitlers Stellvertreter, Hermann Göring, hat in einer Bemerkung vom 12. Mai 1946 vor allem den Mongolenführer bemüht, um Hitlers Platz in der Geschichte auszuloten: «Er vertrat danach trotz meines [Bross'] Widerspruchs die Ansicht, man werde Hitler, den er mit Dschingis-Khan verglich, in 100 Jahren nicht nach seinen Verbrechen, sondern nach seinen Errungenschaften als politischer Reformator beurteilen. [...] Man müsse den Maßstab von Jahrtausenden an die Politik Hitlers anlegen. Dann könne man aber nicht mehr von Verbrechen, sondern von ‹Maßnahmen› sprechen, die den in die Zukunft weisenden ‹Ideen› Hitlers entsprungen seien» (Bross 1950, 178).

Mit Ludendorff, Hitler und Göring findet übrigens die Mongolenverehrung keineswegs ihr Ende. Beim arabischen Versuch von 1948, die damals 660000 Juden Israels zu vernichten, kehrt sie wieder. Assam Pascha Abdar Rachmann, Generalsekretär der Arabischen Liga, verkündet am 15. Mai 1948, als Truppen Ägyptens, Jordaniens, Syriens, Libanons und Iraks den am 14. Mai 1948 ausgerufenen Ministaat angreifen: «Dies wird ein Ausrottungskrieg und ein gewaltiges Massaker, über das man sprechen wird wie über die mongolischen Massaker und die Kreuzzüge» (aus F. Schreiber, M. Wolffsohn 1968, 114).

Hitler hatte den Militärführern des «Dritten Reiches» erstmals am 5. November 1937 die genozidale und gar nicht mehr Bethmann Hollweg-«religiöse» Technik seines Lebensraumkrieges skizziert, dessen Hauptarbeit die Einsatzgruppen seiner Totenkopfverbände leisten sollten. Als Einübung war dem Treffen vom November 1937 ein massiver Luftangriff gegen die Zivilbevölkerung Guernicas vorausgegangen. Im Jahre 1915 war mit der deutschen Bombardierung Lüttichs diese Kriegstechnik zum erstenmal angewendet worden. Seit ihrer Ächtung nach dem 1. Weltkrieg waren solche Angriffe unterblieben, bis im spanischen Bürgerkrieg Piloten der deutschen Luftwaffe («Legion Condor») am 26. April 1937 die spanische Stadt zerstörten.

Hitlers genozidale Ostkriegsplanung wird ungeschminkt erstmals in den Notizen greifbar, die sein militärischer Adjutant, Oberst Friedrich Hossbach (dazu Bussmann 1968), am 10. November 1937 anfertigte. Sie lieferten bei den Verhandlungen vor dem Internationalen Militärgericht in Nürnberg als «Hoßbach-Protokoll» das zentrale Beweisstück für den vorsätzlich und langfristig geplanten deutschen Angriffskrieg: «Es handele sich nicht um die Gewinnung von Menschen, sondern von landwirtschaftlich nutzbarem Raum. [...] Niemals habe es herrenlosen Raum gegeben, der Angreifer stoße stets auf den Besitzer» (Hossbach 1949, 210). Für die Beseitigung dieser «Herren», nicht für ihre bloße Beherrschung war nun das deutsche Volk zu erziehen. Dafür allerdings mußte das gesamte bis dahin entwickelte System von Kriegs- und Menschenrechten überwunden werden. Angedeutet hatte Hitler diese Politik vor Generälen bereits am 3. Februar 1933, als er die «Eroberung neuen Lebensraums im Osten u. dessen rücksichtslose Germanisierung» als Ziel für die zukünftige Wehrmacht umriß (Bullock 1991, 443).

Bereits um 1920, als er sich noch fast ganz auf traditionelle Klischees über Juden beschränkt, findet Hitler zu Angriffen auf die jüdische Tiefenstruktur der okzidentalen Ethik, der auch die Deutschen zu folgen haben, was sie schwäche. Der «Mehrheitswille» wird als «jüdische Demokratie» bzw. als «Demokratie zur Lähmung des Volkswiderstandes [sic!]» gegeißelt. Bemühungen zur «Abschaffung der Todesstrafe» werden als jüdischer Trick zur «Sicherung» solcher Volksschwächung denunziert (alle Zitate aus Maser 1973, 238).

Die Rückkehr Hitlers zu den Kriegsprinzipien der Stammesgesellschaft wurde nur möglich durch ein Zurückgehen hinter das Recht auf Leben. Selbstredend zielte auch bereits die archaische Kriegsführung auf den Gewinn von Lebensraum. Sie war «in ihrer Motivation ‹ökologisch› und führte zur Umverteilung des Bodens von den Schwachen zu den Starken» (Keegan 1993, 101). Dafür gab es traditionell nur zwei Mittel: «Vertreibung der Schwächeren» (Keegan 1993, 387) und «Ausrottungskriege» (Keegan 1993, 29).

IV.2 Totenkopf oder Die Austreibung des Gewissens und des fünften Gebots

In der abendländischen Zivilisation war der Totenkopf als Abzeichen von Menschen tabu (Heinsohn 1992a). Es waren heidnische Skalp- und Kopfjägerstämme, die ihre Trophäen am Gürtel trugen und damit Entsetzen einflößten. Allenfalls gesetzlose Seeräuber signalisierten mit Schädel und gekreuzten Knochen, daß sie auf materielle Güter aus waren, die Menschen auf den gekaperten Schiffen aber töten würden. Der Totenkopf galt als Symbol des Todes, nicht aber als selbstgewählte Kennzeichnung von Menschen. Allegorisch stand er für Gifte, Epidemien, Katastrophen und Kriegsverwüstungen. Auch gehörte er in die Turmkammern von Astrologen und lebt bis heute als kultureller Rest der Schädelstätten aus den Menschenopferarealen von Mayas und Azteken in der Festtagskultur Zentralamerikas.

Menschen aus Fleisch und Blut jedoch schmückten sich mit dem Totenkopf nicht. Das blieb so, bis der deutsche Nationalheros Friedrich der Gr. (1740–86) mit seinen unprovozierten Eroberungskriegen das Königreich Preußen so mächtig machte, daß es zum Kern für die deutsche Großmacht von 1871 bis 1945 heranwachsen konnte: Er «ermutigte seine Offiziere zu einer Erbarmungslosigkeit der Kriegsführung, die weit über das hinausging, was andere Könige noch für vertretbar hielten» (Keegan 1993, 27). Nach dem Zusammenstoß mit den österreichischen Husaren beim Sieg von Tschaslau (1742) im *Ersten Schlesischen Krieg* erhöhte er seine Schlagkraft durch Aufstellung von zehn eigenen Husarenregimentern. Diese hatten als ursprünglich asiatische leichte Reiterei auf dem Wege über Ungarn und dann Österreich ins europäische Militärwesen Eingang gefunden.

Aus den Mannschaftsgraden des neuen preußischen Husarenregiments Nr. 5 kam dann der ungeheuerliche Vorstoß, die eigenen Unifor-

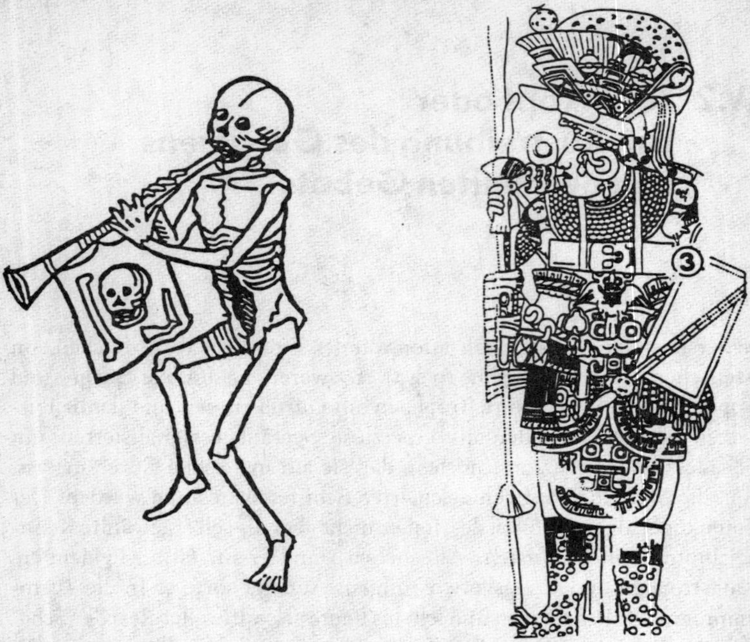

Links: Skelett mit Totenkopffahne als Symbol des Todes aus «Der todten dantz» / München 1500 – 1510 (Briesemeister 1970, Abb. 1). Rechts: Ins 8. Jh. u. Z. datierte Totenkopf-Glyphe (3) der Göttin des Venusplaneten auf Maya-Stele 16 aus Dos Pilas / Guatemala (Schele / Miller 1986, 213)

men mit dem Totenschädel zu verzieren. Auch der schwarze Stoff der Uniformen war militärgeschichtlich neu. Die Offiziere wehrten sich anfangs heftig gegen eine Beteiligung an diesem Sakrileg, dessen «Wirkung auf Geist und Leistung der Truppe evident war» (Melzner / Bleckwenn 1979, H5). Damit waren die *Totenkopfhusaren* in der Welt. Und schnell wuchs der soldatische Stolz, ihnen angehören und – etwa im deutsch-französischen Krieg von 1870/71 – sprichwörtlichen Schrecken verbreiten zu dürfen. Der Totenkopf stand eben dafür, daß etwas anderes als die Heiligkeit des Lebens höchste Geltung beanspruchte.

Viereinhalb Jahre nach Auflösung der Husarenregimenter am Ende des 1. Weltkriegs entstand im März 1923 die Urzelle der SS, für die das

Mützen der preußischen Totenkopfhusaren des 18. Jahrhunderts (Melzner/Bleckwenn 1979, H5 ff)

nun freigewordene Tötungsabzeichen wiederbelebt wurde: «Zum erstenmal tauchte das Schwarz der späteren SS auf. Die Gardisten legten sich Kennzeichen zu, durch die sie sich von der SA unterschieden: Zu feldgrauen Waffenröcken und Windjacken trugen sie schwarze Skimützen mit einer silbernen Totenkopfnadel und schwarzumrandete Hakenkreuzbinden» (Höhne 1994, 24).

Gleichwohl gab es in Deutschland – wenn auch ohne gegenseitige Kenntnis – ein Wettrennen um die Wiederbelebung des Totenkopfs: «Am 11. Januar 1923 gründete Studienrat Fritz *Kloppe*, Halle, früher Leutnant und Adjutant im Feld-Art.-Reg. 75, den Wehrwolf mit dem Zusatznamen: ‹Mitteldeutscher Schutzverband›. Als Symbol unserer seelischen

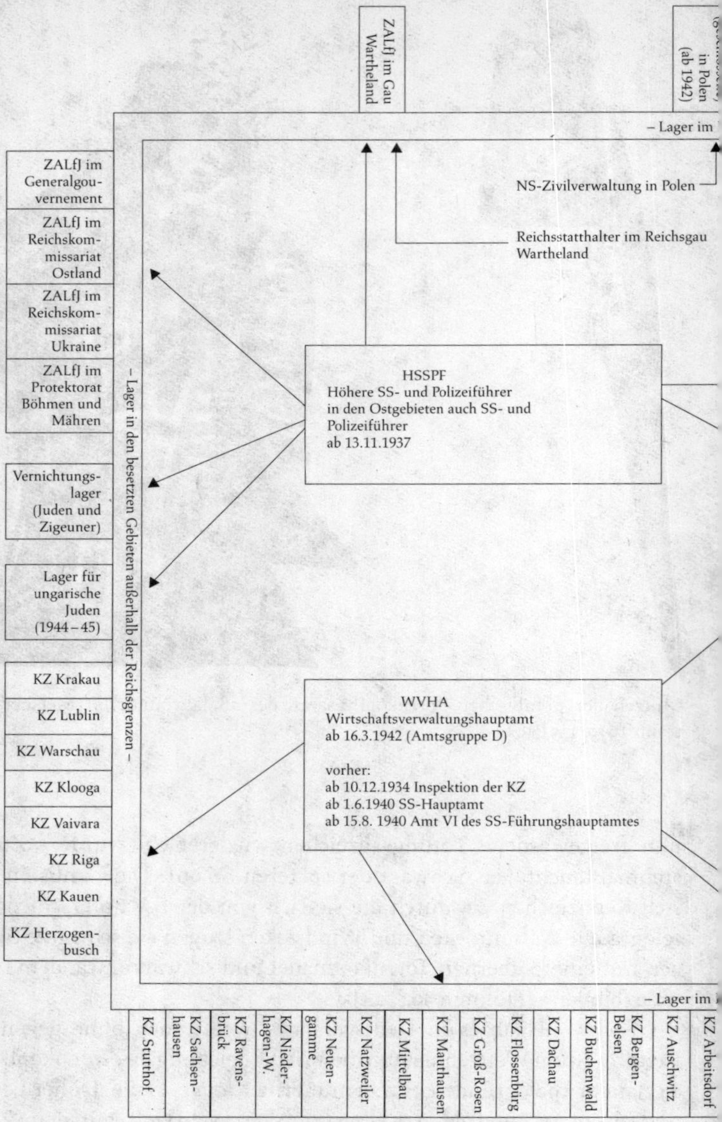

Das Imperium der SS in Deutschland und Europa (aus: Weinmann, Martin (Hg.) «

Die SS
Schema der Lagerunterstellung

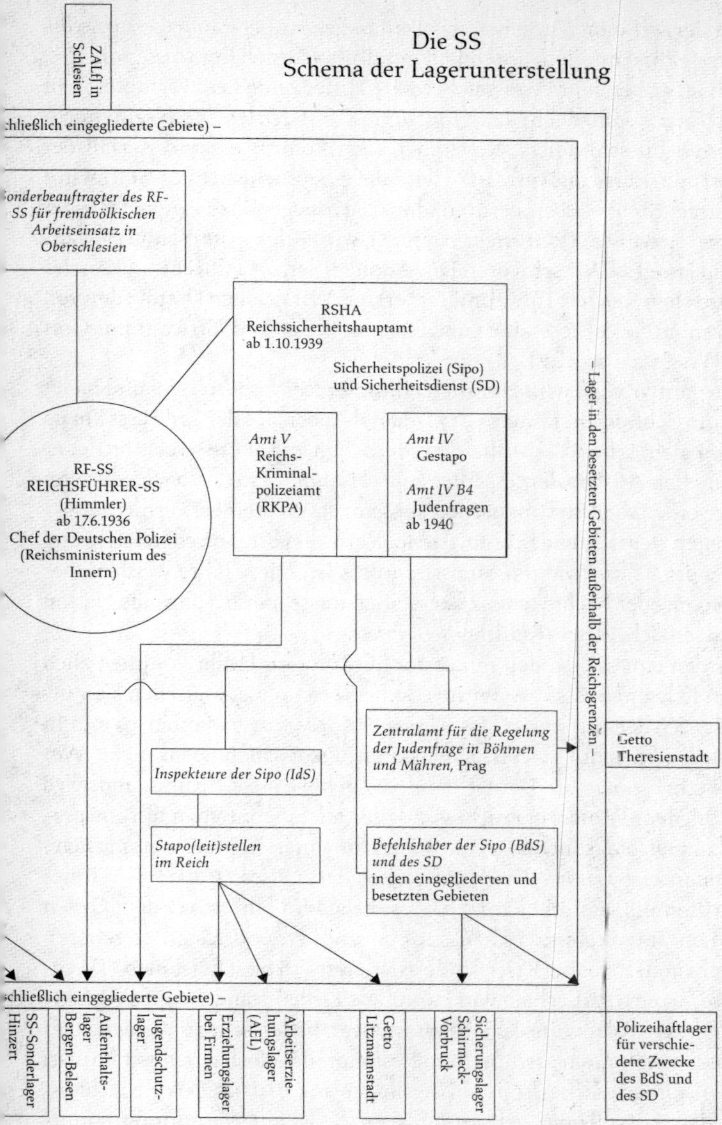

ionalsozialistische Lagersystem (CCP)». Copyright © 1990 by Zweitausendeins)

Not, in der wir dem Vorgehen der Feinde gegenüberstanden, wurde die schwarze Fahne mit dem Totenkopf gewählt» (Siemering 1931, 39).

Noch im selben Jahr 1923 verwandelte Hitler seine Leibwächtereinheit mit der Totenkopfnadel in den *Stoßtrupp-Adolf-Hitler*. Nach seinem gescheiterten Putsch vom 9. November 1923 kommt es zum Zerfall der Schutztruppe. Erst im April 1925 wird die eigentliche Schutz-Staffel mit dem Kürzel SS ins Leben gerufen, die «sogar gegen ihre eigenen Brüder marschieren würde» (Reitlinger 1957, 21), wie Hitler später schwärmt. Ihr Treueeid lautet: «Wir schwören Dir, Adolf Hitler, als Führer und Kanzler des Deutschen Reiches Treue und Tapferkeit. Wir geloben Dir und den von Dir bestimmten Vorgesetzten Gehorsam bis in den Tod. So wahr uns Gott helfe» (Wegner 1990, 42).

Am 6. Januar 1929 wird Heinrich Himmler *Reichsführer-SS* und bleibt es bis zum Schluß. Im Januar 1937 – damals leben auf der Erde erst knapp zwei und nicht schon 5,6 Milliarden Menschen wie heute – rechtfertigt er den schnellen Ausbau der *SS-Totenkopfverbände*: «In den nächsten zehn Jahren werden die Untermenschen der ganzen Welt einen Vernichtungskrieg gegen Deutschland führen, das der Kern der germanischen Rasse und Wächter der Kultur wahren Menschentums ist. Diese Jahre werden über die Existenz oder Nichtexistenz der weißen Rasse, deren führende Nation wir sind, entscheiden» (Reitlinger 1957, 87).

Über den entscheidenden Inhalt der SS-Treue zu Hitler kommen auch vor dem Krieg niemals Zweifel auf. So heißt es im ideologischen Kampforgan der SS, der Zeitschrift *Das schwarze Korps*, am 26. Januar 1939: «In der Politik gibt es nur zwei Möglichkeiten: Deutschland oder nicht. Wer grundsätzlich nicht für Deutschland ist, gehört nicht zu uns und wird ausgeschieden. Wandert er nicht von selbst aus, so muß man ihn einsperren. Nutzt auch das nichts, so muß man ihn einen Kopf kürzer machen» (Wegner 1990, 67f). Im Jahre 1930 stehen dafür etwa 30000 SS-Männer zur Verfügung (Reitlinger 1957, 35), während im Jahre 1942 dem Orden unter dem Totenkopf zwischen 220000 und 270000 Mann angehören (Wegner 1990, 273). Bei Kriegsende existieren «38 SS-Divisionen» (Wegner 1990, 151): «Außerhalb von Himmlers Orden stand die große Masse des deutschen Volkes, die dazu bestimmt war, beherrscht zu werden, aber in gewissen biologisch erwünschten Bestandteilen doch auf einen Eintritt in diesen Orden hoffen sollte» (Reitlinger 1957, 30). Dieser Machtanspruch der SS vollendet sich im Jahre 1936, als auf Anordnung Hitlers Heinrich Himmler «Reichsführer-SS und Chef der Deutschen Polizei» in einem wird (Buchheim 1979, 51). Die Ordnungsmacht des Deutschen Reiches und der Tötungsapparat mit seinen Konzentrations- und – später – Vernichtungslagern (dazu Broszat 1979) liegt damit unter einheitlichem Befehl. Im Jahre 1944 avanciert Himmler schließlich auch noch zum «Oberbefehlshaber des Heimatheeres» (Müller 1979, 45), wodurch die Führerschaft der Totenkopfleute in Deutschland ihren Höhepunkt erreicht.

Die Erziehung der deutschen Avantgarde zur jederzeitigen Bereitschaft, «den Tod zu geben und den Tod zu empfangen» (Höhne 1994, 428), erfolgt in fünf *SS-Junkerschulen* (Bad Tölz, Braunschweig, Klagenfurt, Prag und Reval; vgl. Wegner 1990, 149–171, u. – apologetisch – Schulze-Kossens 1982). Als Schule für die Wertlosigkeit nichtarischen Lebens dient außerdem die «SS-Ärztliche Akademie», die 1937 in Berlin gegründet und 1938 nach Graz verlegt wird. Neben dieser Avantgarde und allen Abteilungen der ebenfalls Himmler unterstehenden Polizei wird – vor allem in der *Hitlerjugend* – beinahe der gesamte deutsche Nachwuchs nicht einfach nur zum Haß, sondern ausdrücklich zum Haß auf die Schwachen, also zu einer genozidalen Grundhaltung erzogen (vgl. bereits Mann 1986 [1938]; Klönne 1993).

Seinen Erziehungserfolg konnte Hitler am 14. März 1943 selbst noch preisen, als ganz junge Leute in Divisionen der Waffen-SS dazu beitrugen, die Russen in Charkow zu besiegen, denen die Wehrmacht sich bereits gebeugt hatte: «Die jungen Leute schlagen sich fanatisch, die aus der Hitlerjugend stammen [...] – junge deutsche Burschen, zum Teil 16jährige. Diese Hitlerjungen kämpfen meist fanatischer als ihre älteren Kameraden» (Stein 1967, 186; vgl. ausführlich Victor Madeja 1992).

Nie verspürt Hitler den strategischen Vorteil, den er sich vom Herausschneiden der jüdischen Ethik aus dem deutschen Volk erhofft, stärker als im Angesicht der Schlagkraft seiner SS-Verbände. Anfang September 1943 vertritt er die Auffassung, daß für die Zukunft Deutschlands «die SS das Beste sei, was er seinem Nachfolger hinterlasse, und ‹daß der Aufbau der Wehrmacht in den germanischen Ländern unter der Kontrolle der SS vor sich gehen müßte›» (Wegner 1990, 314). Für alle Zukunft sollten die nordischen Völker über Streitkräfte verfügen, die durch ihre Rücksichtslosigkeit unbesiegbar würden.

Der Kernauftrag der SS in der Gegenwart für die Schaffung einer SS-gleichen Gesamtwehrmacht der Zukunft besteht in der Umsetzung von Hitlers Genozidbefehl, wie ihn Heinrich Himmler im Sommer 1941 an

Oben: 1944er Modell der «SS-Burg Wewelsburg», die Himmler als «Mittelpunkt der Welt» vorsah

Rechts: Seitenteil der kirchengestühlartigen Bänke aus dem «Raum der Hitlerjugend» in der Wewelsburg
(beides aus Hüser 1987, 296/217)

den Auschwitzkommandanten Rudolf Höß übermittelt: «Alle für uns erreichbaren Juden sind jetzt während des Krieges ohne Ausnahme zu vernichten» (Höß 1979, 157). Aber auch der jüdische Kern des Christentums wird heftig angegriffen. Statt Liebe wird Ehre, statt Mitleid wird Pflicht verlangt (Wegner 1990, 51). Die Befreiung des Christentums von der jüdischen Ethik wird als ungemein schwere Aufgabe eingeschätzt, denn diese – eigentlich aufs Opferheil konzentrierte und von daher für die Nazis ungefährliche – Religion war schon von Beginn an «der Zersetzung durch das Judentum anheimgefallen» (Wegner 1990, 69).

Diese Sicht des Christentums ist im politischen Lager Hitlers besonders von Erich Ludendorff verbreitet worden. In der Zeitschrift *Ludendorffs Volkswarte* läßt er – im Jahre 1929 – eine «Rabbinerfrau» sagen: «Die Deutschen kommen wahrlich aus dem Walde und den Hainen, sie hatten starke Götter und waren wehrhafte Helden, sie waren rein, stolz und stark, gut war es, den Feind zu erschlagen, und Blutrache hieß ihr oberstes Gebot. Aber all das hat man ihnen rauben wollen – man gab ihnen das semitische Christentum» (Ludendorff 1936, 2).

Als Hauptquartier des Ordens für das zukünftige «germanisch-gotische Reich bis zum Ural» (so Himmler am 13. September 1942; Wegner 1990, 48) wird die *SS-Burg Wewelsburg* in den Jahren 1940 bis 1945 ausgebaut. Sie sollte – so Himmlers Formulierung – zum «Mittelpunkt der Welt» werden. In ihrem kapellenähnlichen «Raum der Hitlerjugend» trugen selbst die Bänke, auf denen der Nachwuchs für die großen Ausrottungsaufgaben zur Andacht Platz nahm, den Totenkopf. Dieser Stolz, sogar fürs Töten eine erstklassige Ausbildung zu genießen, hinterläßt im Abendland einen nachhaltigen Eindruck. Die Tiefe einer Anklage wie in Paul Celans «Todesfuge» besteht ja darin, daß sie mit dem Respektabilitätstitel verbunden ist, von dem die eine Seite sich geschmeichelt fühlt, während die andere in ihrer überraschten Fassungslosigkeit gerechtfertigt wird:

> «Der Tod ist ein Meister aus Deutschland sein Auge ist blau er trifft dich mit bleierner Kugel er trifft dich genau» (Celan 1983, I, 42).

Der Tod als «Magister aus Deutschland» mit seinen blauen Augen stammt nicht von Celan, sondern ist ein Name, den die Balten den deutschen Ordensrittern mit ihren «Hochmeistern» gegeben haben, die sich – nach dem Judenschlachten ihrer Vorgänger auf dem Weg ins Heilige Land und dann in Jerusalem selbst im 12./13. Jahrhundert – in Nordost-

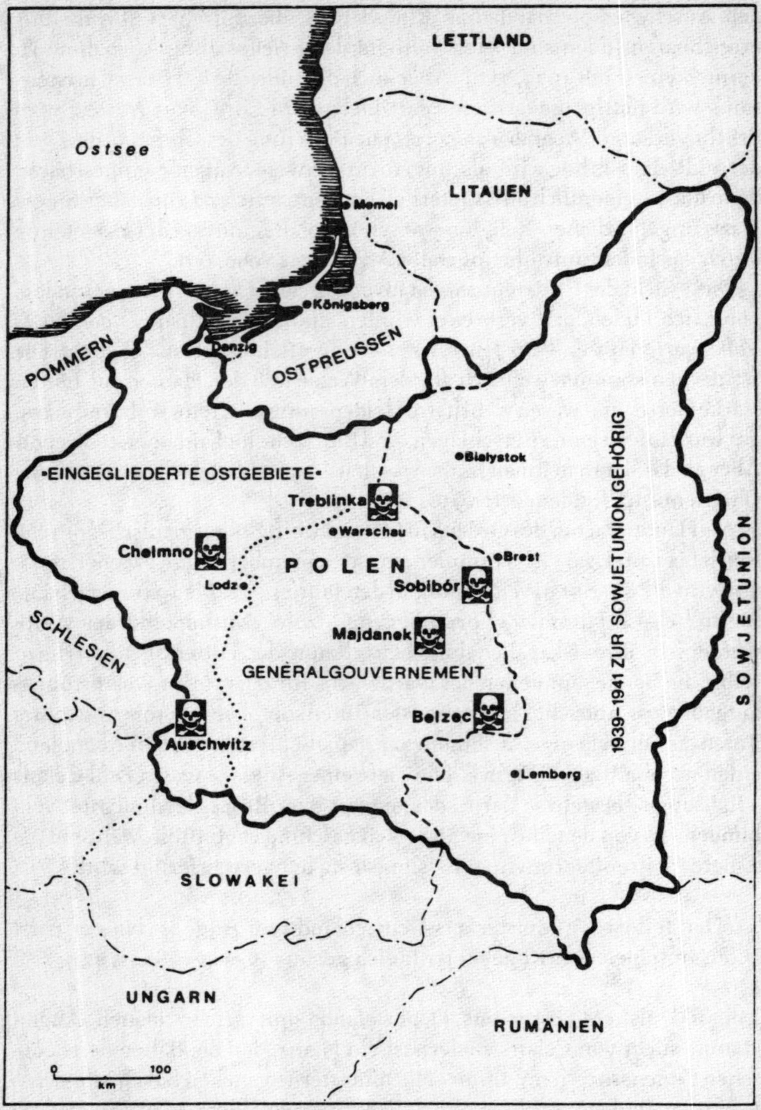

Die sechs Vergasungszentren der SS aus: Lea Rosh/Eberhard Jäckel (1991) «Der Tod ist ein Meister aus Deutschland. Deportation und Ermordung der Juden. Kollaboration und Verweigerung in Europa». Copyright © Hoffmann und Campe Verlag, Hamburg)

europa durch Ausmordung Lebensraum beschafft haben. Auch Hitler selbst hat immer wieder durch seine Augen fasziniert. Am 6. November 1925 notiert Goebbels: «Schon springt er [Hitler] auf, da steht er vor uns. Drückt mir die Hand. Wie ein alter Freund. Und diese großen blauen Augen. Wie Sterne» (Heiber o. J., 40).

Die entscheidenden Ideologen Hitlers haben gewußt, daß die antijüdische Ethik ebenfalls wie eine Ethik gelehrt werden muß, wenn sie zum Credo des Volkes werden soll. Am bekanntesten für dieses Umerziehungsvorhaben wurde *Der neue Glaube* von Theodor Fritsch. Unter den Geboten zum «ewigen Kampf» heißt es:

> «Du sollst den Feind nicht schonen, sondern ihm mit grimmiger Wehr begegnen, denn er will von dir erschlagen sein.
>
> Seine Aufgabe ist, dich zu stacheln, und deine Aufgabe: ihn zu bezwingen.
>
> Sorge nicht, daß deiner Feinde ein Ende wäre; es entstehen dir immer neue. Alles Geschmeiß ist überfruchtbar und wucherisch; darum zwingt es uns zur Bekämpfung» (Fritsch 1936, 169).

Offensichtlich ist aber die Erziehung zur Wertlosigkeit fremden Lebens nach zweieinhalb Jahrtausenden jüdischer Lebensethik keine ganz leichte Aufgabe gewesen. Selbst innerhalb des *Ordens* ist gelegentlich eine gewisse Scheu vor den weißen Knochen noch zu spüren. So legte etwa der Hauptorganisator der Judendeportationen in die Vergasung, Adolf Eichmann, Wert darauf, daß er dieses Emblem nur auf der Mütze, nicht aber – wie die SS-Leute für den direkten Einsatz in den Vernichtungslagern – zusätzlich auf dem Hemd trug: «Die Leute in Auschwitz waren immer schon drei Schritte vom Leib, auch Höß im Anfang, weil sie niemanden in ihre Karten blicken lassen wollten und ich von einer anderen Stelle war als wie sie [sic!]. Sie trugen den Totenkopf am Kragenspiegel, und ich trug da weiter nichts» (Lang, 1982, 100).

Lange vor Eichmanns Ende ist die Stafette weitergegeben. Sein Freund, der seit 1941 in Berlin residierende Araber- und Palästinenserführer Amin el Husseini, dem Hitler zum Dank für die Mithilfe bei der Ausrottung der europäischen Juden am 24. April 1942 «die Beseitigung der jüdisch-nationalen Heimstätte in Palästina» verspricht (vgl. auch v. Münchhausen 1990), stellt auf dem Balkan islamische SS-Divisionen auf. Ihre Offiziere tragen das Emblem nicht auf einer Schirmmütze, son-

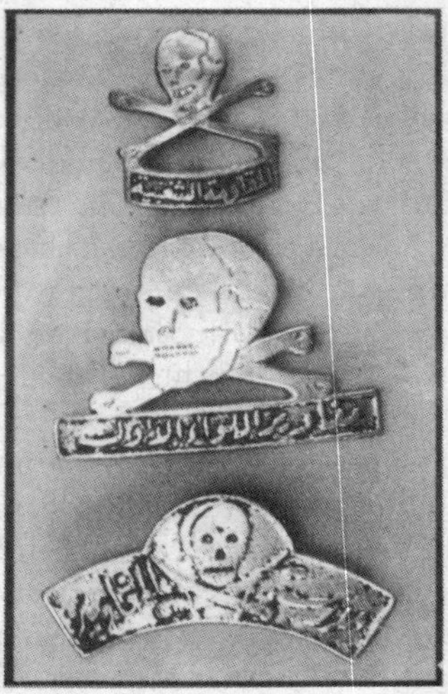

Oben: Moslemisch-bosnische SS-Offiziere mit Totenkopf auf dem Fez (Butler 1979, Abb. 16)

Rechts: Totenkopfabzeichen von palästinensischen Kommandos für den Krieg gegen die Juden Israels aus den siebziger Jahren (Micheletti 1993, 86)

Serbische Tschetniks in Ravna Gora (Serbien) im Mai 1991. Ihr Banner trägt die Inschrift: «Mit dem Glauben an Gott, für König und Vaterland» (aus *The New York Review of Books*, Bd. XLI, 26. Mai 1994, S. 44. Photo: A. Boulat / SIPA)

dern auf dem Fez des gottesfürchtigen Moslems. In den siebziger Jahren schließlich tragen die Eliteverbände der Palästinenser für den Krieg gegen die Juden Israels ebenfalls das Totenkopfabzeichen an ihrer Ausrüstung (Micheletti 1993, 86).

Heute scheint der Totenkopf – außer vielleicht in Geisterbahnen – kaum noch zu erschrecken, und wohl keiner trägt ihn so liebenswürdig und gleich zweifach an der rechten Hand wie Keith Richards von den *Rolling Stones*, der mit *I can't get no satisfaction* die weltweit gesungene Hymne für eine ganze Generation geschrieben hat. Unter den Jugendlichen der westlichen Welt werden Schädel und Knochen gerne als provokative Zierde getragen. Das kalte Gebein gilt als ungemein «cool». Wenn es aber wieder einmal an den realen Völkermord geht, gewinnt das Abzeichen preußischer Husaren und deutscher SS-Verbände seine wirkliche Kälte zurück. Auf dem Balkan waren es diesmal nicht bosnische Moslems, sondern nur halb noch marxistische und halb schon wieder christlich-orthodoxe Serben, die für ihr antimuslimisches Töten auch gleich das angemessene Symbol fanden.

IV.3 Die Beseitigung der jüdischen Ethik durch Ausrottung der Juden und die Wiederherstellung des Rechts auf Töten

Als Hitler die Behinderten tötete, deren Leben unantastbar war, weil das jüdische Gesetz selbst das Zerbrechliche noch schützte und auch in Deutschland in Geltung stand, wurde ihm am Ende mit eben diesem Gesetz widersprochen. Er hatte es schon in *Mein Kampf* mit dem heidnischen Recht herausgefordert, das im Jahre 318 durch das jüdische ersetzt worden war. In der ersten Auflage des ersten Bandes seiner Programmschrift von 1923 schrieb er: «Die Aussetzung kranker, schwächlicher, mißgestalteter Kinder, d. h. also deren Vernichtung war menschenwürdiger und in Wirklichkeit tausendmal humaner als der erbärmliche Irrsinn unserer heutigen Zeit» (Hammer 1974, 21).

Wo diese Praxis durch künstliche Geburtenkontrolle ersetzt werde, also jedes geborene Kind ein gewolltes sei, entstehe die «Sucht, auch das Schwächlichste, ja Krankhafteste um jeden Preis zu ‹retten›. [...] Ein stärkeres Geschlecht wird die Schwachen verjagen, da der Drang zum Leben in seiner letzten Form alle lächerlichen Fesseln einer sogenannten Humanität der einzelnen immer wieder zerbrechen wird, um an seine Stelle die Humanität der Natur treten zu lassen, die die Schwäche vernichtet, um der Stärke den Platz zu schenken. Wer also dem deutschen Volke das Dasein sichern will auf dem Wege einer Selbstbeschränkung seiner Vermehrung, raubt ihm damit die Zukunft» (Hitler 1930, 145). Über den Urheber solcher naturwidrigen «Humanität» läßt Hitler niemanden im unklaren: «In Erkenntnis dieser Folgen ist es nicht zufällig in erster Linie immer der Jude, der solche todgefährlichen Gedankengänge in unser Volk hineinzupflanzen versucht und versteht» (Hitler 1930, 149).

Auf dem Nürnberger Parteitag von 1929 stellt Hitler sich in aller Öffentlichkeit solchen jüdischen Gedankengängen entgegen und beruft sich dabei auf älteres – indogermanisches – Recht: «Würde Deutschland jährlich eine Million Kinder bekommen und 700000 bis 800000 der Schwächsten beseitigen, dann würde am Ende das Ergebnis vielleicht sogar eine Kräftesteigerung sein. Das Gefährlichste ist, daß wir selbst den natürlichen Ausleseprozeß abschneiden (durch Pflege der Kranken und Schwachen). [...] der klarste Rassestaat der Geschichte, Sparta, hat diese Rassegesetze planmäßig durchgeführt» (Schmuhl 1992, 152).

Hitlers Zuständiger für die württembergische Vergasungsanstalt Grafeneck, Ministerialrat Eugen Stähle, wird sich ein Jahrzehnt später Vorhaltungen des jüdischen Gesetzes nicht weniger deutlich verbeten, als sein Meister das immer getan hat. Am 4. Dezember 1940 weist er den Stuttgarter Oberkirchenrat Reinhold Sautter zurecht: «Das 5. Gebot: Du sollst nicht töten, ist gar kein Gebot Gottes, sondern eine jüdische Erfindung» (Schmuhl 1992, 321).

Als Hitler mit der «Euthanasie» sein Naturgesetz – die Unerbittlichkeit von Mutter Natur – in die Tat umsetzt, gibt es anfangs bestenfalls Ungläubigkeit, Entsetzen und informelle Einsprüche. Als dann aber wenigstens einer – der Bischof von Galen – seine öffentliche Sprache wiederfindet, gewinnt er sie keineswegs aus dem Idiom des seiner Obhut anvertrauten Glaubens. Jesu Blutopfertod als Heilstat – dieser Kern des Christentums – mochte Missetäter entschuldigen, als Argument zur Verteidigung der Zivilisation war er nicht geeignet. Er ist allerdings nach dem 2. Weltkrieg durch Kardinal Joseph Höffner sogar für die Entschuldigung Hitlers zum Einsatz gekommen. Der deutsche Zweig der römisch-katholischen Weltkirche ließ nämlich zum 40. Jahrestag der deutschen Kapitulation am 8. Mai 1985 im Kölner Dom verkünden: «Wir bitten Gott um Verzeihung für alles Versagen und für alle Schuld in jenen Jahren. Jesus Christus ist für uns Sünder gestorben, ‹er der Gerechte, für die Ungerechten› (1 Petr. 3, 18). Das Heil, das er gebracht hat, übergreift alles Unheil, das Menschen anstiften» (*Frankfurter Allgemeine Zeitung*, 9. Mai 1985, 6).

Da es zu Hitlers Lebzeiten jedoch um die Verteidigung des Lebens ging, war mit einem auch noch so heilbringenden Opfertod eines Mensch gewordenen Gottes nichts mehr auszurichten. Der mutige Katholik von Galen konnte nur noch sein jüdisches Erbe in die Waagschale werfen. Das verhöhnte «Gesetz» der Juden oder das Nichts – vor diese Alternative stieß ihn Hitler. Die Not, zwischen Judesein für die Humanität und

Christsein für die Sündenvergebung zu wählen, mußte einen nationalistischen Deutschen wie den Münsteraner Bischof, der sich vor einer «Schwächung der inneren Front» (Portmann 1961, 368) durchaus fürchtete, beinahe zerreißen. Dann aber – am 3. August 1941 – schreit er wie befreit das jüdische Gesetz in die Welt hinaus: «Wehe den Menschen, wehe unserem deutschen Volke, wenn das hl. Gottesgebot: ‹Du sollst nicht töten›, das der Herr unter Donner und Blitz auf Sinai verkündet hat, das Gott, unser Schöpfer, von Anfang an in das Gewissen der Menschen geschrieben hat, nicht nur übertreten wird, sondern wenn diese Übertretung sogar geduldet und ungestraft ausgeübt wird» (Portmann 1961, 361).

Nur aus der tiefsten Struktur deutscher «Verjudung» konnte der Bischof seinem weltlichen Tyrannen widerstehen. Der aber hatte ja kaum angefangen. Die Tötung der Behinderten war nicht einmal der bescheidene Aufgalopp für weitergreifende Aufgaben. Mehr noch, auch das schon fix und fertig geplante Töten ganz großen Ausmaßes sollte sich keineswegs als einmaliges Megamassaker vollziehen und dann vorüber sein. Auf unabsehbare Zukunft sollte jeder deutsche Mann – wie einst die von Hitler so bewunderten Spartiaten mit ihren regelmäßigen Tötungsaktionen gegen die tüchtigsten Heloten – gegen slawische und andere Dienstvölker mit Tötungsrecht ausgestattet sein. Hitlers Reichserziehungsminister Rust hatte bereits am 24. Juni 1933 erklärt: «Ich lasse keinen Zweifel darüber, daß wir eine Art Spartiatentum großziehen müssen und daß diejenigen, die nicht bereit sind, in diese Spartiatengemeinschaft einzutreten, darauf verzichten müssen, jemals Staatsbürger zu werden» (Christ 1986b, 53).

Wie sollte eine solche Entwicklung vorankommen, wenn da dauernd einer das jüdische Gesetz dazwischenrief? Wie sollte das Volk Stärke, Härte und Gewissenlosigkeit praktizieren, wenn dauernd die Stimme vom Sinai in die Köpfe der Deutschen und auch der übrigen «nordischen» Völker drang? Wie konnte dieses Wirken «des Juden», das «in seinen Folgen zur Rassentuberkulose der Völker» führte – wie Hitler immer wieder vorbrachte (Jäckel 1991, 56) – unschädlich gemacht werden? Das konnte nur gehen, wenn diese Krankheit der Nationen beseitigt wurde. Diese Behandlung traf vor allem und ganz überwiegend das Judentum. Aber auch Christen, die für ihr jüdisches Erbe einstanden, wurden eliminiert: «Dem Vorbild v. Galens folgend, wandten sich nun viele katholische und evangelische Geistliche wegen der Krankentötungen an ihre

Gemeinden. Die vier ‹Pfarrer von Lübeck›, die jungen Kapläne E. Müller, J. Prassek und H. Lange (Herz-Jesu-Kirche) und der evangelische Pastor K. Stellbrink (Lutherkirche) verbreiteten öffentlich die Predigt v. Galens und den Brief Wurms in ihren Gemeinden. Vom Lübecker Volksgerichtshof wurden sie der ‹Wehrkraftzersetzung› und der ‹landesverräterischen Feindbegünstigung› für schuldig befunden und am 10. November 1943 hingerichtet» (Schmuhl 1992, 351).

Das erste großangelegte Einüben des einfachen deutschen Mannes in die Aufgaben der Zukunft beginnt mit dem Rußlandfeldzug vom Juni 1941. Die Truppen, aus denen einmal Siedler im Osten werden sollten, werden systematisch an das neue Recht auf Töten herangeführt. Sie sollen diese Taten gerade nicht mehr als Gesetzesbruch aller bisherigen Vereinbarungen der Nationen über die Behandlung von Soldaten und Zivilisten im Kriege und unter militärischer Besetzung betreiben. Vorbereitet hatte Hitler diesen Traditionsbruch durch Austritt aus dem Völkerbund am 19. Oktober 1933, den das deutsche Volk bei 95prozentiger Wahlbeteiligung mit 92prozentiger Mehrheit billigte. Dieser Nationenbund hatte sich die Ächtung des Angriffskrieges für alle Zeiten zum Ziele gesetzt. Es sollte durch Abrüstungs- und Friedenskonferenzen erreicht werden.

Die deutschen Männer hingegen sollen selbstbewußt und positiv ihr deutsches, von Mutter Natur gegebenes Recht des Stärkeren exekutieren. Zwei Gesetzeswerke (zusammengefaßt als «Kriegsgerichtsbarkeitsbefehl») werden dafür ausgearbeitet und am 13. Mai 1941 von Generalfeldmarschall Wilhelm Keitel erlassen: (1) Die «Behandlung von Straftaten feindlicher Zivilpersonen» und (2) die «Behandlung der Straftaten von Angehörigen der Wehrmacht und des Gefolges gegen Landeseinwohner» (Hesse 1993, 30ff, u. Müller et al. 1991, 132ff). Obwohl Keitels Name unter dem Erlaß steht, hat sich an den «Kriegsgerichtsbarkeitsbefehl» niemals eine Debatte darüber angeschlossen, «ob das der Führer wußte». Die rastlose Suche nach Hitlers *schriftlichem* Befehl für die Judenausrottung blieb mithin ohne Parallelsuche nach seinem *schriftlichen* Befehl für die «Verbrechen gegen die Menschlichkeit» an Osteuropäern. Die Umstandslosigkeit, mit der seine Urheberschaft geglaubt wird, hat also für Auschwitz ebenfalls zu gelten. Der Befehl zur «Behandlung von Straftaten feindlicher Zivilpersonen» lautet:

«1. *Straftaten feindlicher Zivilpersonen* sind der Zuständigkeit der Kriegsgerichte und der Standgerichte bis auf weiteres entzogen.

2. *Freischärler* sind durch die Truppe im Kampf oder auf der Flucht schonungslos zu erledigen.
3. Auch *alle anderen Angriffe feindlicher Zivilpersonen gegen die Wehrmacht*, ihre Angehörigen und das Gefolge sind von der Truppe auf der Stelle mit den äußersten Mitteln bis zur Vernichtung des Angreifers niederzukämpfen.
4. Wo Maßnahmen dieser Art versäumt wurden oder zunächst nicht möglich waren, werden *tatverdächtige Elemente sogleich einem Offizier vorgeführt. Dieser entscheidet, ob sie zu erschießen sind. Gegen Ortschaften*, aus denen die Wehrmacht hinterlistig oder heimtückisch angegriffen wurde, werden unverzüglich auf Anordnung eines Offiziers in der Dienststellung mindestens eines Bataillons- usw. -Kommandeurs *kollektive Gewaltmaßnahmen* durchgeführt, wenn die Umstände eine rasche Feststellung einzelner Täter nicht gestatten.
5. Es wird *ausdrücklich verboten*, verdächtige Täter zu *verwahren*, um sie bei Wiedereinführung der Gerichtsbarkeit über die Landeseinwohner an die Gerichte abzugeben.
6. Die Oberbefehlshaber der Heeresgruppen können im Einvernehmen mit den zuständigen Befehlshabern der Luftwaffe und der Kriegsmarine die *Wehrmachtsgerichtsbarkeit über Zivilpersonen dort wieder einführen*, wo das Gebiet ausreichend befriedet ist» (Müller et al. 1991, 132f).

Diese Außerkraftsetzung aller Völkerrechtsbestimmungen zur Verhinderung von Verbrechen gegen die Menschlichkeit gilt erst einmal für die deutschen Offiziere. Doch auch der kleine Mann sollte ja das neue Naturrecht des Sozialdarwinismus anwenden. Darauf mußte er mit einer gewissen Behutsamkeit vorbereitet werden. Immer wieder brach das Gesetz vom Sinai durch. Ist denn wirklich erlaubt, was wir hier tun? Ist das nicht verboten? Wird man uns nicht später einmal bestrafen? So dürften manche der jungen Männer gefragt haben. Für ihre Beruhigung bzw. für den SS-Schliff der gesamten deutschen Kriegsmarine erläßt Hitler durch Keitel den Erlaß zur «Behandlung der Straftaten von Angehörigen der Wehrmacht und des Gefolges gegen Landeseinwohner»: «Für *Handlungen, die Angehörige der Wehrmacht und des Gefolges gegen feindliche Zivilpersonen begehen*, besteht *kein Verfolgungszwang*, auch dann nicht, wenn die Tat zugleich ein militärisches Verbrechen oder Vergehen ist» (Müller et al. 1991, 133).

Der Rußlandfeldzug – immerhin der größte Angriff der Menschheitsgeschichte mit über 180 Divisionen und drei Luftflotten mit mehr als 3,2 Millionen Mann – war nun endlich der Vorstoß ins Eigentliche, aber eben auch nicht mehr. Für die Zeit nach dem «Endsieg» Hitlers plante die SS in seinem Auftrag die Besiedlung des neu eroberten Lebensraumes im Osten. Das uralte ökologische Kriegsmotiv für die Eroberung knappen Lebensraums wird für Hitler zur bewußt gewählten Rechtfertigung geplanter Völkermorde. Bereits am 16. November 1930 erklärte er auf einer Wahlversammlung in Bielefeld: «Wir haben 62 Millionen Menschen auf einer viel zu kleinen Grundfläche, können aber kaum mehr als 20 Millionen davon ernähren. [...] Wir müßten unseren Lebensraum erweitern. Tun wir das nicht, dann ist die Existenzfähigkeit der deutschen Nation in Frage gestellt» (Goschler 1994, 111). Das ökologische Potential des Deutschen Reiches von 470 000 km² galt den Nationalsozialisten für seine gut 60 Millionen Einwohner längst als zu eng. Daran, daß heute auf 350 000 km² über 80 Millionen Menschen nicht etwa hungern, sondern im Gegenteil das permanente Vernichten von Agrarüberschüssen zu beklagen haben, wird umgehend deutlich, wie zur Rechtfertigung von Völkermord ökologische Argumente bemüht werden, die objektiv falsch sein, aber ebenso als irrtümlich geglaubte ihre tödliche Wirkung entfalten können.

Was war nun das Eigentliche? Hitlers zwischen Februar 1940 und Mai 1942 von der SS erarbeiteter und sukzessiv ergänzter «Generalplan Ost» (Müller 1991, 130 – 138; 185 – 188; Rössler et al. 1993) sah für einen Zeitraum von zwanzig Jahren gewaltige Menschenverwerfungen vor. «‹Lächerliche hundert Millionen Slawen›, so Hitler [am 6. 8. 1942], ‹werden wir absorbieren oder verdrängen. Wenn hier einer von Betreuen spricht, den muß man gleich ins KZ stecken›» (Speer 1981, 422). Im Dezember 1942 legte die «Deutsche Arbeitsfront» eine eigene Planerweiterung vor, dergemäß es galt, «in etwa 100 Jahren den gesamten Raum bis zur Wolga geschlossen mit Deutschen zu besiedeln» (Müller 1991, 110). Seine Entschlossenheit zum genozidalen Umgang mit den Slawen stellte Hitler unter Beweis, als er 3,3 Millionen sowjetische Kriegsgefangene umkommen ließ (Gutman et al. 1993, II, 817) – und dazu womöglich 7,5 Millionen Ukrainer, Weißrussen und Polen (Craig 1986, 8).

Die Infrastruktureinrichtungen für die ökologisch besten Territorien der eingedeutschten Gebiete Polens und der Sowjetunion sollten durch Häftlinge aus diesen Gebieten erstellt werden. Vernichtung durch Arbeit sollte die Kombination werden, die Genozid und Vernutzung der Unterworfenen optimal verband. Pro Jahrzehnt nach dem «Endsieg» wurde der Verbrauch von knapp 15 Millionen solcher Sklaven veranschlagt. Sie waren ausdrücklich dafür vorgesehen, sich zu Tode zu arbeiten: «29 Millionen verstorbene Häftlinge, 20 Millionen Deutsche, die diese Räume besiedeln sollten, solche Zahlen zeigen, was der Frieden für die unterlegenen Völker bedeutet hätte. Entvölkerung auf der einen, Besiedlung auf der anderen Seite. Wie bei der Ausrottung der Juden wäre Himmler aber nur der Organisator dieses Sklavenreiches im Osten gewesen; das Programm selber war kein Programm Himmlers, sondern Hitlers» (Speer 1981, 421).

Diese Vorhaben sind nur noch mit den gigantischen Völkerverschleppungen und Zwangsarbeiterkontinenten des sowjetischen Archipel GULag zu vergleichen. Auch die marxistischen Regime zwischen polnischer Grenze und japanischem Meer verfolgen mit Proletarierheil und Russifizierung ja gleich zwei Ziele, die sie über das jüdische Gesetz des Lebensschutzes stellen. Es wäre mithin nicht abwegig, Noltes Rede von der «asiatischen Tat» Hitlers abzuwandeln. Nicht das Verhör mit dem Rattenkäfig beflügelt ihn, wenn er nach Asien schaut, sondern die lange Folge großer Eroberungen und Ausrottungen von den Hunnen bis zum «größten Marxisten aller Zeiten». Mit dem Wiedergewinn des Rechts auf Völkermord kämpft Hitler für ein deutsches Recht auf die eigentlich asiatischen Taten. Schließlich hat Asien auch nach 1945 die Genozidführerschaft niemals abgegeben. Seit diesem Zeitpunkt ergibt sich beim Völkermord folgendes Bild: «Es gab keinen in Nordamerika; einen in Europa mit seinen 31 Staaten (= 3% aller europäischen Staaten), einen in Südamerika mit seinen 12 Staaten (8%), einen in Zentralamerika mit seinen sieben Staaten (14%); vier bzw. 8% in Afrika mit seinen 51 Staaten; zwei bzw. 13% im Mittleren Osten mit seinen 16 Staaten und fünf bzw. 18% in Asien mit seinen 28 Staaten» (Fein 1993, 85f).

An den mongolischen Megatötern des Mittelalters bewundert Hitler vor allem die Gewissenlosigkeit, mit der sie an die Arbeit gehen. Im Grunde jedoch imponiert ihm jede Ausrottung für die Gewinnung von Lebensraum. Wo er sie im Abendland am Werke sieht, ist ihm allerdings der moralische Konflikt durchaus bewußt. Diese Störung durch die «jüdische Erfindung» des Gewissens treibt ihn immer wieder um. So erklärt er am 17. Februar 1942 in seinem Hauptquartier: «Der gleiche Jude, der damals das Christentum in die antike Welt eingeschmuggelt hat und diese wunderbare Sache umgebracht hat, er hat nun wieder einen schwachen Punkt gefunden: das angeschlagene Gewissen unserer Mitwelt. [...] In den Spalt des sozialen Gefüges hat er sich hineingezwängt, um ein paar Revolutionen in die Welt zu schleudern. Der Frieden kann nur kommen über eine natürliche Ordnung. Die Ordnung setzt voraus, daß die Nationen sich so ineinanderfügen, daß die Befähigten führen. Der Unterlegene erhält damit mehr, als er aus eigenem würde erreichen können. Durch das Judentum wird diese Ordnung zerstört» (Picker 1976, 106).

Entweder die Befolgung des jüdischen Gesetzes – dieser Völker-«Tuberkulose» des Mitleids, Minderheiten- und Lebensschutzes – oder die rücksichtslose Entvölkerung neuer Lebensräume – vor dieser Alternative sieht sich Hitler. Beides zusammen ist nicht zu haben. Die Beseitigung des Judentums und eine glorreiche Zukunft der Lebensraumausmordung jedoch – das geht überall und nicht nur in Asien gut zusammen. Die Hitlerforschung wundert sich immer wieder über dieses nahtlose Beieinander, kann ihm einen Sinn aber nicht abgewinnen: «Für Hitler muß demnach das eine Ziel ebensoviel oder mehr wert gewesen sein als das andere, und das belegt abermals den äußerst engen Zusammenhang beider» (Jäckel 1991, 73).

Die Gelehrten scheitern am Aufdecken dieses Zusammenhangs, weil sie davon überzeugt sind, daß beide Ziele einander doch behindern. Hitler sieht das ganz anders. Er braucht tötungswillige Deutsche für den Krieg und will sie dafür von der jüdischen Ethik befreien. Im Oktober 1941 etwa äußerte er, «es gäbe für die russischen Gebiete ‹nur eine Aufgabe: eine Germanisierung durch Hereinnahme der Deutschen vorzunehmen und die Ureinwohner als Indianer zu betrachten›. Das heißt also nach Hitlers Begriffen, auf ihre Existenz keine Rücksicht zu nehmen, auch vor ihrer Ausrottung nicht zurückzuscheuen. Denn Hitler zitierte oft das Indianerschicksal in den Vereinigten Staaten als eine gerechtfertigte Lösung der Besitzergreifung. ‹Wir brauchen uns da keine Gewissensbisse zu machen›, meinte er, ‹in die russischen Städte gehen wir nicht hinein, sie müssen vollständig ersterben› und ‹es ist mir völlig gleichgültig, was die Nachwelt von den Methoden sagen wird, die ich anwenden mußte›» (Speer 1981, 421).

Wofür schwärmt Hitler beim Umgang mit den Indianern? Er zeigt sich zwar schlecht informiert, wenn er die Vereinigten Staaten als das genozidale Hauptgebiet identifiziert – die waren schon fast ein Nebenkriegsschauplatz –, aber im Umfang der Maßnahmen bemüht Hitler sich um Kongenialität: Man kann «festhalten, daß sich die Erdbevölkerung im

Jahre 1500 auf etwa 400 Millionen beläuft, wovon 80 Millionen in Amerika leben. Mitte des 16. Jahrhunderts verbleiben von diesen 80 Millionen noch zehn. Oder wenn man sich auf Mexiko beschränkt: Am Vorabend der Conquista beträgt die Bevölkerung etwa 25 Millionen; im Jahre 1600 noch eine Million. Wenn das Wort Völkermord jemals wirklich zutreffend verwandt worden ist, dann zweifellos in diesem Fall. Es handelt sich dabei meines Erachtens nicht nur in relativen Zahlen (Vernichtung in der Größenordnung von 90 Prozent und mehr) um einen Rekord, sondern auch in absoluten, da wir es mit einer Dezimierung der Bevölkerung um schätzungsweise 70 Millionen zu tun haben. [...] Wenn man sich der Frage zuwendet, in welcher Form die Dezimierung der Bevölkerung vonstatten ging, so kommt man auf drei Ursachen, wobei die Verantwortlichkeit der Spanier in einem umgekehrt proportionalen Verhältnis zur Zahl der auf jede dieser Ursachen zurückzuführenden Opfer steht:
1. Durch direkte Tötung, im Verlauf der Kriege oder außerhalb von Kriegshandlungen: hohe, dennoch *relativ* geringe Anzahl; direkte Verantwortlichkeit.
2. Als Folge unmenschlicher Behandlung: höhere Anzahl; (kaum) weniger direkte Verantwortlichkeit.
3. Durch Krankheiten, durch den ‹Mikrobenschock›: der größte Teil der Bevölkerung; diffuse und indirekte Verantwortlichkeit» (Todorov 1985, 161 f – meine Hervorhebung).

Hitler läßt keinen Zweifel an seinem Wissen, daß seine genozidalen «Methoden» archaischem Recht entsprechen. Eben deshalb will er das heidnische Recht der Antike wiederherstellen, das dem jüdischen Gesetz hatte weichen müssen. Am 6. August 1942 monologisiert er: «Ich kann mir denken, daß mancher sich heute an den Kopf greift: Wie kann der Führer nur eine Stadt wie Petersburg [Leningrad] vernichten! Wenn ich erkenne, daß die Art in Gefahr ist, dann tritt an die Stelle des Gefühls eiskalte Vernunft: ich sehe nur noch die Opfer, welche die Zukunft fordert, wenn heute nicht ein Opfer gebracht wird. [...] Petersburg verschwindet. Hier muß man zu antiken Prinzipien übergehen, die Stadt muß total dem Erdboden gleichgemacht werden. Auch Moskau als Sitz der kommunistischen Lehre wird vom Erdboden verschwinden. Ich empfinde nichts, wenn ich Kiew, Moskau und Petersburg dem Erdboden gleichmache›» (Speer 1981, 422).

«Das Gewissen ist eine jüdische Erfindung», droht Hitler bereits zu

Beginn der dreißiger Jahre. Mit der Beseitigung des Judentums sollte dieses Genozidhindernis aus dem Wege geräumt werden. Als im September 1943 die katholischen Führer auf der Fuldaer Bischofskonferenz noch einmal versuchen, das jüdische Gesetz in Erinnerung zu bringen, werden sie vom *Sicherheitsdienst der SS* genau beobachtet. In einem Geheimbericht können die Führer des Reiches lesen, daß immer noch um Luft schnappt, was sie mit dem Judentum gerade zu erwürgen trachten: «Die Zeiten werden besser, wenn die Menschen besser werden, und die Menschen werden besser, wenn sie ihr Gewissen und ihr Leben nach den Zehn Geboten ausrichten» (Boberich 1984, 15, 5789). Diese Mahnung bewirkt nichts mehr. Nur um so entschlossener wird die Vernichtung vorangetrieben. Zwischen 1943 und 1945 werden noch einmal 1,2 Millionen Juden getötet (Hilberg 1993 a, 1300).

Die entscheidende Trübung des Blickes auch der nachdenklichen Auschwitzforschung besteht darin, daß die Judenausrottung von vornherein als eine «rassenpolitische» (Jäckel 1991, 77; ähnlich Marrus 1993, 24 f) Maßnahme aufgefaßt wird (dagegen bereits Heinsohn 1988, 77–83). So vieles scheint dafür zu sprechen in den Gesetzen, Büchern und Reden Hitlers sowie im Geschrei und den Mordrechtfertigungen seines antisemitischen Anhangs in Deutschland und der Welt, daß leicht untergeht, was Hitler äußert, wenn es ihm um den Kern seines antijüdischen Denkens geht. Seine Haltung bestätigt einen Leon Poliakov, der längst gezeigt hat, daß die modernen Rassenideologien von Judenhassern entwickelt werden und nicht umgekehrt angeblich schlechtrassige Juden zur Rassenideologie Anlaß gaben (Poliakov 1977 a). Hitler selbst diktiert noch am 3. Februar 1945 seine «grimmige Bewunderung» (Birnbaum 1989, 110) des Judentums für die Nachwelt:

«Ich war nie der Meinung, daß etwa Chinesen oder Japaner rassisch minderwertig wären. Beide gehören alten Kulturen an, und ich gebe zu, daß ihre Tradition der unsrigen überlegen ist. [...] Ich glaube sogar, daß es mir um so leichter fallen wird, mich mit den Chinesen und den Japanern zu verständigen, je mehr sie auf ihrem Rassestolz beharren. / Unser nordisches Rassebewußtsein ist nur gegenüber der jüdischen Rasse aggressiv. Dabei reden wir von jüdischer Rasse nur aus sprachlicher Bequemlichkeit, denn im eigentlichen Sinne des Wortes und vom genetischen Standpunkt aus gibt es keine jüdische Rasse. Die Verhältnisse zwingen uns zu dieser Kennzeichnung einer rassisch und *geistig* zusammengehörigen Gruppe, zu der die Juden in aller Welt sich bekennen, ganz gleichgültig, welche Staatsangehörigkeit der Paß für den einzelnen ausweist. Diese Menschengruppe bezeichnen wir als die jüdische Rasse. [...] Die jüdische Rasse ist vor allem eine *Gemeinschaft des Geistes. / Geistige Rasse ist härter und dauerhafterer Art als natürliche Rasse.* Der Jude, wohin er auch geht, er bleibt ein Jude [...] und muß uns als ein trauriger *Beweis für die Überlegenheit des ‹Geistes›* über das Fleisch erscheinen» (Trevor-Roper / Francois-Poncet 1981, 66 / 68 / 69 – meine Hervorhebungen).

Rassistisch im traditionellen Sinn ist Hitler vor allem gegen Schwarzafrikaner. Hingegen resultiert die Ausrottung der Zigeuner gerade nicht aus rassischen, sondern aus Gründen ihrer angeblichen Asozialität. Bei den Sinti (von Sind = Indien) handelt es sich nämlich um Abkömmlinge der indoarisch sprechenden Altbewohner des Industals. Sie sind so gesehen «arischer» als alle Germanen zusammen. Die entsprechende Passage aus *Mein Kampf* gegen die Schwarzafrikaner ist wichtig, weil Hitler sie mit einem Angriff auf Juden verbindet, der gegen ihren Geist («Seid ihr Kinder Israel mir nicht gleichwie die Mohren?» [*Amos* 9: 7]), nicht jedoch gegen ihre «Rasse» gerichtet ist: «Von Zeit zu Zeit wird in illustrierten Blättern dem deutschen Spießer vor Augen geführt, daß da und dort zum erstenmal ein Neger Advokat, Lehrer, gar Pastor, ja Heldentenor oder dergleichen geworden ist. Während das blödselige Bürgertum eine solche Wunderdressur staunend zur Kenntnis nimmt, voll Respekt für dieses fabelhafte Resultat heutiger Erziehungskunst, versteht der Jude sehr schlau, daraus einen neuen Beweis für die Richtigkeit seiner den Völkern einzutrichternden Theorie von der *Gleichheit der Menschen* zu konstruieren. Es dämmert dieser verkommenen bürgerlichen Welt nicht auf, daß es sich hier wahrhaftig um eine Sünde an jeder Vernunft handelt; daß es ein verbrecherischer Wahnsinn ist, einen geborenen Halbaffen so lange zu dressieren, bis man glaubt, aus ihm einen Advokaten gemacht zu haben» (Hitler 1930, 478 f).

Man könnte über die postume Schadenfreude eines Hitler spekulieren, darüber, daß die schwarzen US-Amerikaner heute zu den wüstesten Antisemiten der westlichen Welt gehören. 37 Prozent von ihnen (gegenüber 20 Prozent der weißen US-Bürger) sind von Judenhaß geprägt (Goldberg 1993). Denn recht hatte Hitler ja mit der Aussage, daß keine weiße US-Gruppe mehr für die Gleichberechtigung der Schwarzen gekämpft hat als amerikanische Juden. Neben allen überkommenen Antisemitismen und der höchst menschlichen Gabe zur Undankbarkeit verfügen amerikanische Schwarzafrikaner aber auch noch über die Wahrnehmung, daß sie in den Juden eine Gruppe von Weißen angreifen können, denen die übrigen Weißen nicht so ohne weiteres zu Hilfe kommen.

Obwohl Hitler niemanden niedriger stellt als die Schwarzafrikaner, gibt es keinen Befehl an die SS zur «Endlösung der Negerfrage». Für die in Afrika zu gewinnenden Kolonialgebiete ist eine strenge Apartheid vorgesehen, mit der die Schwarzen dauerhaft im Zustand einer dienenden Rasse gehalten werden sollen (Giordano 1991, 140 ff). Gleichwohl werden – wie der Schweizer Historiker Micha Grin schätzt – etwa zweitausend schwarze Frauen und Männer aus Deutschland und den besetzten Gebieten in Konzentrations- und Internierungslager verschleppt, wo viele umkommen (Schäfer 1994, 188). Vierhundert Afrodeutsche wurden bis 1937 zwangssterilisiert (Opitz 1992, 58). Gerade an Hitlers Behandlung der Schwarzafrikaner erweist sich die Untauglichkeit einer Auffassung, die Auschwitz für den Ausfluß von Extremrassismus hält. Einen solchen pflegte Hitler in der Tat. Er richtete sich aber gegen «den Neger». Nach der Logik der Rassismusthese hätte Hitlers Hauptkrieg gegen Afrikaner geführt werden müssen. Da er sich jedoch gegen Juden richtete, muß nach anderen als rassistischen Gründen geforscht werden.

Hitler ist sich sehr wohl bewußt, daß Tötungsverbot und Lebensschutz, Liebes- und Gerechtigkeitsgebote, Mitleid und Gewissen, eben der ganze Kanon von der gleichen Würde aller Kinder Adams «den Juden» längst definiert hat, bevor es auch unter Börsianern und Demokraten, Kommunisten und Sozialisten, Parlamentariern und sowjetischen Kommissaren, Verteidigern von Schwarzen und Menschenrechten sowie unter Wissenschaftlern und Künstlern in herausragender Position Juden gibt. Sein antijüdischer Krieg zielt auf dieses ethisch-geistige Unterfutter, von dem in der Tat die halbe Welt bezaubert, in der Sicht Hitlers jedoch verseucht, vergiftet, geschwächt und tuberkulös gemacht wurde. Wie einen Erreger, der ein an sich resistentes Gewebe infiziert hat – wobei dieses Gesunde mal als imperiale Römer, mal als Germanen, mal als durchschnittliche Christen, mal als westliche Welt und mal als all dieses zusammen gefaßt wird –, bekämpft Hitler die jüdische Ethik. Als Träger dieser Erreger identifiziert er die Juden aus Fleisch und Blut. Wenn diese Aktivisten einmal durch radikalen Schnitt beseitigt seien, so würden die befallenen Körper für alle Zukunft geheilt sein, also nicht wieder rückfällig werden und deshalb beim Kampf um die Erde ihre Unbesiegbarkeit unter Beweis stellen. Bereits am 7. August 1920 formuliert er diese Vorstellung: «Denken Sie nicht, daß Sie eine Krankheit [den jüdischen Geist] bekämpfen können, ohne den Erreger zu töten, ohne den Bazillus zu vernichten, und denken Sie nicht, daß Sie die Rassentuberkulose bekämpfen können, ohne zu sorgen, daß das Volk frei wird von dem Erreger der Rassentuberkulose. Das Wirken des Judentums wird niemals vergehen, solange nicht der Erreger, der Jude, aus unserer Mitte entfernt ist» (Jäckel/Kuhn 1980, 178f). Wann immer Juden mit einem anderen Volk in Kontakt kommen, werden sie seine Bereitschaft zu Rücksichtslosigkeit und Grausamkeit unterminieren und seine Fähigkeit zum Machtkampf schwächen – daran glaubt Hitler, und das will er für die Deutschen wieder rückgängig machen.

Es versteht sich von selbst, daß Hitler im Jahre 1920 noch nicht wissen konnte, daß es einmal in seiner Hand liegen würde, die Entfernung der Juden als ihre Ausrottung zu exekutieren. Den Blitzsieg des Jahres 1940 im Westkrieg und die unerhörten Anfangserfolge im Rußlandkrieg des Jahres 1942 konnte bis dahin niemand voraussehen. Ohne diese Bedingungen kann die Ausrottung nicht verstanden werden. Dasselbe gilt nicht für ihr Motiv, das eben schon im Jahre 1920 formuliert war.

Der Politikwissenschaftler und Computerspezialist Norbert Müller (1989/1990), der als Professor an der Universität Osnabrück lehrte und sich im September 1992 das Leben nahm, hat dem Autor die These von der Judenvernichtung als Versuch zur Auslöschung der jüdischen Ethik in der Frage zurückgegeben: «Willst du sagen, daß Hitler die *hardware* zerschlug, um die *software* zu löschen?» So könnte man in heutiger Zeit wohl das Zerschmettern der Judenköpfe für die Auslöschung des jüdischen Geistes umschreiben. Die jüdische Ethik bzw. das Recht auf Leben ist in der Tat die *software* der abendländischen Zivilisation – sei sie noch christlich im Sinne eines von Galen oder schon säkular humanistisch geprägt.

Aufgeweckte Gegner einer solchen universalen Menschlichkeit erkennen übrigens auch heute sehr schnell ihren Kern im jüdischen Monotheismus. So hat etwa der deutsche Publizist Hans-Magnus Enzensberger kürzlich dazu ermuntert, den Universalismus der Menschenrechte «als moralische Falle» zu durchschauen, in die der Westen nicht mehr hineintappen dürfe. Der Unteilbarkeit der Menschenrechte wird «ihr theologischer Kern» vorgeworfen, der zum Unglück für das Abendland «alle Säkularisierungen überstanden hat.» So etwas sei in den letzten zwei Jahrhunderten von Leuten aus Amerika und Frankreich in die Welt

V.2 Die Zukunft der Menschenrechte

Die Wirkung Lemkins wird auch dadurch nicht geschmälert, daß die Hoffnung der Entrechteten und Bedrohten im wesentlichen nur darauf bauen kann, daß 59 Prozent der US-Amerikaner sich «zur Verantwortung der Vereinigten Staaten bekennen, Truppen für die weltweite Durchsetzung von Friedensplänen bereitstellen zu müssen, wenn die Vereinten Nationen das verlangen» (Greenhouse 1994, 2). Alle Skepsis über Amerika dürfte vor seiner endgültigen Verdammung doch einhalten. Die honorige Seite des antiamerikanischen Zorns nährt sich ja aus der Enttäuschung hoher Erwartungen. In der Neuzeit hat zuerst Amerika die Menschenrechte zur politischen Leitlinie erhoben. Und nur Amerika hatte und hat einstweilen noch die Macht, für sie auch tatkräftig einzutreten. Als Amerika im Zweiten Weltkrieg zwei faschistische Impe-

Grabstein Raphael Lemkins auf dem Mt. Hebron Cemetery in Queens, N. Y. (Photo: Alfred Tulchinsky)

rien (Japan und Deutschland) gleichzeitig niederrang und nebenher zwei weitere Großreiche (Großbritannien und die Sowjetunion) über Wasser hielt, erlebte seine so oft geschmähte Weltgendarmenrolle ihren historischen Höhepunkt. Seitdem werden die USA schwächer und belassen es entsprechend häufiger bei bloßen Worten. Wer bei unveränderten moralischen Standards nur noch etwas tut, tut immer zu wenig und erzeugt Verbitterung. Da alle anderen Nationen jedoch fast nichts versprechen, geraten sie meist erst gar nicht unter das Brennglas der moralischen Kritik. Würde die Verteidigung der Menschenrechte in Zukunft jedoch nur noch von anderen Großnationen wie China, Basilien, Deutschland, Indien, Indonesien, Japan, Pakistan oder Rußland abhängen, dürfte man die angloamerikanische Achse von Alaska über Kanada, die Kern-USA, England und Australien bis nach Neuseeland wohl schnell wieder zurückwünschen.

Die Hoffnung der Entrechteten auf «den Westen» erscheint durch eine verstärkte Anbindung der USA an die UNO sicher auch wieder geschmälert. Diese – von einer Diktaturenmehrheit bestimmte – Völkerorganisation hat sich in der längsten Zeit ihr Existenz ganz vorrangig als Instanz zur Überwachung und Verurteilung der Juden Israels verstanden und darüber dann nicht mehr die Zeit gefunden, die nach 1948 angefallenen etwa fünfzig Akte von Genozid zu verurteilen, geschweige denn zu bekämpfen (vgl. die Liste in Harff 1992, 32–36).

Die Völkermorde der Zukunft werden wie schon die vorausgegangenen mit der Durchsetzung einer Moral begründet werden, die noch höher stehe als das fünfte Gebot. Wie das marxistische Proletarierheil und das hitleristische der Lebensraumgewinnung belegen, werden die Menschen auch weiterhin um die Formulierung solcher Ziele nicht verlegen sein. Sie dürften auf absehbare Zeit allerdings eher auf der ökologischen Ausmordungslinie Hitlers liegen, die allerdings auch in der Russifizierungspolitik der Sowjetunion nicht gefehlt hat, als ganze Völker auf Todesmärsche geschickt wurden (Heinsohn 1994b). Ihre Vollstrecker werden wiederum die Thora mit ihren Liebes-, Gerechtigkeits- und Lebensheiligkeitsgeboten als Gegner identifizieren und damit auch das Volk des Gesetzes. Weil das so ist, soll man die Rabbiner nicht schelten, die einen *Vierten Churban* für möglich halten.

VI. Anhang

gesetzt worden, deren Gott durch «Allgewalt, ja, Allmacht» gekennzeichnet ist (Enzensberger 1993, 74). Noch haben die modernen Gegner der «universalistischen Ethik» und ihrer «Verheißungen» (Enzensberger 1993, 85 / 90) nicht deutlich gemacht, was sie an ihre Stelle setzen wollen (zur Kritik siehe Walther 1993). Man darf vermuten, daß sie vor dem Totenkopf oder der weißen Rasse denn doch zurückschrecken würden. Aber wird der prophetische Schwung eines von Galen sie noch erreichen? Am 3. August 1941 donnerte der «Löwe von Münster»: «Wie wird der Name Gottes mißbraucht, verunehrt und gelästert. Und das 1. Gebot: ‹Du sollst keine fremden Götter neben mir haben!› Statt des einzig wahren ewigen Gottes macht man sich nach Gefallen eigene Götzen, um sie anzubeten: Die Natur oder den Staat oder das Volk oder die Rasse» (Portmann 1961, 364).

Die bisherige Holocaustforschung zeichnet sich dadurch aus, daß sie meist ohne Judentumsforschung vorgeht. Diese Schwäche hat sie von der Antisemitismusforschung geerbt. Auch deren Spezialisten haben meist ausdrücklich auf eine Betrachtung des Judentums verzichtet. Das war oft gut gemeint. Man wollte nicht neuem Antisemitismus dadurch Nahrung geben, daß Juden die «Schuld an ihm gegeben» wurde (exemplarisch dafür Sartre 1985 [1945], 108 ff, und Horkheimer / Adorno 1947; dagegen Prager / Telushkin 1983; Heinsohn 1988). Nach derselben Logik könnte man taktvoll über die Todesverachtung von Menschenrechtsverteidigern schweigen, um nicht die Motive ihrer Verfolger gerechtfertigt erscheinen zu lassen. Hitler war ein besserer Kenner des jüdischen Kerns der okzidentalen Zivilisation als fast alle seine Erforscher – einschließlich vieler jüdischer. So bezeichnet etwa Alfred Grosser Hitlers Vorgehen als einen Bruch nicht mit der jüdischen, sondern «mit der christlichen und humanistischen Tradition der Gleichheit unter den Menschen» (Grosser 1990, 95). Nichtkenntnis oder gar Geringschätzung des Judentums vereint die säkularen Auschwitzforscher fast von Beginn an. Die Hochherzigkeit und Schönheit der jüdischen Ethik, ihre ungeheure Wucht und globale Verführungskraft wird nicht ins Auge gefaßt, wo Hitlers ungeheuerlicher Angriff untersucht wird. Er muß dann in der Tat irrational, rassistisch, mythisch, ökonomisch oder wie auch immer anmuten. Das diesbezügliche Vokabular wächst gewissermaßen täglich. Ein Elias Canetti hat das Versagen solcher Kategorien gegenüber Hitler gespürt und selbst vorsichtig geschwiegen: «Zu einer wirklichen Erfassung dieses Phänomens sind neue Mittel unerläßlich. Man muß sie gewahren, heranholen und verwenden, wo immer sie sich bieten. Die Methode zu einer solchen Untersuchung kann noch nicht bestehen. Die Strenge der Fachdisziplinen erweist sich hier eher als Aberglaube. *Was ihnen entschlüpft, ist eben das, worauf es ankommt.* Eine unzerteilte Anschauung des Phänomens selbst ist oberste Voraussetzung. Jede Arroganz des Begriffs, wo immer sonst er sich bewährt haben mag, ist schädlich» (Canetti 1981b, 176 – Hervorhebung ergänzt).

Es ist – außer bei rabbinischen Autoren – diese Verdrängung des Judentums, die immer wieder zur Kennzeichnung des Holocaust als Rassenpolitik, Rassenhaß, Rassenmord, «Rasse und Vernichtung» (Steinert 1994, 496) usw. führt. Dennoch gibt es auch in der professionellen Hitlerforschung eine erste Ahnung darüber, daß mit dem Begriff Rassismus vorsichtig umzugehen ist. So äußerte Hitler in seinen «Monologen» am 27. Januar 1942: «Der Rassenkrieg braucht nicht auszubrechen, wenn die Menschen nicht nach dem Äußeren, sondern nach ihrer Bewährung ausgesucht werden. Aussehen und Veranlagung laufen oft getrennt. Man kann die Auslese nach dem Äußeren und man kann sie – wie es die Partei gemacht hat – nach der Lebensbewährung treffen» (Zitelmann 1989, 422f). Schon am 26. Juni 1936 notiert Goebbels: «Der Führer mißbilligt sehr scharf die Arbeit all der Rasse-Ausschüsse» (Zitelmann 1989, 424). Mittlerweile gilt auch für den Zeitraum vor Hitlers Machtantritt: «‹Rasse› erwies sich für ihn vor allem durch ‹Gesinnung› und nicht umgekehrt, wie bisher meist angenommen wurde. Körperliche Merkmale spielten für ihn in diesem Zusammenhang eine nachgeordnete Rolle. Das ist grotesk und belegt, in welchem Maße sich Hitlers Terminologie zuweilen von der damals allgemein üblichen abhob» (Syring 1994, 26; ähnlich 28). Auch für Hitlers Stellvertreter wird ein ähnliches Bild gezeichnet: «Bei Göring hatte der Begriff Rasse nicht den rein biologischen Inhalt. Er verstand darunter [...] den Menschen von Format und besonders geprägter Leistungsfähigkeit, wie es im Adjektiv ‹rassig›, auf einen Menschen angewendet, zum Ausdruck kommt» (Bross 1950, 128).

Aus dieser Einsicht wird in der Forschung dann allerdings nichts gemacht. Hinter das Kürzel «jüdische Rasse» wird nicht geschaut. Über eine jüdische «Gesinnung» werden keine Überlegungen angestellt. Dabei wird eine Hitleraussage aus dem *Völkischen Beobachter* vom 31. August 1930 zitiert, die in extremer Verdichtung festhält, was Hitler der jüdischen Ethik mit ihren unteilbaren Rechten jedes – also genauso des schwachen und behinderten – Menschen vorwirft: Der Jude «vernichtet in jedem Menschen den natürlichen Instinkt zur Selbsterhaltung» (Syring 1994, 42). Rücksichtslos als Stärkerer den Schwächeren zu vernichten, wie Hitler voller Bewunderung das Walten von Mutter Natur sieht, wird in der Tat durch das jüdische Gesetz bekämpft und verboten. Dieser Kanon *ist* der Gegner *par excellence* für Hitlers gesamte Politik und die ihr zugrundeliegende Weltanschauung. Er bekämpft diesen Kanon durch Judenbekämpfung und -ausrottung. Wahnsinnig ist daran möglicherweise nur die Gewißheit, durch Judenmord das jüdische Gesetz auch tatsächlich aus der Welt schaffen zu können.

Eine tiefsinnige Variante der vergleichenden Völkermordforschung ist Hitlers Motiv unbewußt ein Stück weit nahe gekommen. Sie vermag im *Holocaust* durchaus den ultimativen «Anschlag auf abendländische Werte» (Chalk 1990, 325) zu sehen. Selbst eine Beschreibung des Holocaust als Angriff auf «das kostbarste Recht» der Juden, auf «*ihr* Recht auf Leben» (Chalk 1990, 324), gelingt. Dann aber wird nicht weitergefragt. Zur Vorstellung, daß es vielleicht gerade die jüdische Ethik ist, die im Zentrum der abendländischen Zivilisation steht, und daß Hitler eben dieses weiß und angreift, kommt es nicht. Aus ihrem unverbrüchlichen Respekt für das universale Recht auf Leben verbieten die Forscher sich die Vorstellung, daß es bei Auschwitz nicht allein um das Lebensrecht der dort ermordeten Juden ging, sondern daß das aus dem Judentum ins Abendland gelangte «Recht auf Leben» als solches das ultimative Kampfziel des deutschen Führers gewesen ist.

Die Einzigartigkeit von Auschwitz ergibt sich nicht aus der schieren Zahl der Opfer, die von den Megatötungen der marxistischen Regime um ein vielfaches übertroffen wird. Der Holocaust steht auch nicht deshalb allein in der Geschichte, weil ein Glauben durch Beseitigung der Gläubigen getilgt werden sollte. Mit der Judenvernichtung soll der Kern der abendländischen Zivilisation herausgeschnitten werden. Hitler hat die Liebes-, Gerechtigkeits- und Gleichheitsgebote des jüdischen Monotheismus und vor allem seinen unbedingten Schutz des menschlichen Lebens als die – in seinen Augen – schwächende Krankheit des Abendlandes ausgemacht. Durch ihre Wegoperation, deren Gelingen er sich von der Ausrottung aller Juden aus Fleisch und Blut erwartet, will er die Germanen zur schlagkräftigsten Formation im rücksichtslosen und ewigen Krieg um den irdischen Lebensraum heranziehen. In der Abstufung SS, Ostheer und Hitlerjugend sollen die Deutschen ein Recht auf Völkermord von neuem einüben. Diese große Umerziehung hält er für gefährdet, solange auch nur ein Jude den Gedanken an das Recht auf Leben gegenwärtig halten würde. Als verjudet verfolgt er dabei auch diejenigen Christen, die für den jüdischen Kern ihres Glaubens – also die Liebes- und Lebensethik – aktiv einstehen.

Hitlers kriegerische Vorteilssuche durch bewußtes Eliminieren des abendländischen Wertesystems steht *bisher* einzigartig da. Ob das so bleiben wird, kann nur die Zukunft erweisen. Allerdings ist die Vorstellung vom globalen Existenzkampf des «West against the rest» (Huntington 1993), des Krieges von einer Milliarde Menschen, die sich auf universale Menschenrechte zumindest verpflichtet haben, gegen die sieben Milliarden der übrigen Welt für den Beginn des 3. Jahrtausends schon heute Zentralthema der militärischen Debatten (Heinsohn 1994b).

Hitler hat versucht, mit der genozidalen Ausrottung der jüdischen Ethik aus dem deutschen Volk einen entscheidenden strategischen Vorsprung für das globale Völkerringen zu gewinnen. Wie es eine erste Panzerschlacht und eine erste Luftbombardierung von Städten gibt, so gibt es im neuzeitlichen Abendland ebenfalls den ersten Einsatz einer vom Tötungsverbot befreiten Nation. Weil fast alle Waffen nicht nur einmal zum Einsatz kommen, kann auch die Hitlersche der Gesetzesbeseitigung von neuem für ein anderes Volk oder eine Völkerkoalition ins Auge gefaßt werden.

V. Auschwitz ohne Vermächtnis?

Vielleicht trügt die Hoffnung, daß Hitler wahnhaft handelte, als er glaubte, die Anziehungskraft der jüdischen Ethik auslöschen zu können, wenn er die jüdischen Menschen vernichtete. Auch nach dem *Holocaust* war es nämlich ein einzelner, Raphael Lemkin (24. Juni 1900 bis 27. August 1959), dessen unermüdliches Antichambrieren und Werben schließlich dazu führte, daß die Vereinten Nationen am 9. Dezember 1948 die «Konvention über die Verhütung und Bestrafung des Völkermordes» annahmen. Dem Staatenlosen hatten Journalisten den Ehrennamen «Unofficial Man» gegeben (Schnur 1982, 9).

«In dieser Konvention bedeutet Völkermord eine der folgenden Handlungen, die in der Absicht begangen wird, eine nationale, ethnische, rassische oder religiöse Gruppe als solche ganz oder teilweise zu zerstören:
(a) Tötung von Mitgliedern der Gruppe;
(b) Verursachung von schwerem körperlichem oder seelischem Schaden an Mitgliedern der Gruppe;
(c) vorsätzliche Auferlegung von Lebensbedingungen für die Gruppe, die geeignet sind, ihre körperliche Zerstörung ganz oder teilweise herbeizuführen;
(d) Verhängung von Maßnahmen, die auf die Geburtenverhinderung innerhalb der Gruppe gerichtet sind;
(e) gewaltsame Überführung von Kindern der Gruppe in eine andere Gruppe» (Artikel 2; Tomuschat 1992, 209).

Raphael Lemkin hatte bereits im Jahre 1933 vor dem Völkerbund in Madrid gefordert, daß «die Zerstörung nationaler, religiöser und rassischer Gruppen» in die Liste international zu verfolgender Verbrechen aufgenommen werde, und dafür einen Gesetzentwurf gleich mitgebracht. Ihm wurde nicht gefolgt (Bartlett 1952, 138ff). Noch vor dem Ende des Zweiten Weltkrieges – vor heute 50 Jahren – prägte er den völkerrechtlichen Begriff «Genocide» (Lemkin 1944). Drei Jahre später verfaßte er einen Entwurf (Lemkin 1947) für die Völkermordkonvention der UNO, die ihn im Jahre 1946 in ihr Vorbereitungskomitee berufen hatte. Fast unverändert wurde dieser Entwurf am 9. Dezember 1948 im Pariser Chaillot einstimmig (55:0) zum Gesetz der Vereinten Nationen erhoben. Fünfzehn Jahre und weitere Völkermorde mußten also noch vergehen, bis Lemkin nach 1933 wieder Gehör fand. Er starb fast ohne einen Penny am Herzschlag «in einem schäbigen Einzimmerapartment in der 122. Straße auf Manhattans Westside» (Jacobs 1992, XVII).

V.1 Raphael Lemkin und die Völkermordkonvention der Vereinten Nationen

Wenn man bedenkt, wie oft die Völkermordkonvention heute beschworen oder auch nur propagandistisch benutzt wird, dann ist dieser aus Polen stammende New Yorker Jude ein erstaunlich unbekannter Mann geblieben. Auf Auschwitztagungen oder Konferenzen hört man seinen Namen nicht. In den Holocaustmuseen bleibt sein Bildnis eine Seltenheit. Liegt dies vielleicht daran, daß der Grund für Auschwitz nicht erfaßt wird oder gar als prinzipiell unerkennbar gilt? In gängigen historischen Reflexionen werden der antisemitischen deutschen Diktatur Nachwirkungen epochalen Zuschnitts leichthin abgesprochen: «Eine qualitative Bestimmung dessen, was der Nationalsozialismus als ‹historische Krise› und als Analogon zu Reformation und Französischer Revolution bedeuten könnte, wird allenthalben jedoch nicht sichtbar» (Diner 1991, 66; vgl. ähnlich Baumann 1992, 100).

Wenn aber Hitler versucht hat, das bei der Ausmordung großer Territorien störende jüdische Gesetz durch Ausschaltung der Juden zu beseitigen, dann liegt der Epochenbruch darin, daß nur fünfzehn Jahre nach dem welthistorisch furchtbarsten Angriff auf das jüdische Gesetz von der Heiligkeit des Lebens die ganze Welt es angenommen hat. Im Jahre 1948 – anderthalb Jahrzehnte nach Hitlers Machtantritt im Jahre 1933 – sind die «Tafeln vom Berge Sinai» (Hitler) nicht nur in Deutschland von neuem zur Geltung gebracht, sondern zum Gesetz der gesamten Menschheit geworden. Jede Nation, die der UNO beitreten will, muß die «Konvention über die Verhütung und Bestrafung des Völkermordes» vom 9. Dezember 1948 annehmen und darüber hinaus auch den Artikel 3 der am 10. Dezember 1948 angenommenen «Allgemeinen Erklärung der Menschenrechte» unterzeichnen, in dem es heißt: «Jedermann hat das *Recht auf Leben*, Freiheit und persönliche Sicherheit» (Tomuschat 1992, 27 – meine Hervorhebung).

Rabbinische Autoren sehen beim Vermächtnis von Auschwitz gelegentlich tiefer als die Historiker. Als Männer, die im «Du *sollst* nicht morden» ohne weitere Umschweife die Essenz des Judentums fassen, wissen sie um seine Fragilität unter den Völkern. Da diese Schwäche von Juden so schmerzhaft empfunden wird, bleibt ihnen unbegreiflich, daß Hitler gerade dieses Schwachmachende, dieses Naturfremde für seinen mächtigsten Gegner halten kann. Daß Hitler die Juden nicht etwa wegen ihrer Wehrlosigkeit vernichtet – das ist nur «technisch» richtig –, sondern mit ihnen das ethische Prinzip des Schutzes der Wehrlosen planvoll ausrotten will, kann nicht gedacht werden. Dennoch ist wohl niemand näher an diese Absicht herangekommen als der orthodoxe Rabbiner Eliezer Berkovits aus Nagyvarad in Ungarisch-Rumänien: «Es möchte uns scheinen, daß es zwei Arten von Geschichte gibt, einmal die der Völker und dann die Geschichte Israels. Die Geschichte der Völker erklärt sich durch sich selbst. Sie ist naturalistische Geschichte, die in Kategorien der Macht und Wirtschaft erklärt werden kann. Aber gerade im Hinblick auf diese Kategorien bleibt die Geschichte Israels ein versiegeltes Geheimnis; sie entzieht sich dieser Art von Erklärung. Nur die Geschichte Israels läßt sich nicht aus sich selbst erklären; sie legt Zeugnis ab von einer übernatürlichen Dimension, die in die Geschichte hineinragt. Hätten beide fein säuberlich getrennt gehalten werden können, wäre die Entwicklung vielleicht ganz zufriedenstellend verlaufen. Es hätte weder Antisemitismus noch Pogrome, weder Ghettos noch Krematorien gegeben. Aber wie nicht anders möglich, vollziehen sich beide geschichtlichen Abläufe nicht in Zeit und Raum voneinander getrennt; zusammen ergeben sie die Geschichte der Menschheit. Zwangsläufig durchdringen sich beide Geschichten gegenseitig. So kann in der Sphäre, die den Gesetzen der Natur unterliegt, gelegentlich die göttliche Stimme gehört und das Vorhandensein des Übernatürlichen in dieser Welt für einen Augenblick flüchtig wahrgenommen werden. Andererseits dringen die wilden, ungezügelten Kräfte der naturalistischen Sphäre immer wieder zerstörend in den diesseitigen Bereich ein, der seine Sinn- und Zweckbestimmung aus der übernatürlichen Dimension bezieht.

Die Verwirrung der Juden unserer Zeit ergibt sich aus der Vorstellung, daß das jüdische Glaubensproblem aus dem Widerstreit von jüdischer Lehre und jüdischer oder allgemeiner geschichtlicher Erfahrung resultiere. In Wirklichkeit findet der Konflikt zwischen zwei Geschichten statt. Es gibt zwei Sphären, die des Ist und die des Soll. Die Geschichte der

Völker findet weitgehend in der Sphäre des Ist statt. Die Geschichte Israels gehört hauptsächlich in die Sphäre des Soll; sie ist Geschichte des Glaubens, daß das, was das menschliche Leben bestimmen sollte, eintreten möge und eintreten wird. Die Glaubensgeschichte steht im Widerspruch zur Machtgeschichte, aber sie ist Geschichte. Solange Israel lebt, klammert sich das Soll an die Wirklichkeit, und sei es auch nur mit letzter Kraft. Solange das Soll seine Lebensfähigkeit als eine Möglichkeit des Diesseits bewiesen hat, hat es Zutritt zu der Sphäre des Ist. Solange Israel ist, ist auch das Soll, hat das Übernatürliche im Natürlichen Halt gefunden. Solange dies so ist, besteht Hoffnung für beide, Hoffnung auf die endliche Verschmelzung beider Sphären, wenn das Soll ganz und gar wirklich sein und das Wirkliche unzweifelhaft als das Leben erkannt wird, das mit dem Guten identisch ist» (Berkovits 1993, 71 f).

Eliezer Berkovits weiß um den Abgrund zwischen jüdischer Ethik und «natürlicher» Welt, und er hofft. Rabbiner Arthur E. Cohen sieht ebenfalls das Merkwürdige, ja Unbegreifliche darin, daß gerade das Volk der Lebensethik hingetötet wird: «Ich nenne die Todeslager das *tremendum*, denn die sind das Monument einer sinnlosen Pervertierung des Lebens [...], die ihresgleichen nicht hat und jedem Menschen, der auf das Leben verpflichtet ist, unergründlich bleibt. Und gibt es unter den Nationen und Kulturen des Westens eine, die so völlig dem Leben, der Entscheidung für das Leben und seiner Mehrung als Leit- und Verhaltensmuster verbunden ist, wie die jüdische? Der Jude mag sehr wohl das ideale Opfer sein, weil schon sein bloßes Fortdauern, seine Leidensfähigkeit, seine Weigerung, vier Jahrtausende hindurch bis zu dem *tremendum* zu sterben, eine Verherrlichung des hartnäckigen Lebenswillens war» (Cohen 1993, 129 f; Cohen 1981, 19). Eben dieses wußte auch Hitler: «Welches Volk endlich hat größere Umwälzungen mitgemacht als dies – und ist dennoch immer als dasselbe aus den gewaltigen Katastrophen der Menschheit hervorgegangen? Welch ein unendlich zäher Wille zum Leben, zur Erhaltung der Art spricht aus diesen Tatsachen» (Hitler 1930, 47).

Berkovits und Fackenheim unterschätzen den Zauber und die Macht ihres «unnatürlichen» Gesetzes, das durch den Schutz von Menschenleben Gutes schaffen will. Sie sind skeptisch gegen ein allen Menschen mögliches Sehnen, in diesem Sinne jüdisch zu werden. Sie können deshalb auf den Gedanken nicht verfallen, daß ein Hitler das Judentum nicht so sehr deshalb schindet, weil es schwach ist, sondern daß er es vor allem anderen bekämpft, weil er seine geistig-ethische Stärke erkennt und brechen will, um seinem eigenen Volk rücksichtslose Härte für den Kampf um die Weltmacht zu erhalten oder überhaupt erst zu geben. Beide Denker wissen nicht und können sich also damit auch nicht trösten, daß ein Raphael Lemkin längst die Kraft seines Lebens dafür verbraucht hatte, das «Soll» des jüdischen Gesetzes für alle Völker verbindlich zu machen. Über diesen unfrommen Juden – einen «modernen Don Quijote» (Korey 1989, 45) –, von dessen Familie neunundvierzig Mitglieder während der deutschen Besatzung ermordet wurden, gibt es keine Theorien wie über Auschwitz. Zwar kann seine Völkermorddeklaration von 1948 die Nationen nicht zwingen, vom Morden abzulassen, aber er hat doch erreicht, daß sie ein universales Gesetz brechen, wenn sie zum Töten schreiten, was sie nun nicht mehr «sollen». Dies ist das Vermächtnis von Auschwitz. Daß die «Tafeln vom Berge Sinai» die Vereinten Nationen infiziert haben, wie Hitler gesagt hätte, muß Gläubige und Nichtgläubige gleichermaßen beeindrucken. Daß sie von einem Unscheinbaren wie Raphael Lemkin in der richtigen Stunde vor die Weltversammlung getragen wurden, in der später eine Mehrheit wohl kaum noch zustande gekommen wäre, streift ans Wunderbare. Vergleichbar ist dieser Vorgang nur mit einem anderen des Jahres 1948, als am 15. Mai die 660000 Juden des gerade gegründeten Staates Israel mit ihren 30000 Kämpfern den Ausrottungskrieg fünf arabischer Armeen zunichte machten. Eine Theologie über Raphael Lemkin als «Gottesknecht», über den jüdischen Rechtsgelehrten als einen von den Menschen nicht erkannten «Engel des Herrn» , müßte deshalb weniger befremden als alle Theologien über Auschwitz zusammengenommen.

Literatur

Abel, T. (1966), *The Nazi Movement: Why Hitler Came to Power* (1938), New York: Atherton Press

Ackermann, N. W., Adorno, T. W., Bettelheim, B., Frenkel-Brunswik, E., Jahoda, M., Janowitz, M., Levinson, D. J., Nevitt Sanford, R. (1969), *Der autoritäre Charakter. Band 2. Studien über Autorität und Vorurteil,* Amsterdam: De Munter

Adam, U. (1979), *Judenpolitik im Dritten Reich* (1972), Königstein/Ts.: Athenäum

Adam, U. D. (1985), *Diskussion,* in Jäckel, E., Rohwer, J., Hg. (1985), S. 87

Adorno, T. W., Frenkel-Brunswik, E., Levinson, D. J., Nevitt Sanford, R. (1950), *The Authoritarian Personality. Studies in Prejudice,* New York, Evanston, and London: Harper & Row

Adorno, T. W., Bettelheim, B., Frenkel-Brunswik, E., Gutermann, N., Janowitz, M., Levinson, D. J., Nevitt Sanford, R. (1968), *Der autoritäre Charakter. Band 1. Studien über Autorität und Vorurteil,* m. e. Vw. v. M. Horkheimer, Amsterdam: De Munter

Aly, G., Hg. (1989), *Aktion T4 1939–1945* (1987), Berlin: Edition Hentrich

Aly, G., Heim, S. (1993), *Vordenker der Vernichtung. Auschwitz und die deutschen Pläne für eine europäische Neuordnung* (1991), Frankfurt/M.: Fischer

Akten (1956) = *Akten zur deutschen auswärtigen Politik 1918–1945. Aus dem Archiv des deutschen Auswärtigen Amtes,* Serie D (1937–45), Bd. 7, Baden-Baden: Imprimerie Nationale

Antizionistisches Komitee der sowjetischen Öffentlichkeit (1985), *Verbrecherische Allianz des Zionismus und Nazismus,* Moskau: Antizionistisches Komitee der sowjetischen Öffentlichkeit

Arad, Y. (1987), *Belzec, Sobibor, Treblinka: The Operation Reinhard Death Camps,* Bloomington: Indiana University Press

Arendt, H. (1964), *Eichmann in Jerusalem. Ein Bericht von der Banalität des Bösen* (1963), München: Piper

Arendt, H. (1986), *Elemente und Ursprünge totaler Herrschaft* (1951, 1968), München & Zürich: Piper

Augstein, R., Hg. (1989a), *Spiegel Spezial 100 Jahre Hitler,* Hamburg: Spiegel Verlag

Augstein, R., (1989b), *Was soll uns noch Hitler?,* in Augstein, R., Hg. (1989a), S. 4f

Backhaus, W. (1968), *Sind die Deutschen verrückt?,* Bergisch-Gladbach: Gustav Lübbe

Bärsch, C.-E. (1987), *Erlösung und Vernichtung. Dr. phil. Joseph Goebbels. Zur Psyche und Ideologie eines jungen Nationalsozialisten 1923–1927,* München: Klaus Boer

Baron, F., Szenes, S. (1994), *Von Ungarn nach Auschwitz. Die verschwiegene Warnung*, Münster: Verlag Westfälisches Dampfboot
Bartels, K. (1991), *Dämme oder: Der projektiv verschobene Haß*, Frankfurt/M.: Verlag für akademische Schriften
Bartlett, R. M. (1952), *An Ancient Crime – A New Law, Raphael Lemkin*, in ders., *They Dare to Believe*, New York: Association Press
Bartoszewski, W. (1989), *Polen und Juden in der deutschen Besatzungszeit*, in Kleßmann, C., Hg. (1989), S. 139–155
Bastian, T. (1994), *Auschwitz und die «Auschwitz-Lüge». Massenmord und Geschichtsfälschung*, München: Beck
Bauer, Y. (1978), *The Holocaust in Historical Perspective*, Seattle/OR: University of Washington Press
Bauer, Y. (1982), *A History of the Holocaust*, New York: Franklin Watts
Bauer, Y. (1994), *Gypsies*, in Gutman, Y., Berenbaum, M., Hg. (1994), S. 441–455
Baum, R. C. (1981), *The Holocaust and the German Elite: Genocide and National Suicide in Germany*, 1871–1945, Totowa/NJ: Rowman and Littlefield
Baumann, Z. (1992), *Dialektik der Ordnung. Die Moderne und der Holocaust*, Hamburg: Europäische Verlagsanstalt
Bayfield, T. (1981), *Churban. The Murder of the Jews of Europe*, London: Michael Goulston Educational Foundation
Beer, M. (1987), *Die Entwicklung der Gaswagen beim Mord an den Juden*, in *Vieteljahreshefte für Zeitgeschichte*, Bd. 35, S. 403–417
Benöhr, H.-P. (1989), *Judenverfolgung, Judensteuern und Judenrecht im Mittelalter und in der Neuzeit*, in *JuS*, Nr. 1/1989
Benz, W., Hg. (1991), *Dimension des Völkermords. Die Zahl der jüdischen Opfer des Nationalsozialismus*, München: Oldenbourg
Benz, W. (1993), *Die Juden im Dritten Reich*, in Bracher, K.-D., Funke, M., Jacobsen, H.-A., Hg. (1993), S. 273–290
Berenbaum, M., Hg. (1990), *A Mosaic of Victims. Non-Jews Persecuted and Murdered by the Nazis*, New York und London: New York University Press
Berenbaum, M. (1992), *The Uniqueness and Universality of the Holocaust*, in Freedman-Apsel/Fein, Hg. (1992), S. 6–8
Bergmann, W. (1990), *Sind die Deutschen antisemitisch? Meinungsumfragen von 1946–1987 in der Bundesrepublik Deutschland*, in Bergmann, W., Erb, R., Hg. (1991), S. 108–130
Bergmann, W., Erb, R., Hg. (1991), *Antisemitismus in der politischen Kultur nach 1945*, Opladen: Westdeutscher Verlag
Berkovits, E. (1977), *Faith After the Holocaust*, New York: KTAV
Berkovits, E. (1993), *Das Verbergen Gottes* (1977), in Brocke, M., Jochum, H., Hg. (1993), S. 43–72
Bethge, E. (1988), *Schoah (Holocaust) und Protestantismus*, in Kaiser, J.-Ch., Greschat, M., Hg. (1988), S. 1–37
Bettelheim, B. (1992), *Erziehung zum Überleben. Zur Psychologie der Extremsituation* (1979), München: dtv

Binding, L., Hoche, A. (1920), *Die Freigabe der Vernichtung lebensunwerten Lebens: Ihr Maß und ihre Form*, Leipzig: F. Meiner

Binion, R. (1973), *Hitler's Concept of ‹Lebensraum›: The Psychological Basis*, in *History of Childhood Quarterly*, Bd. 1, S. 187–215

Binion, R. (1978), *«...daß ihr mich gefunden habt». Hitler und die Deutschen: eine Psychohistorie* (1976), Stuttgart: Klett-Cotta

Birnbaum, N. (1989), *Hitler tot, Hitler lebendig*, in Augstein, R., Hg. (1989a), S. 108–111

Bloch, E. (1941), *My Patient, Hitler*, in *Colliers Magazine*, 15 u. 22. März 1941 (Mitteilung an J. D. Ratcliff)

Boberich, H., Hg. (1984), *Meldungen aus dem Reich 1938–1945. Die geheimen Lageberichte des Sicherheitsdienstes der SS*, 17 Bände, Herrsching: Pawlak

Bock, G. (1986), *Zwangssterilisation im Nationalsozialismus. Studien zur Rassenpolitik und Frauenpolitik*, Opladen: Westdeutscher Verlag

Bracher, K.-D. (1993), *Die deutsche Diktatur: Entstehung, Struktur und Folgen des Nationalsozialismus* (1969[1]), Köln & Berlin: Kiepenheuer und Witsch

Bracher, K.-D., Funke, M., Jacobsen, H.-A., Hg. (1993), *Deutschland 1933–1945. Neue Studien zur nationalsozialistischen Herrschaft*, Düsseldorf: Droste

Brainin, E., Ligeti, V., Teicher, S. (1993), *Vom Gedanken zur Tat. Zur Psychoanalyse des Antisemitismus*, Frankfurt/M.: Bandes & Apel

Brandt, W. (1989), *Ein maßlos unterschätzter Teufel*, in Augstein, R., Hg. (1989a), S. 12f

Breitman, R. (1991), *The Architect of Genocide. Himmler and the Final Solution*, Hannover und London: Brandeis University Press (published by University Press of New England)

Brenner, R. R. (1980), *The Faith and Doubt of Holocaust Survivors*, New York: Free Press

Brocke, M., Jochum, H., Hg. (1993), *Wolkensäule und Feuerschein. Jüdische Theologie des Holocaust* (1982), Gütersloh: Chr. Kaiser

Brocke, M., Jochum, H. (1993a), *Der Holocaust und die Theologie – ‹Theologie des Holocaust›*, in Brocke, M., Jochum, H., Hg. (1993), S. 238–270

Bross, W. (1950), *Gespräche mit Hermann Göring während des Nürnberger Prozesses*, Flensburg und Hamburg: Christian Wolff

Broszat, M. (1961), *Nationalsozialistische Polenpolitik 1939–1945*, Stuttgart: Deutsche Verlags-Anstalt

Broszat, M. (1977), *Hitler und die Genesis der ‹Endlösung›. Aus Anlaß der Thesen von David Irving*, in *Vierteljahreshefte für Zeitgeschichte*, Bd. 25, S. 739 bis 775

Broszat, M. (1979), *Nationalsozialistische Konzentrationslager 1933–1945* (1965), in Broszat, M., Jacobsen, H.-A., Krausnick, H. (1979), S. 11–133

Broszat, M. (1988a), *Nach Hitler. Der schwierige Umgang mit unserer Vergangenheit* (1986), München: dtv

Broszat, M. (1988b), *Enthüllung? Die Rauschning-Kontroverse* (1985), in Broszat, M. (1988a), S. 249ff

Broszat, M., Jacobsen, H.-A., Krausnick, H. (1979), *Anatomie des SS-Staates. Band 2* (1965), München: dtv
Browning, C. R. (1985a), *Fateful Months: Essay on the Emergence of the Final Solution*, New York: Holmes & Meier
Browning, C. R. (1985b), *Podiumsdiskussion*, in Jäckel, E., Rohwer, J., Hg. (1985), S. 185–186
Browning, C. R. (1992), *The Path to Genocide. Essays on Launching the Final Solution*, New York: Cambridge University Press
Browning, C. R. (1993), *Ordinary Men: Reserve Police Battalion 101 and the Final Solution* (1992), New York: Harper Collins
Brumlik, M. (1986), *Die Angst vor dem Vater. Judenfeindliche Tendenzen im Umkreis neuer soz. Bewegungen*, in Silbermann, A., Schoeps, J. H., Hg. (1986), S. 133–162
Buchheim, H. (1979), *Anatomie des SS-Staates. Band 1: Die SS – das Herrschaftsinstrument. Befehl und Gehorsam* (1965), München: dtv
Büchner, G. (1974), *Sämtliche Werke und Briefe. Historisch-Kritische Ausgabe und Kommentar*, hgg. v. W. R. Lehmann, 2 Bände, München: Carl Hanser
Büttner, U., Hg. (1986), *Das Unrechtsregime. Internationale Forschung über den Nationalsozialismus. Festschrift W. Jochmann*, Bd. 1, Hamburg: Christians
Bullock, A. (1991), *Hitler und Stalin. Parallele Leben*, Berlin: Siedler
Burrin, P. (1993), *Hitler und die Juden. Die Entscheidung für den Völkermord* (1989), Frankfurt/M.: Fischer
Bussmann, W. (1968), *Zur Entstehung und Überlieferung der «Hossbach-Niederschrift»*, in *Vierteljahreshefte für Zeitgeschichte*, Bd. 18, S. 373–384
Butler, R. (1979), *The Black Angels. A History of the Waffen-SS*, New York: St. Martin's Press
Canetti, E. (1981a), *Das Gewissen der Worte* (1976²), Frankfurt/M.: Fischer
Canetti, E. (1981b), *Hitler nach Speer* (1976), in Canetti, E. (1981a), S. 175–204
Cargas, H. J. (1993), *Revisionism and Theology: Two Sides of the Same Coin?*, in Jacobs, S. L., Hg. (1993b), S. 2–14
Carlton, E. (1994), *Massacres. An Historical Perspective*, Aldershot/Hants. und Brookfield/Vermont: Scolar Press
Carr, W. (1980), *Adolf Hitler. Persönlichkeit und politisches Handeln* (1978), Stuttgart et al.: Kohlhammer
Celan, P. (1983), *Gesammelte Werke in fünf Bänden*, hgg. v. B. Allemann u. S. Reichert u. M. v. R. Bücher, Frankfurt/M.: Suhrkamp
Chalk, F. (1990), *The Holocaust: The Ultimate Ideological Genocide*, in F. Chalk, K. Jonassohn, Hg. (1990), S. 323–325
Chalk, F., Jonassohn, K., Hg. (1990), *The History and Sociology of Genocide. Analyses and Case Studies*, New Haven & London: Yale University Press
Charny, I. W. (1982), *How Can We Commit the Unthinkable? Genocide, The Human Cancer*, Boulder/Colorado: Westview Press
Charny, I. W., Hg. (1984), *Toward the Understanding and Prevention of Genocide: Proceedings of the International Conference on the Holocaust and Genocide*, Boulder/Colorado: Westview Press

Christ, K., Hg. (1986a), *Sparta*, Darmstadt: Wissenschaftliche Buchgesellschaft
Christ, K., Hg. (1986b), *Spartaforschung und Spartabild*, in Christ, K., Hg. (1986a), S. 1–72
Claussen, D. (1987), *Grenzen der Aufklärung. Zur gesellschaftlichen Geschichte des modernen Antisemitismus*, Frankfurt/M.: Fischer
Cohen, A. A. (1981), *The Tremendum: A Theological Interpretation of the Holocaust*, New York: The Crossroad Publishing Company
Cohen, A. A. (1993), *Mysterium Tremendum*, in Brocke, M., Jochum, H. (1993a), S. 126–135
Cohen, A. A., Mendes-Flohr, P., Hg. (1987), *Contemporary Jewish Religious Thought*, New York: Charles Scribner's Sons
Cohn, N. (1967), *Warrant for Genocide: The Myth of the Jewish World Conspiracy and the Protocols of the Elders of Zion*, London: Eyre & Spottiswoode
Cohn, N. (1970), *The Pursuit of the Millennium* (1957[1]), New York: Oxford University Press
Cohn-Sherbok, D. (1989), *Holocaust Theology*, London: Lamp Press
Conquest, R. (1968), *The Great Terror*, New York: Macmillan
Conquest, R. (1970), *The Nation Killers: The Soviet Deportation of Nationalities*, New York: Macmillan
Conquest, R. (1978), *Kolyma: The Arctic Death Camps*, New York: Oxford University Press
Conquest, R. (1986), *The Harvest of Sorrow: Soviet Collectivization and the Terror-Famine*, New York: Oxford University Press
Conquest, R. (1993), *The Evil of this Time*, in *The New York Review of Books*, Band XL, Nr. 15, 23. September 1993
Corino, K., Hg. (1990), *Gefälscht! Betrug in Literatur, Kunst, Musik, Wissenschaft und Politik*, Frankfurt/M.: Eichborn
Craig, G. A. (1986), *«Schreibt und Farschreibt»*, in *The New York Review of Books*, Bd. XXXIII, 10. April 1986, S. 7–11
Czech, D. (1989), *Kalendarium der Ereignisse im Konzentrationslager Auschwitz-Birkenau*, Reinbek: Rowohlt
Dadrian, V. (1975), «A Typology of Genocide», in *International Review of Modern Sociology*, Bd. 5, S. 201–212
Daim, W. (1991), *Der Mann, der Hitler die Ideen gab. Von den religiösen Verirrungen eines Sektierers zum Rassenwahn des Diktators* (1958[1]), Berlin: Dietz
Dawidowicz, L. S. (1975), *The War Against the Jews 1933–1945*, New York et al.: Bantam Books
Dawidowicz, L. S. (1976), *Der Krieg gegen die Juden 1933–1945* (1975), München: Kindler
Dawidowicz, L. S. (1981), *The Holocaust and the Historians*, Cambridge/Mass. & London: Harvard University Press
Deuerlein, E. (1969), *Hitler. Eine politische Biographie*, München: List
Deutscher, I. (1968), *The Non-Jewish Jew and Other Essays*, London & New York: Oxford University Press

Dicks, H. V. (1972), *Licensed Mass Murder. A Sociopsychological Study of Some SS Killers*, New York: Basic Books
Dießenbacher, H. (1994), *Bürgerkrieg und Völkermord in Ruanda. Ethnischer Klassenkonflikt und Bevölkerungswachstum*, in *Aus Politik und Zeitgeschichte. Beilage zur Wochenzeitung das Parlament*, 5. 8. 1994, S. 14–23
Diner, D. (1991), *Die Wahl der Perspektive. Bedarf es einer besonderen Historik des Nationalsozialismus?*, in Schneider, W., Hg. (1991), S. 69–75
Diner, D., Hg. (1993), *Zivilisationsbruch. Denken nach Auschwitz*, Frankfurt/M.: Fischer
Diner, D., Hg. (1993a), *Ist der Nationalsozialismus Geschichte? Zu Historisierung und Historikerstreit* (1987), Frankfurt/M.: Fischer
Diner, D. (1993b), *Zwischen Aporie und Apologie. Über Grenzen der Historisierbarkeit des Nationalsozialismus* (1987), in Diner, D., Hg. (1993a), S. 62–73
Dipper, C. (1994), *Der 20. Juli und die ‹Judenfrage›*, in *Die Zeit*, 1. Juli 1994, S. 70
Dollinger, H. (1973), *Schwarzbuch der Weltgeschichte. 5000 Jahre der Mensch des Menschen Feind*, Herrsching: Pawlak
Domarus, M., Hg. (1973), *Hitler. Reden und Proklamationen 1932–1945. Kommentiert von einem deutschen Zeitgenossen* (1965), 2 Bände in vier Halbbänden, Wiesbaden: R. Löwit
Doucet, F. W. (1979), *Im Banne des Mythos. Die Psychologie des Dritten Reiches*, Esslingen: Bechtle
Drewermann, E. (1991), *Der Krieg und das Christentum. Von der Ohnmacht und Notwendigkeit des Religiösen* (1982[1]), Regensburg: Friedrich Pustet
Dwork, D. (1994), *Kinder mit dem gelben Stern. Europa 1933–1945*, München: Beck
Eckardt, A. L., Eckardt, A. R. (1980), *The Holocaust and the Enigma of Uniqueness. A Philosophical Effort at Practical Clarification*, in Shur, I. G., Littell, F. H., Wolfgang, E., Hg. (1980), S. 165–178
Eckardt, A. L., Eckardt, A. R. (1988), *Long Night's Journey into Day: A Revised Retrospective on the Holocaust*, Detroit: Wayne State University Press
Eckart, D. (1924), *Der Bolschewismus von Moses bis Lenin. Zwiegespräche mit Adolf Hitler*, München: Hoheneichen
Edelheit, A. J., Edelheit, H. (1994), *History of the Holocaust. A Handbook and Dictionary*, Boulder et al.: Westview Press
Ehrenburg, I., Grossmann, W. (1994), *«Das Schwarzbuch». Der Genozid an den sowjetischen Juden*, hg. von Y. Arad u. A. Lustiger, Reinbek: Rowohlt
Eichholtz, D., Gossweiler, K., Hg. (1980), *Faschismusforschung. Positionen, Probleme, Polemik*, Köln: Pahl-Rugenstein
Elias, N. (1989), *Der charismatische Herrscher*, in Augstein, R., Hg. (1989a), S. 42–44
Elliot, G. (1972), *Twentieth Century Book of the Dead*, London: Allen Lane The Penguin Press
Engel, D. (1987), *In the Shadow of Auschwitz*, Chapel Hill et al.: University of North Carolina Press
Enzensberger, H.-M. (1993), *Aussichten auf den Bürgerkrieg*, Frankfurt/M.: Suhrkamp

Erb, R., Schmidt, Hg. (1987), *Antisemitismus und jüdische Geschichte. Studien zu Ehren von Herbert A. Strauss* (Direktor des «Zentrums für Antisemitismusforschung der Technischen Universität Berlin»), Berlin: Wissenschaftlicher Autorenverlag

Erikson, E. E. (1965), *Kindheit und Gesellschaft* (1963²), Stuttgart: Ernst Klett

Fackenheim, E. L. (1972), *God's Presence in History: Jewish Affirmations and Philosophical Reflections*, New York: Harper and Row

Fackenheim, E. L. (1975), *From Bergen-Belsen to Jerusalem: Contemporary Implications of the Holocaust*, Jerusalem: Hebrew University Institute

Fackenheim, E. L. (1978), *The Jewish Return into History: Reflections in the Age of Auschwitz and a New Jerusalem*, New York: Schocken Books

Fackenheim, E. L. (1993a), *Die gebietende Stimme von Auschwitz* (1972), in Brocke, M., Jochum, H., Hg. (1993), S. 73–110

Fackenheim, E. L. (1993b), *The Holocaust: A Summing Up After Two Decades of Reflection* (1987), in Jacobs, S. L., Hg. (1993a), S. 66–76

Faurisson, R. (1980), *The Problem of the Gas Chambers*, in *Journal of Historical Review*, Sommer 1980 (als Sonderdruck in großen Mengen verteilt)

Feder, G. (1931), *Das Programm der NSDAP und seine weltanschaulichen Grundgedanken*, 5. Auflage 1929, München: F. Eher Nachfahren

Fein, H. (1979a), «Is Sociology Aware of Genocide?: Recognition of Genocide in Introductory Sociology Texts in the US, 1945–1977», in *Humanity and Society*, August 1979, S. 177–193

Fein, H. (1979b), *Accounting for Genocide*, New York: Free Press

Fein, H. (1990), *Genocide: A Sociological Perspective*, in *Current Sociology*, Bd. 38, Nr. 1; Buchpublikation desselben Textes unter demselben Titel (1993), London: Sage Publications

Fein, H., Hg. (1992), *Genocide Watch*, New Haven und London: Yale University Press

Fein, H. (1993), *Accounting for Genocide after 1945: Theories and Some Findings*, in *International Journal on Group Rights*, Bd. 1, S. 79–106

Feingold, H. L. (1980), *The Politics of Rescue: The Roosevelt Administration and the Holocaust, 1938–1945*, New York: Holocaust Library

Feingold, H. L. (1983), *How Unique is the Holocaust?*, in Grobman, A., Landes, D., Hg. (1983)

Fest, J. C. (1976), *Hitler. Eine Biographie* (1973), 2 Bände, Frankfurt et al.: Ullstein

Fest, J. C. (1987), *Die geschuldete Erinnerung* (1986), in *Historikerstreit* (1987), S. 100–112

Fest, J. C. (1994), *Staatsstreich. Der lange Weg zum 20. Juli*, Berlin: Siedler

Finley, M. (1982), *Die frühe griechische Welt* (1981), München: Beck

Fischer, F. (1984), *Griff nach der Weltmacht* (1961, 1967⁴), Düsseldorf: Droste

Fischer, F. (1965), *Weltmacht oder Niedergang*, Frankfurt/M.: Europäische Verlagsanstalt

Fischer, F. (1993), *Hitler war kein Betriebsunfall*, München: Beck

Flannery, E. H. (1985), *The Anguish of the Jews. Twenty-Three Centuries of Antisemitism*, New York/Mahwah: A Stimulus Book. Paulist Press

Fleischhauer, I. (1982), *«Unternehmen Barbarossa» und die Zwangsumsiedlung der Deutschen in der UdSSR*, in *Vierteljahreshefte für Zeitgeschichte*, Bd. 30, S. 199–321

Fleischhauer, I. (1983), *Das Dritte Reich und die Deutschen in der Sowjetunion*, Stuttgart: Deutsche Verlags-Anstalt

Fleming, G. (1987), *Hitler und die Endlösung. «Es ist des Führers Wunsch...»* (1982), Frankfurt/M. & Berlin: Ullstein

Foucault, M. (1992), *Leben machen und sterben lassen: Die Geburt des Rassismus* (1976), in *Diskus*, Nr. 1 (Februar), S. 51–58

Frangi, A. (1982), *PLO und Palästina. Vergangenheit und Gegenwart*, Frankfurt/M.: R. G. Fischer

Freedman-Apsel, J., Fein, H., Hg. (1992), *Teaching About Genocide. A Guidebook for College and University Teachers: Critical Essays, Syllabi and Assignments*, New York: Institute for the Study of Genocide

Friedlander, H., Milton, S., Hg. (1980), *The Holocaust: Ideology, Bureaucracy, and Genocide. The San José Papers*, Millwood/NY: Kraus International Publications

Friedländer, S. (1985), *Vom Antisemitismus zur Judenvernichtung: Eine historiographische Studie zur nationalsozialistischen Judenpolitik und Versuch einer Interpretation*, in Jäckel, E., Rohwer, J., Hg. (1985), S. 18–60

Friedländer, S. (1986), *Kitsch und Tod. Zum Widerschein des Nazismus* (1982), München: dtv

Friedländer, S. (1991), *The ‹Final Solution›: On the Unease in Historical Interpretation*, in Hayes, P., Hg. (1991), S. 23–35

Friedländer, S. (1993), *Überlegungen zur Historisierung des Nationalsozialismus* (1987), in Diner, D., Hg. (1993a), S. 34–50

Friedrich, C. J., Brzezinski, Z. K. (1961), *Totalitarian Dictatorship and Autocracy* (1956¹), New York: F. A. Praeger

Friedrich, J. (1984), *Die kalte Amnestie. NS-Täter in der Bundesrepublik*, Frankfurt/M.: Fischer

Friedrich, J. (1993), *Das Gesetz des Krieges. Das deutsche Heer in Rußland 1941 bis 1945. Der Prozeß gegen das Oberkommando der Wehrmacht*, München & Zürich: Piper

Fritsch, T. (1936), *Der neue Glaube*, 3. Auflage, Leipzig: Hammer

Fromm, E. (1974), *Anatomie der menschlichen Destruktivität* (1973), Stuttgart: Deutsche Verlagsanstalt

Fromm, E. (1993), *Die Furcht vor der Freiheit* (1941¹), München: dtv

Furet, F., Hg. (1989), *Unanswered Questions: Nazi Germany and the Genocide of the Jews*, New York: Schocken

Galeano, E. (1973), *Die offenen Adern Lateinamerikas. Die Geschichte eines Kontinents von der Entdeckung bis zur Gegenwart* (1971), Wuppertal: Hammer

Garber, Z., Berger, A. L., Libowitz, R., Hg. (1989), *Methodology in the Academic Teaching of the Holocaust*, Lanham: University Press of America

Geiss, I. (1987), *Zum Historiker-Streit* (1986), in *Historikerstreit* (1987), S. 373–380

Geiss, I. (1988), *Die Habermas-Kontroverse. Ein deutscher Streit*, Berlin: Siedler

Georg, E. (1963), *Die wirtschaftlichen Unternehmungen der SS*, Stuttgart: Deutsche Verlags-Anstalt

Gibbels, E. (1990), *Hitlers Parkinson-Krankheit. Zur Frage eines hirnorganischen Psychosyndroms*, Berlin: Springer

Gilbert, M. (1981), *Auschwitz and the Allies*, London: Michael Joseph/Rainbird

Gilbert, M. (1982), *Endlösung. Die Vertreibung und Vernichtung der Juden. Ein Atlas* (1982), Reinbek: Rowohlt

Gilbert, M. (1985), *The Holocaust: A History of the Jews of Europe During the Second World War*, New York: Holt, Rinehart and Winston

Gilbert, M. (1994), *What Was Known And When*, in Gutman, Y., Berenbaum, M., Hg. (1994), S. 539–552

Giordano, R. (1991), *Wenn Hitler den Krieg gewonnen hätte. Die Pläne der Nazis nach dem Endsieg* (1989), München: Knaur

Glotz, P. (1994), *Buchhalter des Grauens. Der Historiker Ernst Nolte sieht den «Rassenmord» der Nazis als Reaktion auf den ‹Klassenmord› der Bolschewiki*, in *Die Woche*, 14. April 1994, S. 3

Goebbels, J. (1992), *Tagebücher 1924–1945*, 5 Bände, hgg. v. R. G. Reuth, München: Piper

Goldberg, J. J. (1993), *Overanxious about anti-Semitism*, in *The Globe and Mail*, 24. Mai 1994, S. A 9 (Nachdruck aus *The New Republic*)

Goldhagen, E. (1980), *Der Holocaust in der sowjetischen Propaganda und Geschichtsschreibung*, in *Vierteljahreshefte für Zeitgeschichte*, Bd. 28, S. 503 ff

Goldschmidt, D., Kraus, H.-J., Hg. (1962), *Der ungekündigte Bund: Neue Begegnung von Juden und christlicher Gemeinde*, Stuttgart: Gemeinde Kreuz-Verlag

Gordon, S. (1984), *Hitler, Germans, and the ‹Jewish Question›*, Princeton: Princeton University Press

Goschler, C./Institut für Zeitgeschichte (1994), *Hitler. Reden, Schriften, Anordnungen Februar 1925 bis Januar 1933. Bd. IV. Von der Reichstagswahl bis zur Reichspräsidentenwahl Oktober 1930–März 1931. Teil 1: Oktober 1930–Juni 1931*, München et al.: K. G. Saur

Gottlieb, R. S., Hg. (1990), *Thinking the Unthinkable. Meanings of the Holocaust*, New York/Mahwah: Paulist Press

Grabitz, H., Bästlein, K., Tuchel, H., Hg. (1994), *Die Normalität des Verbrechens. Bilanz und Perspektiven der Forschung zu den nationalistischen Gewaltverbrechen*, Berlin: Edition Hentrich

Graml, H. (1986), *Zur Genesis der «Endlösung»*, in Büttner, U., Hg. (1986), S. 2–18

Graml, H. (1993), *Rassismus und Lebensraum. Völkermord im Zweiten Weltkrieg*, in Bracher, K.-D., Funke, M., Jacobsen, H.-A., Hg. (1993), S. 440–451

Graml, H. (1994), *Der Weg zur Endlösung. Nationalsozialistische Judenpolitik von der Ausgrenzung zum Holocaust*, Vortrag auf dem Colloquium *Probleme der Holocaustforschung. Wissenschaft, Justiz, Öffentlichkeit*, 8. Juni 1994, Zentrum für Antisemitismusforschung der Technischen Universität Berlin

Grau, G., Hg. (1992), *Verachtet, verfolgt, vernichtet. Dokumente zur nationalsozialistischen Politik gegen die Homosexuellen*, Frankfurt/M.: Fischer

Grau, G., Hg. (1993), *Homosexualität in der NS-Zeit. Dokumente einer Diskriminierung und Verfolgung*, Frankfurt/M.: Fischer

Graus, F. (1987), *Pest–Geissler–Judenmorde. Das 14. Jahrhundert als Krisenzeit*, Göttingen: Vandenhoeck & Ruprecht

Greenberg, I. (1993), *Augenblicke des Glaubens*, in Brocke, M., Jochum, H., Hg. (1993), S. 136–177

Greenhouse, S. (1994), *A 4-Nation Poll Finds Deep Distrust of Russia, but Other Views Diverge*, in *International Herald Tribune*, 4. April 1994, S. 2

Geif, G. (1994), *«Wir weinten tränenlos...». Augenzeugenberichte des jüdischen Sonderkommandos in Auschwitz*, Köln: Böhlau

Grobman, A., Landes, D., Hg. (1983), *Genocide: Critical Issues of the Holocaust*, Chappaqua: Rossel Books

Grosser, A. (1990), *Ermordung der Menschheit. Der Genozid im Gedächtnis der Völker*, München & Wien: Carl Hanser

Güstrow, D. (1981), *Tödlicher Alltag. Strafverteidiger im Dritten Reich*, Berlin: Severin und Siedler

Gutman, Y. (I.), Berenbaum, M., Hg. (1994), *Anatomy of the Auschwitz Death Camp*, Bloomington und Indianapolis: Indiana University Press (published in association with the United States Holocaust Memorial Museum Washington D. C.)

Gutman, I., Jäckel, E., Longerich, P., Schoeps, J. H. (1993), *Enzyklopädie des Holocaust. Die Verfolgung und Ermordung der europäischen Juden* (1991), III Bände, Berlin: Argon

Haas, P. (1988), *Morality After Auschwitz: The Radical Challenge of the Nazi Ethic*, Philadelphia: Fortress Press

Habermas, J. (1987 a), *Eine Art Schadensabwicklung* (1986), in *Historikerstreit* (1987), S. 62–76

Habermas, J. (1987b), «Vom öffentlichen Gebrauch der Historie» (1986), in Historikerstreit (1987), S. 243–255

Hänel, W. (1984), *Hermann Rauschnings «Gespräche mit Hitler» – Eine Geschichtsfälschung*, Ingolstadt: Veröffentlichungen der Zeitgeschichtlichen Forschungsstelle Ingolstadt

Hammer, W. (1970), *Adolf Hitler – ein deutscher Messias? Dialog mit dem «Führer» (I). Geschichtliche Aspekte*, München: Delp

Hammer, W. (1972), *Adolf Hitler – der Tyrann und die Völker. Dialog mit dem «Führer» (II). Politische Aspekte*, München: Delp

Hammer, W. (1974), *Adolf Hitler – ein Prophet unserer Zeit? Dialog mit dem «Führer» (III). Ideologische Aspekte*, München: Delp

Han. [Initialen] (1991), *Massenmord an Neugeborenen in China?*, in *Welt am Sonntag*, 23. 6. 1991, S. 27

Hansen, F. (1993), *Biologische Kriegsführung im Dritten Reich*, Frankfurt/M. und New York: Campus

Hanson, V. D. (1989), *The Western Way of War. Infantry Battle in Classical Greece*, New York & Oxford: Oxford University Press

Harand, I. (1935), *«Sein Kampf». Antwort an Hitler*, Wien: Selbstverlag der Verfasserin Irene Harand

Harff, B. (1992), *Recognizing Genocides and Politicides*, in Fein, H. (1992), S. 27–41

Hartom, M. I. (1993), *«Unserer Sünden wegen...»* (1961), in Brocke, M., Jochum, H., Hg. (1993), S. 20–26

Hayes, P., Hg. (1991), *Lessons and Legacies: The Meaning of the Holocaust in a Changing World*, Evanston/Illinois: Northwestern University Press

Haynes, S. R. (1991), *Prospects for Post-Holocaust Theology*, Atlanta/GA: Scholars Press

Heer, F. (1989), *Der Glaube des Adolf Hitler. Anatomie einer politischen Religiosität* (1968), Frankfurt/M. et al.: Ullstein

Heiber, H., Hg. (o. J., ca. 1960), *Das Tagebuch von Joseph Goebbels 1925/26, mit weiteren Dokumenten*, Stuttgart: Deutsche Verlagsanstalt

Heiden, K. (1936/37), *Adolf Hitler. Eine Biographie. Bd. 1: Das Zeitalter der Verantwortungslosigkeit (1936); Bd. 2: Ein Mann gegen Europa (1937)*, Zürich: Europa Verlag

Heim, S., Aly, G. (1991), *Wider die Unterschätzung der nationalsozialistischen Politik. Antwort an unsere Kritiker*, in Schneider, W., Hg. (1991), S. 165–175

Heinsohn, G. (1979), *Theorie des Tötungsverbotes und des Monotheismus bei den Israeliten sowie der Genese, der Durchsetzung und der welthistorischen Rolle der christlichen Familien- und Fortpflanzungsmoral*, in: J. Müller; B. Wassmann, Hg., *L'invitation au voyage zu Alfred Sohn-Rethel* (Festschrift für Alfred Sohn-Rethel zum 80. Geburtstag), Bremen: Unibuchladen Wassmann, 1979, Beitrag Nr. 7, 36 S.

Heinsohn, G. (1982a), *The Israelite Origins of Monotheism and the Prohibition of Killing* (englisch und hebräisch 1977), in *Catastrophism and Ancient History*, Bd. IV, Nr. 1, S. 31–40

Heinsohn, G., Hg. (1982b), *Das Kibbuz-Modell. Bestandsaufnahme einer alternativen Wirtschafts- und Lebensform nach sieben Jahrzehnten*, Frankfurt/M.: Suhrkamp

Heinsohn, G. (1984a), *Privateigentum, Patriarchat, Geldwirtschaft. Eine sozialtheoretische Rekonstruktion zur Antike*, Frankfurt/M.: Suhrkamp

Heinsohn, G. (1984b), *Menschenopfer, Monotheismus, Apokalyptik, Judenhaß – Zur Überwindung von Kindestötung und Menschenopfer an Himmelskörper durch den Eingottglauben, den Sabbat und die Beschneidung bei den Juden. Eine religionssoziologische Rekonstruktion*, Bremen: Universität, unveröffentlichtes Manuskript

Heinsohn, G. (1987), *Monotheismus und Antisemitismus – auf immer unerklärbar*, in Erb, R., Schmidt, Hg. (1987), S. 409–447

Heinsohn, G. (1988), *Was ist Antisemitismus? Der Ursprung von Monotheismus und Judenhaß. – Warum Antizionismus?*, Frankfurt/M.: Eichborn

Heinsohn, G. (1990), *Was ist Judentum?*, in *Zeitschrift für Religions- und Geistesgeschichte*, Bd. 43, Nr. 4, S. 333–344

Heinsohn, G. (1991), *Wie alt ist das Menschengeschlecht? Stratigraphische Chronologie von der Steinzeit bis zur Eisenzeit*, Gräfelfing: Mantis

Heinsohn, G. (1992a), *Totenköpfe und Malteserritter. Die fünf Wiener Optionen*, Vortrag für die Veranstaltung der Universität «Gewalt gegen Fremde», 14. Januar 1992, Bremen: Uni-Druck, 24 S., teilnachgedruckt im *Bremer Unischlüssel – Die interne Zeitung*, Nr. 18, Februar 1992, S. 7–13

Heinsohn, G. (1992b), *The Rise of Blood Sacrifice and Priest-Kingship in Mesopotamia: A Cosmic Decree?*, in *Religion*, Bd. 22, S. 109–134

Heinsohn, G., (1993a), *Die Ermutigung des Rabbi Schulweis. Zum Phänomen des Bystander-Verhaltens*, in *Universitas*, Bd. 48, Mai 1993, S. 444–453

Heinsohn, G. (1993b), *Konflikte der Überlebensforschung: Ressourcenschutz als Militärstrategie*, Vortrag am 22. Juni bei NATUR IM KOPF. KONGRESS ZUM NATURBEGRIFF DER GEGENWART, Stuttgart, 21.–26. Juni 1993, Computer-Ausdruck

Heinsohn, G. (1994a), *Jewish Ethics and Universal Values or What Is Judaism?*, Vortrag vor der «Working Group Jewish-Christian Dialogue» auf der internationalen Konferenz *ERINNERUNG FÜR DIE ZUKUNFT II*, Berlin 13.–17. März 1994

Heinsohn, G. (1994b), *Die Zukunft des Völkermords. Was ist der Unterschied zwischen dem Holocaust und anderen Genoziden?*, Vortrag für die «Working Group Genocide» auf der internationalen Konferenz *ERINNERUNG FÜR DIE ZUKUNFT II*, Berlin 13.–17. März 1994

Heinsohn, G., Knieper, R. (1974), *Theorie des Familienrechts. Geschlechtsrollenaufhebung, Kindesvernachlässigung, Geburtenrückgang*, Frankfurt/M.: Suhrkamp

Heinsohn, G., Knieper, R., Steiger, O. (1979), *Menschenproduktion. Allgemeine Bevölkerungstheorie der Neuzeit*, Frankfurt/M.: Suhrkamp

Heinsohn, G., Marx, C. (1984), *Kollektive Verdrängung und die zwanghafte Wiederholung des Menschenopfers*, Basel: P. A. F. Verlag (*Beiträge zur Rekonstruktion der Menschheits- und Naturgeschichte* Nr. 5, deutsch und englisch)

Heinsohn, G., Steiger, O. (1989), *Die Vernichtung der weisen Frauen. Beiträge zur Theorie und Geschichte von Bevölkerung und Kindheit* (1985[1]), dritte erweiterte Auflage, München: Heyne

Heinsohn, G., Steiger, O. (1990), *Privateigentum und Zins. Bevölkerung und Hexen. Religion und Judenhaß. Symposium am Zentralinstitut für sozialwissenschaftliche Forschung der Freien Universität Berlin am 8. Juni 1990, Diskussionsbeiträge zur gesamtwirtschaftlichen Theorie und Politik / Neue Folge*, Nr. 16, Bremen: Universität

Heinsohn, G., Steiger, O. (i. V.), *Eigentum, Zins und Geld. Grundlegung der Wirtschaftstheorie*

Heller, A., *Schreiben nach Auschwitz? Schweigen über Auschwitz? Philosophische Betrachtungen eines Tabus. Die Weltzeituhr stand still*, in *Die Zeit*, 7. Mai 1993, S. 61 f.

Herbert, U. (1991), *Rassismus und rationales Kalkül. Zum Stellenwert utilitaristisch verbrämter Legitimationsstrategien in der nationalsozialistischen Weltanschauung*, in Schneider, W., Hg. (1991), S. 25–35

Herf, J., (1994), *Der Geheimprozeß*, in *Die Zeit*, 7. Oktober 1994, S. 13 ff.

Herzig, A. (1982), *Historie und Shoah*, in Herzig, A., Lorenz, I., Hg. (1992), S. 13–25

Herzig, A., Lorenz, I., Hg. (1992), *Verdrängung und Vernichtung der Juden unter dem Nationalsozialismus*, Hamburg: Hans Christians Verlag

Hesse, E. (1993), *Der sowjetrussische Partisanenkrieg 1941–1944 im Spiegel deutscher Kampfanweisungen und Befehle* (1969[1]), Göttingen und Zürich: Muster-Schmidt Verlag

Hilberg, R. (1985a), *The Destruction of the European Jews. Student Edition*, New York & London: Homes & Meier

Hilberg, R. (1985b), *Die Aktion Reinhard*, in Jäckel, E., Rohwer, J., Hg. (1985), S. 124–136

Hilberg, R. (1985c), *Podiumsdiskussion*, in Jäckel, E., Rohwer, J., Hg. (1985), S. 187

Hilberg, R. (1992), *Perpetrators, Victims, Bystanders. The Jewish Catastrophe 1933–1945*, New York: Aaron Asher Books / Harper Collins Publishers

Hilberg, R. (1993a), *Die Vernichtung der europäischen Juden* (1985), 3 Bände, Frankfurt / M.: Fischer

Hilberg, R. (1993b), *Täter, Opfer, Zuschauer. Die Vernichtung der Juden 1933–1945 (1992)*, Frankfurt / M.: Fischer

Hilberg, R. (1994), *Unerbetene Erinnerung. Der Weg eines Holocaustforschers*, Frankfurt / M.: Fischer

Hildesheimer, E. (1994), *Jüdische Selbstverwaltung unter dem NS-Regime*, Tübingen: J. C. B. Mohr

Hillgruber, A. (1985), *Der geschichtliche Ort der Judenvernichtung*, in Jäckel, E., Rohwer, J., Hg. (1985), S. 213–224

Hillgruber, A. (1993), *Hitlers Strategie. Politik und Kriegführung 1940–1941* (1965, 1982), Bonn: Bernard & Graefe

Himmelfarb, M. (1984), *No Hitler, No Holocaust!*, in *Commentary*, März 1984, S. 37–43

Hirsch, H. (1994), *Eine Vergangenheit, die schmerzt*, in *Die Zeit*, 17. Juni 1994, S. 52

Hirszowicz, L. (1966), *The Third Reich and the Arab East*, London & Toronto: Routledge and Kegan Paul & University of Toronto Press

Historiker-«Streit» (1987), München und Zürich: Piper

Hitler, A. (1930), *Mein Kampf* (1925 / 27), einbändige Volksausgabe, München: Franz Eher Nachfolger

Hitlers Zweites Buch = Weinberg, G. L., Hg. (1961), *Hitlers Zweites Buch. Ein Dokument aus dem Jahr 1928*, Stuttgart: Deutsche Verlags-Anstalt

Hitler, A. (1980), *Monologe im Führerhauptquartier 1941–1944. Die Aufzeichnungen Heinrich Heims*, hgg. v. W. Jochmann, Hamburg: Knaus

Höhne, H. (1991), *Der Orden unter dem Totenkopf: Die Geschichte der SS* (1967), Augsburg: Weltbild VVA

Horkheimer, M., Adorno, T. W. (1947), *Dialektik der Aufklärung. Philosophische Fragmente*, Amsterdam: Querido

Horowitz, I. L. (1980), *Taking Lives: Genocide and State Power*, dritte erweiterte Ausgabe 1982, New Brunswick / NJ: Transaction Books

Höß, R. (1979), *Kommandant in Auschwitz. Autobiographische Aufzeichnungen* (1958), hgg. von M. Broszat, München: dtv

Hossbach, F. (1949), *Zwischen Wehrmacht und Hitler 1934–1938*, Wolfenbüttel und Hannover: Wolfenbütteler Verlagsanstalt

Hovanissian, R. G., Hg. (1986), *The Armenian Genocide in Perspective*, New Brunswick/NJ: Transaction Books

Hundt-Radowsky, H. v. (1819), *Judenspiegel. Ein Schand- und Sittengemälde alter und neuer Zeit*, Würzburg: Stahel

Huntington, S. P. (1993), *The Coming Clash of Civilizations or, the West Against the Rest*, in *The New York Times*, 6. Juni 1993

Hüser, K. (1987), *Wewelsburg 1933–1945. Kult- und Terrorstätte der SS* (1982), Paderborn: Bonifatius-Druckerei

Hutner, Y. (1993), *Bürde der Erwählung* (1977), in Brocke, M., Jochum, H., Hg. (1993), S. 27–42

Irving, D. (1977), *Hitler's War*, New York: Viking

Jäckel, E. (1985), *Die Entschlußbildung als historisches Problem*, in Jäckel, E., Rohwer, J., Hg. (1985), S. 10–17

Jäckel, E. (1991), *Hitlers Weltanschauung. Entwurf einer Herrschaft* (1969, 1981), Stuttgart: Deutsche Verlags-Anstalt

Jäckel, E. (1992), *Die Konferenz am Wannsee*, in *Die Zeit*, 17. Januar 1992

Jäckel, E., Kuhn, A., Hg. (1980), *Hitler. Sämtliche Aufzeichnungen 1905–1924*, Stuttgart: Deutsche Verlags-Anstalt

Jäckel, E., Rohwer, J., Hg. (1985), *Der Mord an den Juden im Zweiten Weltkrieg. Entschlußbildung und Verwirklichung*, Stuttgart: Deutsche Verlags-Anstalt

Jacobmeyer, W. (1989), *Der Überfall auf Polen und der neue Charakter des Krieges*, in Kleßmann, C., Hg. (1989), S. 16–37

Jacobs, S. L. (1992), *Raphael Lemkin's Thoughts on Nazi Genocide: Not Guilty*, Lewiston/NY et al.: The Edwin Mellen Press

Jacobs, S. L., Hg. (1993a), *Contemporary Jewish Religious Responses to the Shoah. Studies in the Shoah. Volume V*, Lanham et al.: University Press of America

Jacobs, S. L., Hg. (1993b), *Contemporary Christian Religious Responses to the Shoah. Studies in the Shoah. Volume VI*, Lanham et al.: University Press of America

Jacobs, S. L., Hg. (1993c), *Judaism and Christianity After Auschwitz*, in Jacobs, S. L., Hg. (1993a), S. 2–21

Jacobsen, H.-A. (1979), *Kommissarbefehl und Massenexekutionen sowjetischer Kriegsgefangener* (1965), in Broszat, M., Jacobsen, H.-A., Krausnick, H. (1979), S. 137–232

Janßen, K.-H., Tobias, F. (1994), *Der Sturz der Generäle. Hitler und die Blomberg-Fritsch-Krise 1938*, München: Beck

Jasper, J. (1992), *Holocaust*, in Schoeps, J. H., Hg. (1992), S. 201

Juhnke, A., Wiedemann, C. (1994), *50 Jahre danach. Die Deutschen und die NS-Vergangenheit*, in *Die Woche*, Nr. 23, 1. Juni 1994, Beilage

Kaiser, J.-Ch., Greschat, M., Hg. (1988), *Der Holocaust und die Protestanten. Analysen einer Verstrickung*, Frankfurt/M.: Athenäum

Kaiser, J.-Ch. (1994), *Gesellschaftspolitik im Nationalsozialismus. Zur aktuellen*

Auseinandersetzung über die Interpretation der Shoah, in *Sozialwissenschaftliche Literatur Rundschau*, Bd. 17, Heft 28, S. 7–26

Kater, M. H. (1969), *Die Ernsten Bibelforscher im Dritten Reich*, in *Vierteljahreshefte für Zeitgeschichte*, Bd. 17, S. 181–218

Katz, S. T. (1994), *The Holocaust in Historical Context. Volume 1. The Holocaust and Mass Death before the Modern Age*, New York und Oxford: Oxford University Press

Katzenelson, I. (1994), *Dos lied vunem ojsgehargetn jidischn Volk* (1944), in deutsche Verse übertragen von Wolf Biermann als *Großer Gesang vom ausgerotteten jüdischen Volk*, Köln: Kiepenheuer und Witsch

Keegan, J. (1993), *A History of Warfare*, New York: Alfred A. Knopf

Kershaw, I. (1994), *Der NS-Staat. Geschichtsinterpretationen und Kontroversen im Überblick* (1993^3), Reinbek bei Hamburg: Rowohlt

Kersten, F. (1952), *Totenkopf und Treue: Heinrich Himmler ohne Uniform. Aus den Tagebuchblättern des finnischen Medizinalrats* (1948), Hamburg: Mölich

King, C. (1990), *Jehovah's Witnesses under Nazism*, in Berenbaum, M., Hg. (1990), S. 188–193

Klarsfeld, S. (1989), *Vichy – Auschwitz. Die Zusammenarbeit der deutschen und französischen Behörden bei der «Endlösung der Judenfrage» in Frankreich* (1983), Nördlingen: Greno

Klee, E. (1989), *«Die SA Jesu Christi». Die Kirche im Banne Hitlers*, Frankfurt/M.: Fischer

Klee, E. (1991), *«Euthanasie» im NS-Staat. Die Vernichtung «lebensunwerten Lebens»* (1983), Frankfurt/M.: Fischer

Klee, E., Hg. (1992), *Dokumente zur «Euthanasie»* (1985), Frankfurt/M.: Fischer

Klee, E., Dreßen, W., Hg. (1989), *«Gott mit uns.» Der deutsche Vernichtungskrieg im Osten 1939–1945*, Frankfurt/M.: Fischer

Kleßmann, C., Hg. (1989), *September 1939. Krieg, Besatzung, Widerstand in Polen*, Göttingen: Vandenhoeck & Ruprecht

Klönne, A. (1993), *Jugend im Dritten Reich*, in Bracher, K.-D., Funke, M., Jacobsen, H.-A., Hg. (1993), S. 218–239

Koenen, G. (1987), *Die großen Gesänge. Lenin, Stalin, Mao, Castro ... Sozialistischer Personenkult und seine Sänger von Gorki bis Brecht – von Aragon bis Neruda*, Frankfurt/M.: Eichborn

Kogon, E., Metz, J. B., Hg. (1989), *Gott nach Auschwitz. Dimensionen des Massenmords am jüdischen Volk* (1977), Freiburg et al.: Herder

Korey, W. (1989), *Raphael Lemkin: «The Unofficial Man»*, in *Midstream*, Juni–Juli 1989, S. 45–48

Kratz, P. (1994), *Die Götter des New Age. Im Schnittpunkt von «Neuem Denken», Faschismus und Romantik*, Berlin: Elefanten Press

Kraushaar, W. (1994), *Die auf dem linken Auge blinde Linke*, in *Die Zeit*, Nr. 11, 11. März 1994, S. 70

Krausnick, H. (1979), «Judenverfolgung», in Broszat, M., Jacobsen, H.-A., Krausnick, H. (1979), S. 235–366

Krausnick, H. (1985a), *Diskussion,* in Jäckel, E., Rohwer, J., Hg. (1985), S. 84–86
Krausnick, H. (1985b), *Hitlers Einsatzgruppen. Die Truppe des Weltanschauungskrieges 1938–1942* (1981), Frankfurt/M.: Fischer
Kren, G. M., Rapoport, L. (1980), *The Holocaust and the Crisis of Human Behaviour,* New York: Holmes & Meier
Kühnl, R. (1974), *Probleme einer Theorie über den deutschen Faschismus,* in *Jahrbuch des Instituts für deutsche Geschichte,* Bd. III, S. 322ff
Kuper, L. (1981), *Genocide. Its Political Use in the Twentieth Century,* New Haven: Yale University Press
Kwiet, K. (1976), *Historians of the German Democratic Republic on Antiisemitism and Persecution,* in *Leo Baeck Institute Yearbook,* Bd. XXI, S. 174ff
Lang, J. v., Hg. (1982), *Das Eichmann-Protokoll. Tonbandaufzeichnungen der israelischen Verhöre,* Berlin: Severin und Siedler
Langer, W. C. (1972), *The Mind of Adolf Hitler,* London: Secker & Warburg
Laqueur, W. (1981), *Was niemand wissen wollte. Die Unterdrückung der Nachrichten über Hitlers «Endlösung»* (1980), Berlin & Wien: Ullstein
Laqueur, W., Rubin, B., Hg. (1984), *The Israel-Arab Reader. A Documentary History of the Middle East Conflict* (1969, 1979, 1976) New York et al.: Penguin
Laska, V. (1985), *Nazism, Resistance and Holocaust in World War II: A Bibliography,* Metuchen/NJ: Scarecrow
Lautmann, R., Hg. (1977), *Seminar: Gesellschaft und Homosexualität,* Frankfurt/M.: Suhrkamp
Lautmann, R., Grischkat, W., Schmidt, E. (1977), *Der rosa Winkel in den nationalsozialistischen Konzentrationslagern,* in Lautmann, R., Hg. (1977), S. 325–365
Lehmann, P.-H. (1994), *«Keiner kommt ungestraft davon»,* in *Stern,* 25.8.1994, S. 104–190
Lemkin, R. (1944), *Axis Rule in Occupied Europe,* Washington D. C.: Carnegie Endowment for International Peace
Lemkin, R. (1947), *Genocide as Crime Under International Law,* in *American Journal of International Law,* Bd. 41, Nr. 1, S. 145–151
Léon, A. (1968), *La conception matérialiste de la question juive,* Paris: Études et documentations internationales
Leon, D. (1994), *Ultimate Weapon,* Rezension von Hayes, P., Hg. (1991), in *The Jerusalem Post International Edition,* 28. Mai 1994, S. 17
Levin, N. (1973), *The Holocaust: The Destruction of European Jewry 1933–1945,* New York: Schocken
Ley, M. (1993), *Genozid und Heilserwartung. Zum nationalsozialistischen Mord am europäischen Judentum,* Wien: Picus
Lichtenstein, H. (1980), *Warum Auschwitz nicht bombardiert wurde,* mit einem Vorwort von Eugen Kogon, Köln: Bund
Liddel Hart, B. H. (1954), *Strategy,* New York: Frederick A. Praeger
Lifton, R. J. (1993), *Ärzte im Dritten Reich* (1986), Stuttgart: Klett-Cotta
Lippman, T. W. (1994), *Fledgling Palestinian Capital Greets Christopher,* in *International Herald Tribune,* 18. Mai 1994, S. 2

Lipstadt, D. (1993), *Denying the Holocaust. The Growing Assault on Truth and Memory*, New York et al.: The Free Press & Macmillan

Litvinoff, B. (1988), *The Burning Bush. Antisemitism and World History*, London: Collins

Loewy, H.,Hg. (1992), *Holocaust: Die Grenzen des Verstehens. Eine Debatte über die Besetzung der Geschichte*, Reinbek: Rowohlt

Longerich, P. (1992), *Hitlers Stellvertreter. Führung der Partei und Kontrolle des Staatsapparates durch den Stab Heß und die Partei-Kanzlei Bormann*, München et al.: K. G. Saur

Longerich, P., Pohl, D., Hg. (1990), *Die Ermordung der europäischen Juden. Eine umfassende Dokumentation des Holocaust 1941–1945* (1989), München–Zürich: Piper

Lübbe, H. (1992), *Rationalität und Irrationalität des Völkermords*, in Loewy, H., Hg. (1992), S. 83–92

Ludendorff, E. (1935), *Der totale Krieg*, München: Ludendorff

Ludendorff, E. (1936), *Judengeständnis: Völkerzerstörung durch Christentum*, München: Ludendorff

Lukas, R. (1986), *The Forgotten Holocaust. The Poles under German Occupation 1939–1944*, Lexington/KY: University of Kentucky Press

Lustiger, A. (1994), *«Zum Kampf auf Leben und Tod». Vom Widerstand der Juden 1933–1945*, Köln: Kiepenheuer und Witsch

Mace, J. E. (1984), *Genocide in the USSR*, in I. W. Charny, Hg. (1984), S. 116–136

Mace, J. E. (1988), *The Politics of Famine: American Government and Press Responses to the Ukrainian Famine*, in *Holocaust and Genocide Studies*, Bd. 3, Nr. 1 (April), S. 75–94

Mace, J. E. (1992), *The American Press and the Ukrainian Famine*, in Fein, H. (Hg.) (1992), 113–132

Madajczyk, C. (1993), *Deutsche Besatzungspolitik in Polen, in der UdSSR und in den Ländern Südosteuropas*, in Bracher, K.D., Funke, M., Jacobsen, H.-A., Hg. (1993), S. 426–439

Maier, C. S. (1988), *The Unmasterable Past: History, Holocaust and German National Identity*, Cambridge: Harvard University Press

Maier, C. S. (1992), *Die Gegenwart der Vergangenheit und die nationale Identität der Deutschen* (1988), Frankfurt/M.: Campus

Maier, K. (1988), *Die Judenfrage im historischen und theologischen Horizont des deutschen Protestantismus seit 1945. Ein Literaturbericht*, in Kaiser, J.-Ch., Greschat, M., Hg. (1988), S. 241–269

Maillet, M. (1994), *Schwarzer Stern* (1990), Berlin: Orlanda Frauenverlag

Mann, E. (1986), *Zehn Millionen Kinder. Die Erziehung der Jugend im Dritten Reich* (1938), mit einem Vorwort von Thomas Mann, München: Edition Spangenberg im Ellermann Verlag

Margolina, S. (1992), *Das Ende der Lügen. Rußland und die Juden im 20. Jahrhundert*, Berlin: Siedler

Marr, W. (1879), *Der Sieg des Judenthums über das Germanentum vom nicht confessionellen Standpunkt aus betrachtet*, Bern: Rudolph Costenoble

Marrus, M. R. (1993), *The Holocaust in History* (1987), London et al.: Penguin
Marrus, M. R., Hg. (1989), *The Nazi Holocaust. Historical Articles on the Destruction of European Jews*, 9 Teile in 15 Bänden: Bd. 1 *Perspectives on the Holocaust*; Bd. 2 *The Origins of the Holocaust*; Bd. 3 [2] *The «Final Solution»: The Implementation of Mass Murder*; Bd. 4 [2] *The «Final Solution» Outside Germany*; Bd. 5 [2] *Public Opinion and Relations to the Jews in Nazi Europe*; Bd. 6 [2] *The Victims of the Holocaust*; Bd. 7 *Jewish Resistance to the Holocaust*; Bd. 8 [3] *Bystanders to the Holocaust*; Bd. 9 *The End of the Holocaust*; München: Saur KG
Marrus, M. R., Paxton, R. Q. (1981), *Vichy et les Juifs*, Paris: Calmann-Lévy
Maser, W. (1973), *Hitlers Briefe und Notizen. Sein Weltbild in handschriftlichen Dokumenten*, Düsseldorf & Wien: Econ
Maser, W. (1974), *Adolf Hitler. Legende – Mythos – Wirklichkeit* (1971[1]), München et al.: Bechtle
Mason, T. W. (1968), *The Primacy of Politics – Politics and Economics in National-Socialist Germany*, in Woolf, S. E., Hg. (1968), S. 192ff
Mauss, M. (1975), *Die Gabe. Form und Funktion des Austauschs in archaischen Gesellschaften* (1923/24), in M. Mauss, *Soziologie und Anthropologie*, Bd. 2, München & Wien: C. Hanser
Maybaum, I. (1965), *The Face of God After Auschwitz*, Amsterdam: Polak & Van Gennep
Maybaum, I. (1993), *Der Dritte Churban* (1965), in Brocke, M., Jochum, H., Hg. (1993), S. 9–19
Melzner, F. G., Bleckwenn, H. (1979), *Die Uniformen der preußischen Kavallerie, Husaren und Lanzenreiter 1753–1786*, Osnabrück: Biblio
Mendelsohn, J., Detwiler, D. S., Hg. (1982), *The Holocaust. Selected Documents in Eighteen Volumes*, New York und London: Garland Publishing
Merkl, P. H. (1975), *Political Violence under the Swastika. 581 Early Nazis*, Princeton/NJ: Princeton University Press
Merkl, P. H. (1990), *The Making of a Stormtrooper*, Princeton/NJ: Princeton University Press
Methvin, E. H. (1973), *The Rise of Radicalism. The Social Psychology of Messianic Extremism*, New Rochelle/NY: Arlington House
Micheletti, E. (1993), *World Elite Forces*, Poole/Dorset: Histoire et Collections
Milgram, S. (1963), *Behavioral Study of Obedience*, in *Journal of Abnormal and Social Psychology*, Bd. 67, S. 371–378
Milgram, S. (1973), *Obedience to Authority*, New York: Harper & Row
Miller, A. (1980), *Am Anfang war Erziehung*, Frankfurt/M.: Suhrkamp
Miller, A. (1990), *Adolf Hitler's Childhood: From Hidden to Manifest Horror*, in Gottlieb, R. S., Hg. (1990), S. 88–106
Mommsen, H. (1983), *Die Realisierung des Utopischen: Die «Endlösung der Judenfrage» im «Dritten Reich»*, in *Geschichte und Gesellschaft*, Bd. 9, S. 381–420
Mommsen, H. (1985a), *Diskussion*, in Jäckel, E., Rohwer, J., Hg. (1985), S. 66f
Mommsen, H. (1985b), *Podiumsdiskussion*, in Jäckel, E., Rohwer, J., Hg. (1985), S. 191–194
Mommsen, H. (1994), *Modernität und Barbarei. Anmerkungen zur Genesis des Holo-*

caust, Vortrag auf dem Colloqium *Probleme der Holocaustforschung. Wissenschaft, Justiz, Öffentlichkeit*, 8. Juni 1994, Zentrum für Antisemitismusforschung der Technischen Universität Berlin

Morgan, L. H. (1908), *Die Urgesellschaft* (1877), Stuttgart (1891) 1980², Reprint Lollar/Lahn: A. Achenbach 1976

Morse, A. D. (1968), *Die Wasser teilten sich nicht* (1967), Berlin: Rütten & Löning

Mosse, G. L., Vago, B. (1974), *Jews and Non-Jews in Eastern Europe 1918–1945*, New York: Wiley

Mulack, C. (1983), *Die Weiblichkeit Gottes. Matriarchale Voraussetzungen des Gottesbildes*, Stuttgart: Kreuz

Muller, J. Z. (1988), *Communism, Anti-Semitism & the Jews*, in *Commentary*, August 1988, S. 28–39

Müller, K.-J. (1979), *Armee, Politik und Gesellschaft in Deutschland 1933–1945*, Paderborn et al.: Schöningh

Müller, N. (1989/1990), *Civilization Dynamics*, 2 Bd., Avebury et al.: Gover Publishing

Müller, N., Löbel, U., Freye, U. (1991), *Europa unterm Hakenkreuz. Sowjetunion. Die faschistische Okkupationspolitik in den zeitweilig besetzten Gebieten der Sowjetunion (1941–1944)*, Berlin: Deutscher Verlag der Wissenschaften

Müller, R. D. (1991), *Hitlers Ostkrieg und die deutsche Siedlungspolitik. Die Zusammenarbeit von Wehrmacht, Wirtschaft und SS*, Frankfurt/M.: Fischer

Müller, R. M. (1994), *Normal-Null und die Zukunft der deutschen Vergangenheitsbewältigung*, Schernfeld: S-H Verlag

Münchhausen, K. v. (1990), *Der Traum vom großen Arabien*, in *Die Zeit*, Nr. 43, 7. September 1990

Münchhausen, K. v. (1994), *L'antisémitisme en Allemagne. 1. Le miroir bisé*, in Poliakov, L., Hg. (1994), S. 33–69

Münchhausen, T. v. (1994), *Grinsend begrüßen Mörder vom Stamm der Hutu die französischen Soldaten*, in *Frankfurter Allgemeine Zeitung*, 2. 7. 1994

Neumann, F. (1984), *Behemoth. Struktur und Praxis des Nationalsozialismus 1933–1944* (1942¹), hgg. u. mit einem Nachwort versehen v. G. Schäfer, Frankfurt/M.: Fischer

ng (1994), *Dokumente aus dem Jahr 1943 enthüllen Politik des Foreign Office. London blockierte Rettung von Juden*, in *Welt am Sonntag*, 15. Mai 1994, S. 15

Nipperdey, Th. (1987), *Unter der Herrschaft des Verdachts* (1986), in Historikerstreit (1987), S. 219

Nipperdey, Th. (1993), *Deutsche Geschichte 1866–1918. Zweiter Band. Machtstaat vor der Demokratie* (1992), München: Beck

Nolte, E. (1963), *Der Faschismus in seiner Epoche*, München: Piper

Nolte, E., Hg. (1967), *Theorien über den Faschismus*, Köln und Berlin: Kiepenheuer und Witsch

Nolte, E. (1982⁸), *Die faschistischen Bewegungen. Die Krise des liberalen Systems und die Entwicklung der Faschismen* (1966), München: dtv

Nolte, E. (1987a), *Zwischen Geschichtslegende und Revisionismus* (1980), in Historikerstreit (1987), S. 13–35

Nolte, E. (1987b), *Vergangenheit, die nicht vergehen will* (1986), in *Historikerstreit* (1987), S. 39–47

Nolte, E. (1987c), *Der europäische Bürgerkrieg 1917–1945. Nationalsozialismus und Bolschewismus*, Frankfurt/M. und Berlin: Propyläen

Nolte, E. (1987d), *Das Vergehen der Vergangenheit. Antwort an meine Kritiker im sogenannten Historikerstreit*, Frankfurt/M.: Ullstein

Nolte, E. (1993), *Streitpunkte. Heutige und künftige Kontroversen um den Nationalsozialismus*, Frankfurt/M. und Berlin: Propyläen

Nolte, E. (1994a), *Aufbegehren gegen Herz-Einseitigkeit*, in *Frankfurter Allgemeine Zeitung*, 7. April 1994, S. 8

Nolte, E. (1994b), *Wer ist ein Wegbereiter? Stellungnahme zu den Äußerungen von Ignaz Bubis*, in *Der Tagesspiegel*, 6. Mai 1994

Nürnberger Prozesse (1947–49) = *Der Prozeß gegen die Hauptkriegsverbrecher vor dem Internationalen Militärgerichtshof. Nürnberg,* 14. 11. 1945–1. 10. 1946, 42 Bände, Nürnberg

Oguntoye, K., Opitz, M., Schultz, D., Hg. (1992), *Farbe bekennen. Afrodeutsche Frauen auf den Spuren ihrer Geschichte* (1986), Frankfurt/M.: Fischer

Opitz, M. (1992), *Rassismus, Sexismus und vorkoloniales Afrikabild in Deutschland* (1986), in Oguntoye, K., Opitz, M., Schultz, D., Hg. (1992), S. 17–84

Papazian, P., et al. (1984), *Was the Holocaust Unique?*, in *Midstream*, April 1984, S. 19–25

Pätzold, K. (1980), *Von der Vertreibung zum Genozid. Zu den Ursachen, Triebkräften und Bedingungen der antijüdischen Politik des faschistischen deutschen Imperialismus*, in Eichholtz, D., Gossweiler, K., Hg. (1980), S. 181–208

Pätzold, K., Schwarz, E. (1992), *Tagesordnung: Judenmord. Die Wannsee-Konferenz am 20. Januar 1942*, Berlin: Metropol

Pauwels, L., Bergier, J. (1979), *Aufbruch ins dritte Jahrtausend. Von der Zukunft der phantastischen Vernunft* (1962), Gütersloh: Wilhelm Goldmann

Penkower, M. N. (1988), *The Jews Were Expendable. Free World Diplomacy and the Holocaust*, Detroit: Wayne State University Press

Peukert, D. (1982), *Volksgenossen und Gemeinschaftsfremde. Anpassung, Ausmerze und Aufbegehren unter dem Nationalsozialismus*, Köln: Bund Verlag

Pfisterer, R. (1985), *Von A bis Z. Quellen zu Fragen um Juden und Christen* (1971[1]), Neukirchen-Vluyn: Schriftenmissions-Verlag

Picard, M. (1993), *Hitler in uns selbst*, Zürich: Ammann

Picker, H. (1976), *Hitlers Tischgespräche im Führerhauptquartier. Vollständig überarbeitete und erweiterte Neuausgabe mit bisher unbekannten Selbstzeugnissen Adolf Hitlers, Abbildungen, Augenzeugenberichten und Erläuterungen des Autors: Hitler wie er wirklich war* (1951), Stuttgart: Seewald

Piper, F. (1994a), *The Number of Victims*, in Gutman, Y., Berenbaum, M., Hg. (1994), S. 61–76

Piper, F. (1994b), *Gas Chambers and Crematoria*, in Gutman, Y., Berenbaum, M., Hg. (1994), S. 157–182

Plack, A. (1982), *Wie oft wird Hitler noch besiegt?*, Düsseldorf: Erb

Poliakov, L. (1977a), *Der arische Mythos. Zu den Quellen von Rassismus und Nationalismus*, Wien et al.: Europaverlag

Poliakov, L. (1977b–1988), *Geschichte des Antisemitismus* (1955–1977), Worms: Georg Heintz u. Frankfurt/M.: Athenäum/Jüdischer Verlag

Poliakov, L., Hg. (1994), *Histoire de l'antisémitisme 1945–1993*, Paris: Editions du Seuil

Porter, J. N., Hg. (1982), *Genocide and Human Rights. A Global Anthology*, Washington D. C.: University Press of America

Portmann, H. (1961), *Kardinal von Galen. Ein Gottesmann seiner Zeit. Mit einem Anhang: Die drei weltberühmten Predigten* (1948), Münster: Aschendorff

Prager, D., Telushkin, J. (1983), *Why the Jews? The Reason for Antisemitism*, New York: Simon and Schuster

Pressac, J. C. (1994), *Die Krematorien von Auschwitz. Die Technik des Massenmordes* (1993), München & Zürich: Piper

Pressac, J. C., Van Pelt, R.-J. (1994), *The Machinery of Mass Murder at Auschwitz*, in Gutman, Y., Berenbaum, M., Hg. (1994), S. 183–245

Prinz, M., Zitelmann, R., Hg. (1991), *Nationalsozialismus und Modernisierung*, Darmstadt: Wissenschaftliche Buchgesellschaft

Proctor, R. N. (1988), *Racial Hygiene*, Cambridge/Mass.: Harvard University Press

Rappoport, L. (1992), *Hammer, Sichel, Davidstern. Judenverfolgung in der Sowjetunion* (1990), Berlin: Ch. Links

Rassinier, P. (1978), *Debunking the Genocide Myth: A Study of the Nazi Concentration Camps and the Alleged Extermination of European Jewry*, Vw. v. P. Hoftstetter, Los Angeles: Noontide

Rassinier, P. (1989), *The Holocaust Story and the Lies of Ulysses* (1955), Newport Beach/CA: Institute of Historical Review

Rauschning, H. (1988), *Gespräche mit Hitler* (1940), Wien: Europaverlag

Ravenscroft, T. (1988), *Der Speer des Schicksals. Die Geschichte der heiligen Lanze* (1972), München: Universitas

Recktenwald, J. (1968), *Woran hat Adolf Hitler gelitten? Eine neuropsychiatrische Deutung*, München u. Basel: E. Reinhardt

Reich, W. (1933), *Massenpsychologie des Faschismus. Zur Sexualökonomie der politischen Reaktion und zur proletarischen Sexualpolitik*, Kopenhagen: Trobris

Reichmann, E. G. (1968), *Flucht in den Haß* (1956), Frankfurt/M.: Europäische Verlagsanstalt

Reitlinger, G. (1957), *Die SS. Tragödie einer deutschen Epoche* (1956), München, Wien, Basel: Desch

Reitlinger, G. (1960^3), *Die Endlösung. Hitlers Versuch der Ausrottung der Juden Europas 1939–1945* (1953), Berlin: Colloquium

Rhodes, J. M. (1980), *The Hitler Movement. A Modern Millenarian Revolution*, Stanford/CA: Stanford University Press

Rix, Z. (1975), *The Great Terror*, in *Kronos. A Journal of Interdisciplinary Synthessis*, Bd. I, Nr. 1, S. 51–64

Roentgen, M. (1991), *Alles verstehen hieße alles verzeihen… Prolegomena zu Anlaß*

und Unmöglichkeit von theologischen Reflexionen nach Auschwitz, Bonn: Borengässer
Rosh, L., Jäckel, E. (1991), *Der Tod ist ein Meister aus Deutschland». Deportation und Ermordung der Juden. Kollaboration und Verweigerung in Europa*, Hamburg: Hoffmann und Campe
Roth, K. H. (1981), *Europäische Neuordnung durch Völkermord. Bemerkungen zu Götz Alys und Susanne Heims Studie über die «Vordenker der Vernichtung»*, in Schneider, W., Hg. (1991), S. 179–195
Roth, J. K., Berenbaum, M., Hg. (1989), *The Holocaust: Religious and Philosophical Implications*, New York: Paragon House
Rössler, M., Schleiermacher, S., Tollmien, C., Hg. (1993), *Der «Generalplan Ost». Hauptlinien der nationalsozialistischen Planungs- und Vernichtungspolitik*, Berlin: Akademie Verlag
Rubenstein, R. L. (1966), *After Auschwitz: Radical Theology and Contemporary Judaism*, Indianapolis: Bobbs-Merrill
Rubenstein, R. L. (1987), *The Cunning of History: The Holocaust and the American Future* (1975), New York: Harper Torchbooks
Rubenstein, R. L. (1993), *Der Tod Gottes* (1974), in Brocke, M., Jochum, H., Hg. (1993), S. 111–125
Rubenstein, R. L. (1994), *The Holocaust, Holy War and Ethnic Cleansing*, Plenarvortrag auf der internationalen Konferenz *ERINNERUNG FÜR DIE ZUKUNFT II*, Berlin, 13.–17. März 1994
Rubenstein, R. L., Roth, J. K. (1987), *Approaches to Auschwitz*, Atlanta: John Knox Press
Rubinstein, A. (1971), «Teitelbaum» in *Encyclopaedia Judaica*, Bd. 15, Jerusalem: Keter
Ruether, R. R. (1974), *Faith and Fratricide: The Theological Roots of Anti-Semitism*, New York: Seabury
Ruether, R. R. (1978), *Nächstenliebe und Brudermord. Die theologischen Wurzeln des Antisemitismus* (1974), München: Kaiser
Rummel, R. J. (1990), *Lethal Politics. Soviet Genocide and Mass Murder Since 1917*, New Brunswick/NJ & London: Transaction Publishers
Rummel, R. J. (1991) *China's Bloody Century. Genocide and Mass Murder since 1900*, New Brunswick/NJ & London: Transaction Publishers
Rummel, R. J. (1992), *Democide: Nazi Genocide and Mass Murder*, New Brunswick: Transaction Publishers
Rummel, R. J. (1994), *Death by Government*, New Brunswick/NJ & London: Transaction Publishers
Santner, E. L. (1990), *Mourning, Memory, and Film in Postwar Germany*, Ithaca & London: Cornell University Press
Sartre, J.-P. (1985), *Betrachtungen zur Judenfrage. Psychoanalyse des Antisemitismus* (1945), in ders., *Drei Essays*, Frankfurt/M. et al.: Ullstein, S. 108–190
Schaeffer, C. F. (1948), *Stratigraphie Comparée et Chronologie de l'Asie Occidentale (IIIe et IIe millénaires)*, Oxford: Oxford University Press

Schäfer, B. (1994), *Nachwort zur deutschsprachigen Ausgabe,* in Maillet (1994), S. 187–191

Schechtman, J. B. (1965), *The Mufti and the Fuehrer. The Story of the Grand Mufty of Jerusalem and his Unholy Alliance with Nazism,* New York & London: Thomas Yoseloff

Scheffler, W. (1985), *The Forgotten Part of the «Final Solution». The Liquidation of the Ghettos,* in *Simon Wiesenthal Center Annual,* Bd. 2, S. 31–51

Schele, L., Miller, M. E. (1986), *The Blood of Kings. Dynasty and Ritual in Maya Art,* Fort Worth: Kimbell Art Museum

Schieder, Th. (1972), *Hermann Rauschnings «Gespräche mit Hitler» als Geschichtsquelle,* Opladen: Westdeutscher Verlag

Schleunes, K. A. (1970), *The Twisted Road to Auschwitz 1933–1939,* Urbana: University of Illinois Press

Schmuhl, H.-W. (1992), *Rassenhygiene, Nationalsozialismus, Euthanasie. Von der Verhütung zur Vernichtung «lebensunwerten Lebens», 1890–1945* (1987[1]), Göttingen: Vandenhoeck und Ruprecht

Schneider, W., Hg. (1991), *Vernichtungspolitik. Eine Debatte über den Zusammenhang von Sozialpolitik und Genozid im nationalsozialistischen Deutschland,* Hamburg: Junius

Schnur, S. (1982), *Unofficial Man: The Rise and Fall of Raphael Lemkin,* in *Reform Judaism,* Herbstnummer 1982, S. 9–11, 45

Schoeps, J. H., Hg. (1992), *Neues Lexikon des Judentums,* Gütersloh/München: Bertelsmann Lexikon Verlag

Schreiber, F., Wolfssohn, M., *Nahost,* Opladen: Leske & Budrich

Schreiber, G. (1988), *Hitler Interpretationen 1923–1983. Ergebnisse, Methoden und Probleme der Forschung* (1984[1]), Darmstadt: Wissenschaftliche Buchgesellschaft

Schulze-Kossens, R. (1982), *Militärischer Führernachwuchs der Waffen-SS. Die Junkerschulen,* Osnabrück: Munin

Schwab, E. H. (1992), *Hitlers's Mind: A Plunge Into Madness,* New York: Praeger

Segev, T. (1992), *Die Soldaten des Bösen. Zur Geschichte der KZ-Kommandanten* (1988), Reinbek: Rowohlt

Seibt, G. (1994), *Unfaßbar. Ernst Nolte im Fernsehen,* in *Frankfurter Allgemeine Zeitung,* 29. März 1994, S. 33

Shawcross, W. (1984), *The Quality of Mercy: Cambodia, Holocaust and Modern Conscience,* New York: Simon and Schuster

Shur, I. G., Littell, F. H., Wolfgang, E., Hg. (1980), *Reflections on the Holocaust: Historical, Philosophical, and Educational Dimensions,* Bd. 450 von *The Annals of the American Academy of Political and Social Science,* Juli 1980, Philadelphia

Siemering, H. (1931), *Die deutschen Jugendverbände. Ihre Ziele, ihre Organisation sowie ihre neuere Entwicklung und Tätigkeit,* Berlin: Carl Heymanns

Silbermann, A. (1982), *Sind wir Antisemiten? Ausmaß und Wirkung eines sozialen Vorurteils in der Bundesrepublik Deutschland,* Köln: Verlag Wissenschaft und Politik

Silbermann, A., Schoeps, J. H., Hg. (1986), *Antisemitismus nach dem Holocaust. Be-*

standsaufnahme und Erscheinungsformen in deutschsprachigen Ländern, Köln: Verlag Wissenschaft und Politik

Smith, B. (1967), *Adolf Hitler. His Family, Childhood and Youth*, Stanford/CA: The Hoover Institution on War, Revolution and Peace. Stanford University

Smith, B. (1979), *Heinrich Himmler 1900–1926*, München: Bernard & Graefe

Smith, B., Petersen, A. F., Hg. (1974), *Heinrich Himmler, Geheimreden 1933–1945*, mit einer Einführung v. J. C. Fest, Berlin: Propyläen

Sofsky, W. (1993), *Die Ordnung des Terrors. Das Konzentrationslager*, Frankfurt/M.: Fischer

Speer, A. (1969), *Erinnerungen*, Berlin: Propyläen

Speer, A. (1981), *Der Sklavenstaat. Meine Auseinandersetzung mit der SS*, Stuttgart: Deutsche Verlags-Anstalt

Spiegelgespräch (1994), *«Ein historisches Recht Hitlers?» Der NS-Deuter Ernst Nolte über den Nationalsozialismus, Auschwitz und die Neue Rechte*, in *Der Spiegel*, 3. Oktober 1994, S. 83 ff.

Stein, G. H. (1967), *Geschichte der Waffen-SS* (1966), Düsseldorf: Droste

Steiner, G. (1991), *In Blaubarts Burg. Anmerkung zur Neubestimmung der Kultur*, Wien und Zürich: Europa Verlag

Steinert, M. (1994), *Hitler* (1991), München: C. H. Beck

Stern, J. P. (1978), *Hitler: Der Führer und das Volk* (1975), München: Carl Hanser

Stern, M. (1976), *Greek and Latin Authors on Jews and Judaism. Volume One. From Herodotus to Plutarch*, Jerusalem: The Israel Academy of Sciences and Humanities

Stern, M. (1980), *Greek and Latin Authors on Jews and Judaism. Volume Two. From Tacitus to Simplicius*, Jerusalem: The Israel Academy of Sciences and Humanities

Stierlin, H. (1975), *Adolf Hitler. Familienperspektiven*, Frankfurt/M.: Suhrkamp

Strauss, H. A. (1985), *Der Holocaust. Reflexionen über die Möglichkeit einer wissenschaftlichen und menschlichen Annäherung*, in Strauss, H. A., Kampe, N., Hg. (1985), S. 215–233

Strauss, H. A., Bergmann, W., Hoffmann, C., Hg. (1990), *Der Antisemitismus der Gegenwart*, Frankfurt/M. u. New York: Campus

Strauss, H. A., Kampe, N. (1985), *Einleitung*, in: Strauss, H. A., Kampe, N., Hg. (1985), S. 9–28

Strauss, H. A., Kampe, N., Hg. (1985), *Antisemitismus. Von der Judenfeindschaft zum Holocaust*, Frankfurt/M. u. New York: Campus

Streim, A. (1981), *Die Behandlung sowjetischer Kriegsgefangener im «Fall Barbarossa»*, Heidelberg: Müller

Streim, A. (1985), *Zur Eröffnung des allgemeinen Judenvernichtungsbefehls gegenüber den Einsatzgruppen*, in Jäckel, E., Rohwer, J., Hg. (1985), S. 107–119

Strozier, C. B., Kohn, A. (1990), *Das zweideutige Bild der Juden im Bewußtsein christlicher Fundamentalisten*, in Strauss, H. A., Bergmann, W., Hoffmann, C., Hg. (1990), S. 66–83

Strzelecka, I. (1994), *Women*, in Gutman, Y., Berenbaum, M., Hg. (1994), S. 393–411

Sudoplatov, P., Sudoplatov, A. (1994), *Special Tasks. The Memoirs of an Unwanted*

Witness – A Soviet Spymaster, unter Mitarbeit von J. L. und J. Schecter; Vorwort von R. Conquest, Boston et al.: Little, Brown, Company
Sündermann, H., *Das Dritte Reich. Eine Richtigstellung in Umrissen*, Freising: Druffel
Syberberg, H. J. (1978), *Hitler – ein Film aus Deutschland*, Reinbek: Rowohlt
Syberberg, H. J. (1990), *Vom Unglück und Glück der Kunst in Deutschland nach dem letzten Kriege*, München: Matthes & Seitz
Syring, E. (1994), *Hitler. Seine politische Utopie*, Berlin: Propyläen
Tal, U. (1979), *On the Study of the Holocaust and Genocide*, in *Yad Vashem Studies*, Bd. 13, S. 7–52
Thamer, H.-U. (1986), *Verführung und Gewalt. Deutschland 1933–1945*, Berlin: Siedler
Tobias, F. (1988), *Auch Fälschungen haben lange Beine. Des Senatspräsidenten Rauschnings «Gespräche mit Hitler»*, in Corino, H., Hg. (1988), S. 91–105
Todorov, T. (1985), *Die Eroberung Amerikas. Das Problem des Anderen* (1982), Frankfurt/M.: Suhrkamp
Toland, J. (1977), *Adolf Hitler* (1976), Bergisch-Gladbach: Gustav Lübbe
Tomuschat, C., Hg. (1992), *Menschenrechte. Eine Sammlung internationaler Dokumente zum Menschenrechtsschutz*, Bonn: UNO Verlag
Toynbee, A. J., *Der Gang der Weltgeschichte: Band 1. Aufstieg und Verfall der Kulturen* (1946), München: dtv – es handelt sich um die Kurzfassung der ersten sechs Bände von *A Study of History*, deren Bände 1–4 im Jahre 1934 und deren Bände 5–6 im Jahre 1939 erschienen
Trevor-Roper, H., Francois-Poncet, A., Hg. (1981), *Hitlers Politisches Testament. Die Bormann Diktate vom Februar und April 1945*, Hamburg: Albrecht Knaus
Trunk, I. (1972), *Judenrat: The Jewish Council in Eastern Europe under German Occupation*, London: Macmillan
Trunk, I. (1979), *Jewish Responses to Nazi Persecution: Collective and Individual Behaviour in Extremis*, New York: Stein & Day
Turnauer, G. (1990), *«Mastering the Past»: Germans and Gypsies* (1982), in Chalk/Jonassohn (1990), S. 366–377
Turner, H. A. Jr. (1985), *German Big Business and the Rise of Adolf Hitler*, New York et al.: Oxford University Press
Van Buren, P. M. (1980), *Discerning the Way. A Theology of the Jewish-Christian Reality. Part I*, New York: Seabury Press
Van Buren, P. M. (1991), *Radical Theology Encounters the Jewish-Christian Reality*, in Haynes, S. R., Hg. (1991), S. 161–215
Verny, T., Kelly, J. (1984), *Das Seelenleben des Ungeborenen* (1981), Frankfurt/M. et al.: Ullstein
Victor Madeja, W., Hg. (1992), *Hitler's Elite Guards: The Waffen SS and Parachutists Between Fascism and Genocide*, Allentown/PA: Valor Publishing
Vidal-Naquet, P. (1993), *Assassins of Memory: Essays on the Denial of the Holocaust* (1987), New York: Columbia University Press
Vondung, K. (1988), *Die Apokalypse in Deutschland*, München: dtv
Waite, R. G. L. (1972), *Afterword*, in Langer, W. C. (1972), S. 217–238

Waite, R. G. L. (1977), *The Psychopathic God. Adolf Hitler*, New York: Basic Books
Walk, J., Hg. (1981), *Das Sonderrecht für die Juden im NS-Staat*, Heidelberg & Karlsruhe: C. F. Müller
Walker, M. (1990), *Die Uranmaschine. Mythos und Wirklichkeit der deutschen Atombombe*, Berlin: Goldmann
Walther, R. (1993), *Bürgerkrieg im Supermarkt? Eine Replik auf Hans Magnus Enzensbergers «Spiegel»-Thesen*, in *Süddeutsche Zeitung*, 24. 6. 1993, S. 13
Wambach, L. (1993), *Ahasver und Kafka. Zur Bedeutung der Judenfeindschaft in dessen Leben und Werk*, Heidelberg: Universitätsverlag C. Winter
Wasserstein, B. (1979), *Britain and the Jews of Europe 1939–1945*, London & Oxford: Institute of Jewish Affairs & Clarendon Press
Weber, T. P. (1987), *Living in the Shadow of the Second Coming: American Premillenialism, 1875–1982*, Chicago: University of Chicago Press
Wegner, B. (1990), *Hitlers politische Soldaten: Die Waffen-SS 1933–1945* (1982[1]), Paderborn: Schöningh
Wehler, H.-U. (1978), *Geschichtswissenschaft und «Psychohistorie»*, in *Innsbrucker Historische Studien*, Bd. 1, S. 210–213
Weingarten, R. (1981), *Die Hilfeleistung der westlichen Welt bei der Endlösung der deutschen Judenfrage. The «Intergovernmental Committee on Political Refugees» (IGC) 1938–1939*, Bern & Frankfurt/M.: Peter Lang
Weinmann, M., Kaiser, U., Krause-Schmitt (1990), *Das nationalsozialistische Lagersystem*, Frankfurt/M.: Zweitausendeins
Weinstein, F. (1980), *The Dynamics of Nazism: Leadership, Ideology and the Holocaust*, New York
Wendt, B. J., *Der «Holocaust» im Widerstreit der Deutungen*, in Herzig, A., Lorenz, I., Hg. (1992), S. 29–83
Wiesel, E. (1975), «For Some Measure of Humility», in *Sh'ma. A Journal of Jewish Responsibility*, Bd. 5, 31. Oktober 1975, S. 314–316
Wiesel, E. (1977), *Die Massenvernichtung als literarische Inspiration*, in Kogon, E., Metz, J. B., Hg. (1989), S. 21–50
Wiesel, E. (1978), *Trivializing the Holocaust: Semi-Fact and Semi-Fiction*, in *The New York Times*, 16. April 1978
Wiesenthal, S. (1989), *Das Weltbild eines Psychopathen*, in Augstein, R., Hg. (1989a), S. 67–70
Wilhelm, H.-H. (1991), *Rassenpolitik und Kriegführung. Sicherheitspolizei und Wehrmacht in Polen und in der Sowjetunion 1939–1942*, Passau: Richard Rothe Wissenschaftsverlag
Wippermann, W. (1986), *Die nationalsozialistische Zigeunerverfolgung. Darstellung, Dokumente und didaktische Hinweise*, Frankfurt/M.: Waldemar Kramer
Wistrich, R. (1983), *Wer war wer im Dritten Reich? Anhänger, Mitläufer, Gegner aus Politik, Wirtschaft, Militär, Kunst und Wissenschaft* (1982), München: Harnack
Wistrich, R. (1985), *Hitler's Apocalypse. Jews and the Nazi Legacy*, New York: St. Martin's Press
Woolf, S. E., Hg. (1968), *European Fascism*, London: Weidenfeld & Nicolson

Wyman, D. S. (1986), *Das unerwünschte Volk. Amerika und die Vernichtung der europäischen Juden* (1984), Ismaning bei München: Hueber

Wytwycky, B. (1982), *The Other Holocaust: Many Circles of Hell. A Brief Account of 9–10 Million Persons Who Died With the Million Jews Under Nazi Racism*, Washington D. C.: The Novak Report on the New Ethnicity

Yahil, L. (1974), *Madagascar – Phantom of a Solution for the Jewish Question*, in Mosse, G. L., Vago, B., Hg. (1974), S. 319–332

Yahil, L. (1991), *The Holocaust. The Fate of European Jewry* (1987; 1990), New York und Oxford: Oxford University Press

Young, J. (1992), *Beschreiben des Holocaust. Darstellung und Folgen der Interpretation* (1988), Frankfurt/M.: Jüdischer Verlag

Zimmells, H. (1977), *The Echo of the Nazi Holocaust in Rabbinic Literature*, New York: Ktav

Zimmermann, M. (1989), *Die nationalsozialistische Vernichtungspolitik gegen Sinti und Roma*, Essen: Klartext

Zitelmann, R. (1989), *Hitler. Selbstverständnis eines Revolutionärs* (1987^1), Stuttgart: Klett-Cotta

Zuccotti, S. (1993), *The Holocaust, the French and the Jews*, New York: Basic Books

Theorienverzeichnis

Register

Danksagung

Für weiterführende Anregungen, Literaturhinweise und Korrekturen zu den hier behandelten Fragen danke ich Klaus von Münchhausen (*Raphael-Lemkin-Institut für Xenophobie- und Genozidforschung* der *Universität Bremen),* Hartmut Dießenbacher (*Institut für interdisziplinäre Alternsforschung* und Mitglied im *Raphael-Lemkin-Institut für Xenophobie- und Genozidforschung*/Bremen), Benny J. Peiser (*School of Human Sciences* der *John Moores University* / Liverpool) und Lovis Wambach (*Universität Bremen*). Miriam Divinsky (Toronto), Steven L. Jacobs (Huntsville/Alabama), Carsten Köllmann (*Universität Bremen*), Arno Lustiger (Frankfurt/M.), Léon Poliakov (*Centre national de la recherche scientifique*/Paris), Otto Steiger (*Universität Bremen*), Barbara-Maria Vahl (Hannover) und Manfred Wambach (*Universität Bremen*) haben mit bibliographischen Hinweisen und kritischen Anmerkungen geholfen. Die Schlußdurchsicht des Manuskripts hat Kerstin Meyer (*Universität Bremen*) besorgt.